제3판

이공계가 한다!!

글쓰기와 발표하기

배원병 손권 하만영 이석 공저

북스힐

머리말

최근 기업체에서 요구하는 지식과 능력을 갖춘 공학도를 양성하기 위한 공학교육인증제도를 우리나라에 도입하면서 이공계 대학생들에게 꼭 필요한 '글쓰기와 발표'에 대한 체계적인 교육을 할 좋은 기회가 주어졌다. 이에 맞추어서 이공계 대학생들이 전공에 관계없이 재학 중에나 졸업 후에 직장에서 필요로 하는 이메일, 실험보고서, 학위논문, 학술지논문, 업무용문서, 조사보고서, 프로젝트 계획서 등의 작성에 대해서 배우고, 우리말과 영어로 발표자료를 만들고 훈련을 할 수 있는 교재를 집필하여 7년 동안 사용하여 왔다. 그 동안 저희들의 책을 사용해주신 독자들에게 감사드리고, 이번에 독자들의 좋은 지적과 제안을 반영하여 다음과 같이 개정하였다.

첫째는 최근 취업에서 자기소개서의 작성이 중요시되고 면접에 기초자료가 되므로 회사가 지정한 양식에 따라 자기를 잘 표현할 수 있도록 자기소개서 작성부분을 보완하였다. 둘째는 이메일작성에서 제시한 이메일 가입과 작성에 관한 기초사항은 현재 대부분의 학생들이 잘 알고 있으므로 모두 삭제하고, 대신에 업무용 이메일 작성에서 주의할 사항들을 그 작성 예와 함께 업무용 문서에 추가하였다. 셋째는 실험보고서에서 실험보고서의 각 항목별 작성 예를 수정하여 보완하였고, 넷째는 논문작성에서 논문 주제와 연구방향을 정하는 데 바탕이 되는 자료조사 및 평가 부분을 추가하여 상세히 설명하였다. 다섯째는 업무계획서와 조사보고서의 작성에서 최근 사례를 제시하였다. 여섯째는 영어문서의 작성에 영어로 이메일 작성하는 내용을 추가하였다. 일곱째는 최근 구두발표에서 주로 사용하는 파워포인트 자료를 작성하는 방법을 부록에 추가하였다.

모쪼록 이공계 대학생들이나 직장인들이 이 책을 통하여 글쓰기와 구두발표를 잘 익혀 자신이 알고 있는 내용이나 연구결과를 효과적으로 알려서 좋은 평판을 얻기를 바란다.

끝으로 이 책을 쓰는 과정에서 참고한 문헌의 저자들에게 감사드리며, 참고한 내용은 가능한 각 장의 뒤편에 출처를 밝혔다. 또한 업무용 문서 작성에 필요한 현장의 자료를 제공해 준 LG전자 이동혁 박사와 워드작업, 그림 그리기 등에 도움을 준 대학원생들의 수고에 감사를 표하고, 이 책을 맡아서 편집 · 출판에 애쓰신 북스힐의 조승식 사장님과 편집 관계자 여러분에게도 고마움을 전하고자 한다.

2010년 12월

저자 일동

차 례

1장 서 론

인간이 다른 생물과 크게 다른 점 중의 하나는 매우 발달된 의사소통 능력을 가졌다는 것이다. 이러한 의사소통을 통하여 지식이 확장되고 저장되었기 때문에 현재의 문명이 존재한다고 할 수도 있다. 의사소통의 형식은 지식의 영역에 따라 달라지며, 상황에 따라 효과적인 방법이 다를 수 있는 것이다. 예를 들자면 시와 소설 등의 문학작품은 작가의 의도를 독자에게 전달하는 역할을 한다는 점에서 분명한 의사소통의 한 형식이지만, 자연과학 및 공학 분야에서는 이러한 형식 대신에 논문이나 실험보고서를 사용한다는 점이다. 직장의 회의에도 다루는 주제가 부서에 따라 차이가 있다. 설계 부서와 같은 곳에서는 시각적인 정보의 전달을 위한 슬라이드 발표와 같은 방법을 흔히 이용하지만, 시각적인 정보가 별로 많지 않은 인사 또는 기획부서와 같은 곳에서는 회의 자료를 배포하는 것이 일반적이다. 그림 1·1은 분야에 따라 의사소통의 형식과 방법이 다르다는 것을 비유적으로 보여주고 있다.

그림 1·1 의사소통의 형식과 방법의 차이

이 장에서는 이공계 학생과 졸업생들이 학교와 직장에서 필요로 하는 의사소통의 형식, 의사소통 능력의 중요성, 그리고 효과적인 의사소통을 위한 기본 원칙에 대하여 논의한다.

1·1 이공계 의사소통의 종류

이공계대학과 대학원의 학생들과 졸업생들은 다양한 형식의 의사소통 경험을 갖게 된다. 학부 교과과정의 실험과목을 위하여 실험보고서를 작성하고, 졸업을 위하여 학위논문을 작성하고 발표하는 경험을 얻는다. 대학원 과정에서는 세미나 방식의 수업과 텀 프로젝트(term project)를 위한 슬라이드 발표뿐만 아니라 학술지 논문, 외부에서 의뢰된 연구과제의 보고서, 그리고 학위논문의 작성과 발표가 필수적이다. 또한, 학부와 대학원 공통으로 취업을 위한 이력서와 자기소개서의 작성과 면접이라는 의사소통 형식을 경험하게 된다. 학교를 졸업한 후 다양한 진로가 있겠지만 대부분의 직장에서 이공계열의 졸업생들은 업무용 서신, 이메일(e-mail), 업무계획서, 조사보고서, 연구보고서, 학술지 논문 등을 작성하거나 발표하는 일에 많은 시간을 할애하게 된다.

이러한 이공계 의사소통의 종류는 크게 글로 표현된 것과 말로 표현되는 것으로 분류할 수 있고, 다시 의사소통에 사용되는 언어에 따라 한글과 외국어(주로 영어)로 구분할 수 있다. 다양한 의사소통의 종류를 그림 1·2에 분류하여 놓았다.

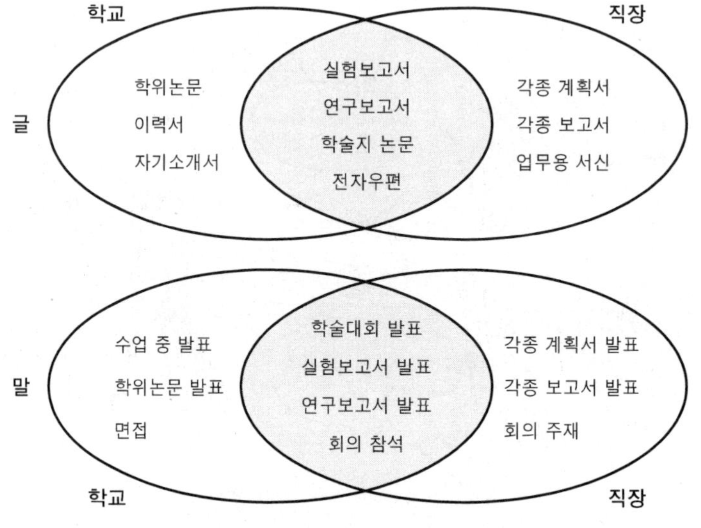

그림 1·2 이공계 의사소통의 종류

1·2 이공계 의사소통의 필요성

이공계의 업무가 의사소통 능력과는 별로 관계가 없는 것처럼 느껴질 수도 있다. 그러나 회사, 연구소, 대학에서 일하고 있는 이공계 출신의 일상생활을 살펴보면 의사소통이 차지하는 비중이 상당함을 알 수 있게 된다. 그 한 예를 다음에 나타내었다.

8:00	사내 전자메일과 인터넷 메일을 확인하고 답장을 작성
8:30	10시에 있을 Body Control System 팀 회의를 위해 보고 자료 작성
10:00	Body Control System 팀 회의
11:00	지난 번 출장 보고서 및 경비 정산서 작성
12:00	점심식사
1:00	Body Control 모듈의 프로그래밍
2:30	우편물 처리와 답장 작성
3:00	Drive-by-Wire 팀 미팅을 위한 TTP 분석 및 회의자료 작성
5:00	사내 전자메일과 인터넷 메일 확인 및 답장 작성
5:30	오늘의 업무 정리 및 다음 날 계획 구상
6:00	퇴근

위의 일정에서 밑줄로 강조한 부분이 이공계의 의사소통과 직접적인 관계가 있다. 이와 같이 이공학 분야에 종사하는 사람이라도 많은 시간을 문서작성과 회의에 할애하고 있는 것을 알 수 있다. 이러한 관찰을 바탕으로 이미 선진국의 공학 교육에는 의사소통 능력이 공학도가 성공하기 위한 하나의 필수요소로 이미 포함되어 있다. 이에 대한 교육을 보장하기 위하여 아래에 보인 것과 같이 미국의 공학교육인증제도인 ABET (Accreditation Board of Engineering and Technology)의 학습성과 중 하나로 포함되어 있다.

(a) An ability to apply knowledge of mathematics, science, and engineering
(b) An ability to design and conduct experiment as well as to analyze and interpret data
(c) An ability to design a system, component, or process to meet desired needs

(d) An ability to function on multi-disciplinary teams
(e) An ability to identify, formulate, and solve engineering problems
(f) An understanding of professional and ethical responsibility
(g) An ability to communicate effectively
(h) The broad education necessary to understand the impact of engineering solution in a global and societal context
(i) A recognition of the need for, and an ability to engage in life-long learning
(j) A knowledge of contemporary issues
(k) An ability to use the techniques, skills, and modern engineering tools necessary for engineering practice

이러한 11개의 항목에 대한 직장에서의 중요도와 대학에서의 준비도를 분석하기 위하여 설문조사가 흔히 이용된다. 국내에서도 이를 위하여 서울대학교의 전기공학부와 토목공학과가 각각의 졸업생을 상대로 설문조사를 실시하였다. 이러한 결과를 외국의 사례와 비교하기 위하여 미국 캘리포니아 대학 Los Angeles 캠퍼스(University of California at Los Angeles, UCLA)의 기계항공공학부와 비교한 논문을 서울대학교의 한송엽, 서경덕 교수가 한국공학교육기술학회의 논문집인 공학교육연구 2002년 6월호에 기고하였다. 그 연구에 따르면 직장에서의 중요도에 대하여 "매우 중요하다"를 5점으로, "중요하지 않다"를 1점으로 환산하였을 때 11개의 항목 중 의사소통 능력(g)에 4.237, 4.008, 4.560의 평균점수를 각각 부여하여 가장 중요한 항목이라고 선정하였다. 그림 1·3은 중요도에 대한 설문결과를 보여주고 있는데, 의사소통 능력을 나타내는 g항목이 가장 높은 값을 보이고 있다.

또한 이러한 중요도에 비하여 대학에서의 준비도(매우 잘 준비됨 : 5점, 준비되지 않음 : 1점)에 대한 설문을 살펴보면 공과대학의 교육과정에서 의사소통 능력에 대한 교육이 잘 이루어지지 않는다는 결과를 보이고 있다. 특히, 의사소통 능력(g)에 대한 직장에서의 중요도와 대학에서의 준비도의 차이를 살펴보면 서울대학교 전기공학부와 UCLA의 기계항공공학부의 졸업생들의 설문 응답에서 11개 항목 중 가장 큰 차이를 보이고 있으며 서울대학교 토목공학과 졸업생들은 두 번째로 큰 차이가 있다고 응답하였다. 그림 1·4는 중요도에서 준비도 값을 뺀 수치를 보여주고 있다. 이러한 설문조사 결과가 제시하는 것은 공학도로서의 자질을 위하여 의사소통 능력이 매우 중요하지만 대학에서 제대로 교육을 받지 못하고 있다는 것이다.

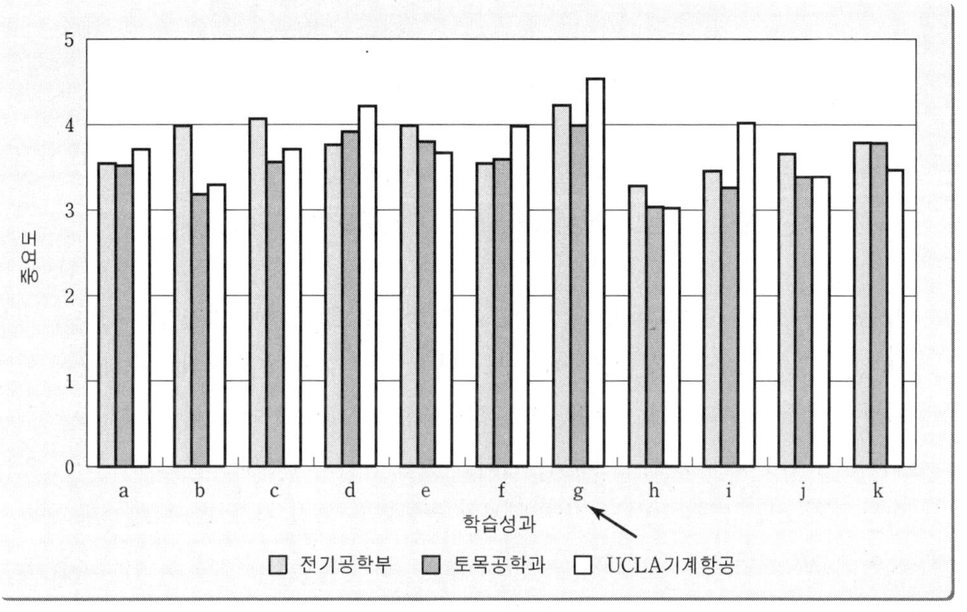

그림 1·3 학습성과의 직장에서의 중요도

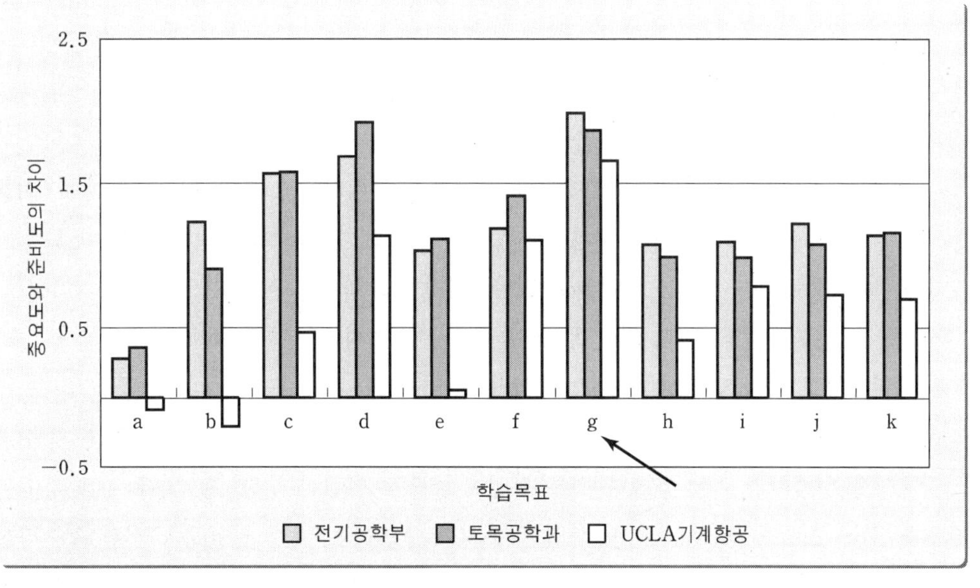

그림 1·4 학습성과의 직장에서의 중요도와 대학에서의 준비도 차이

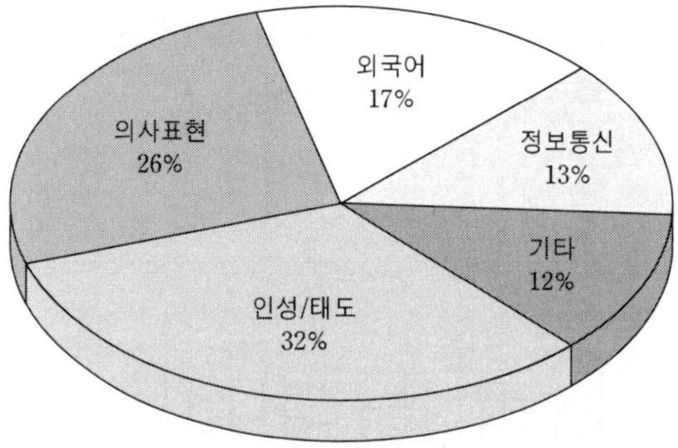

그림 1·5 신입사원 채용에 있어서 가장 중요하게 고려하는 부분

이러한 의사소통 능력에 대한 필요성은 조선일보가 2002년에 대기업체 팀장급 이상 인사담당 책임자 223명의 설문조사에도 드러난다. 설문항목 중에 신입사원 채용에 있어서 가장 중요하게 고려하는 부분에 기본적인 인성 및 태도에 이어 의사표현 및 커뮤니케이션 능력이 두 번째로 선정되었다. 이러한 결과가 그림 1·5의 그래프에 나타나 있는데 이는 의사소통 능력이 성공적인 과학자와 공학도가 되기 위한 필요조건임을 명확하게 보이고 있다. 더구나 그래프에 나타난 외국어 능력에 대한 응답까지 의사소통 능력으로 포함한다면 총 43%로서 채용에 있어서 가장 중요하게 고려되는 능력이라고 간주할 수 있다.

1·3 이공계 의사소통의 원칙

앞에서 강조한 것처럼 의사소통 능력은 성공적인 커리어를 위한 필수요소이다. 이를 인식한 많은 사람들은 자신의 의사소통 능력을 계발하기 위하여 여러 종류의 책을 읽고 많은 사례를 접하며 경험을 축적하고 있다. 이러한 노력이 결실을 맺으려면 효과적인 의사소통을 위한 변함없는 다음의 세 가지 원칙을 인식하고 실천하여야 한다.

무엇보다도 가장 중요한 원칙은 진실성(integrity)이다. 우리가 의사소통을 하는 근본적인 이유는 사실을 알리고 자신이 주장하는 바에 따라 상대방을 설득하는 것이다. 상대방을 설득하기 전에 필요한 것은 자신이 스스로 자신이 주장하는 바에 절대적인 신념을 갖는 것이다. 바로 이러한 신념은 우리가 주장하는 바가 진실에 근거한 것이라는 사실에서 나온다. 하지만 우리가 진실이 아닌 것을 알리고 이에 근거한 주장으로 상대방을 설득하려고 하는 것은, 윤리적으로 부도덕한 행위이고, 이미 자기 자신이 신념을 갖지 못하기 때문에 당연히 실패하고 마는 것이다. 실례로서 실험의 결과가 예상과 전혀 다른 경우, 회의의 결과가 상사가 바라는 것과 거리가 먼 경우 등 여러 상황에서 우리는 마음에 들지 않는 사실을 편리하게 누락시키거나 심지어 왜곡시키려는 유혹을 느낄 수 있다. 이러한 유혹에 굴복하여 당장 눈앞의 난관을 피할 수 있을지는 모르지만 상대방을 설득할 수 있는 확률이 매우 낮아지기 때문에 장기적인 관점에서 자신의 입지를 스스로 좁히는 결과를 낳게 된다. 더구나 이러한 진실성의 결여가 밝혀지게 되면 주위의 사람들로부터 신뢰를 회복할 수 없는 상황에 이르러 결국에는 과학자와 공학도로서의 커리어가 중단되는 심각한 결과를 겪게 된다.

두 번째의 원칙은 명확성(clarity)이다. 어떤 글이나 말이 두 가지로 해석될 수 있다면 의사를 제대로 전달할 수 없는 것이 자명하기 때문에 명확성이 중요한 것이다. 예를 들자면 "엔진은 소음을 내면서 정지하는 자동차에서 분리되었다"라는 말에서 엔진이 소음을 내면서 분리되었다고 해석할 수도 있고, 자동차가 소음을 내며 정지했다고 해석할 수도 있는 것이다. 소음을 일으킨 것이 엔진인지 자동차인지에 따라 고장의 분석 방향이 달라질 수 있다면 이러한 모호함은 많은 사람의 노력을 허비하게 할 수 있는 것이다. 특히 안전에 관련된 문제에서 모호한 의사표현은 사람의 생명에 해를 끼칠 수 있기 때문에 각별한 주의를 기울여야 한다.

세 번째의 원칙은 간결성(conciseness)이다. 같은 의미를 전달함에 있어서 명확성을 유지하는 범위 내에서 짧게 표현할 수 있다면 독자나 청중의 시간과 노력을 절약하는 효율적인 의사소통이 이루어질 것이다. 특히 학술지 논문과 같은 경우에는 논문의 길이를 제한하고 있고 많은 회의에서의 발표 시간도 제한되어 있다. 따라서 한정된 길이와 시간 안에 의도한 메시지를 전달하는 것이 효과적인 의사소통을 위하여 꼭 필요한 것이다. 많은 경우에 불필요한 수식어와 내포한 의미가 별로 없는 단어들로 인하여 표현이 길어지게 된다. 이러한 사례로 '매우 뜨거운 고온의 증기가 발생하여 ……'라는 표현을 들 수 있는데 '매우 뜨거운 고온의'라는 표현은 '고온의'라는 표현으로 대체해도 의미의 변화가 없기 때문에 불필요한 수식어이다. 또한, 많은 논문이나 보고서의 제목에 사용되는 '……에 관한 연구'라는 표현은 이미 논문과 보고서가 연구의 결과를 담고 있다는 점에서 특별히 새로운 의미를 전달하지 못하고 있다.

이와 같은 진실성, 명확성, 간결성에 기초하고 이 책에서 다루는 효과적인 의사소통을 위한 여러 방법을 적용한다면 공학도로서 자신의 의사를 명확히 밝히고 자신과 같이 일하는 사람들을 설득할 수 있는 능력을 발휘할 수 있을 것이다. 이러한 능력은 성공적인 커리어를 위한 큰 도움이 될 것이며, 궁극적으로 사회에 커다란 기여를 할 수 있는 기회를 열어 줄 것이다.

1·4 이공계 의사소통의 기술

의사소통 능력은 특별한 재능이 요구되는 것은 아니지만 효과적인 의사소통을 위해서는 체계적인 훈련이 필요하다. 예를 든다면, 집을 지을 때에 건축자재만 있다고 되는 것이 아니라 집을 짓는 기술인 건축기술이 있어야 하는 것처럼 아무리 좋은 아이디어와 중요한 정보 및 자료가 있어도 글을 쓰거나 말하는 기술인 의사소통기술이 없으면 아무 쓸모가 없는 것이다.

효과적으로 의사소통기술을 익히기 위해서는 다음 다섯 가지를 고려하여야 한다.

첫 번째는 의사소통 대상을 제대로 파악해야 한다. 우리가 의사를 전달해야 하는 대상은 사람이므로 정보를 전달 받는 사람의 이해수준과 관심사를 잘 파악하여 그에 맞게 말, 차림새, 태도 등을 결정해야 하고, 글의 경우에는 글자의 크기, 문단의 길이, 여백 등을 정해야 한다.

두 번째는 전달하고자 하는 내용의 주제와 목적을 검토해야 한다. '주제가 독자나 청중에게 가치가 있는 것이고, 관심이 있는 것인가?', '전하는 내용의 목적이 분명한가?' 등에 대하여 검토해야 한다.

세 번째는 전달내용과 순서를 잘 정해야 한다. 원활한 의사소통을 하기 위하여 전달할 내용은 독자나 청중이 궁금해 하는 질문을 예상하고 그 질문에 답하는 형식을 기본으로 삼는다. 전달하는 순서는 일반적으로 무엇을, 왜, 어떻게, 그래서 등의 형식을 많이 취한다. 이는 이공계의 논문이나 보고서에서 채택하는 서론(introduction : 무엇을, 왜), 방법(methods : 어떻게), 결과 및 고찰(results and discussion : 그래서) 등의 형식과 거의 일치한다.

네 번째는 의사소통에 적합한 매체를 정해야 한다. 먼저 의사소통을 말로 할 것인지 혹은 글로 한 것인지를 선정하고, 선정한 방식에 적합한 매체나 장비의 사용에 익숙해져야 효과적으로 의사소통을 할 수 있다.

끝으로 자신에 대해서 사려 깊게 점검해야 한다. 앞서 언급했듯이 의사소통은 사람을 상대로 하는 것이므로 정보를 전달하는 자신을 돌아보고 겸허한 마음으로 자기가 전달하려는 내용이 독특하고 가치가 있는 것이라는 확신을 가져야 한다.

2장 글쓰기의 기초

자기의 생각이나 감정을 다른 사람에게 전달하여 읽는 이가 글쓴이의 생각이나 감정에 동조하도록 하기 위하여 글을 쓴다. 말은 일 대 일, 또는 소수가 현장에서 주고받기에 말의 수정-보완에 의해서 의사가 전달되는데 비하여, 글은 불특정 다수인 읽는 이가 '쓰인 대로의 의미만을 전달'받게 되는 차이가 있어 후자의 경우는 '정확한 글' 다듬기가 필요하다.

2장에서는 정확한 글쓰기를 배우기 위하여 글쓰기의 절차에 대해서 자세히 설명하고, 그 연습으로 회사 입사시험이나 대학원 입학시험에서 제출하게 되는 자기소개서를 효과적으로 작성하는 방법을 다루고자 한다.

2·1 글쓰기의 절차[1]

글을 쓰는 것은 화학자가 실험실에서 여러 가지의 물질을 배합하거나 혹은 분리하여 새 물질을 얻는 것과 유사하다. 화학자가 새롭고 독창적인 물질을 발명하듯이, 글을 쓰는 이는 여러 어휘를 조합하여 읽는 이의 마음에 감동을 주거나 새로운 지식을 효과적으로 전달해야 한다.

좋은 글을 쓰기 위해서는 다음 몇 가지 사항에 유의하여야 한다.

첫째로, 어휘에 대해 풍부하게 알아야 한다. 특히, 대학은 학문을 전문적이고 체계적으로 탐구하는 전당이다. 따라서 학술 용어를 정확하게 알지 못하면 글을 쓸 수가 없다. 예를 들어 우리는 교양과목에서 이성・오성, 계급・계층・집단, 현상・현실, 실존・본질과 같은 서로 유사하면서도 깊이 들어가면 내포 의미가 다른 단어들에 마주치게 된다. 이 때 이들 개념들이 지닌 정확한 뜻을 알지 못한다면 우리는 출입구에서 서성일 뿐, 안에는 들어가지 못한 꼴이 된다. 하물며 자신의 글을 쓸 때 어휘가 지닌 정확한 뜻을 알지 못하면, 글을 시작할 수도 없게 된다. 어휘력을 기르기 위해서는 우선 좋은 글을 많이 읽어야 한다.

둘째로, 올바른 문장을 쓰는 법을 알아야 한다. 말을 할 때에는 몸짓이라든가 표정을 통해서 자신의 생각이나 느낌을 듣는 이에게 거의 완벽하게 전달할 수 있다. 그러나 글은 면전에서 주고받는 이야기와는 다르다. 올바른 문장, 문법에 맞는 문장을 통해서만이 우리는 시간과 공간을 초월하여 자신의 사상이나 정서를 정확하게 전달할 수 있다. 따라서 문법에 맞는 문장, 논리적으로 모순이 없는 문장을 쓸 줄 아는 기술을 익혀야 할 것이다.

셋째로, 글은 자신을 드러내야 한다. 글을 통해서 우리는 자신을 개인으로서 인식하게 된다. 누구나 생각할 수 있는 것을 글로 썼을 때, 그 글은 독자에게 감동을 주지 못한다. 매스컴이 발달한 현대에 있어서 우리의 사고와 느낌은 대중화되고 일반화됨으로써 개인적인 특성이 사라지고 있는 실정이다. 이럴수록 우리는 더욱 자신의 존엄성과 가치를 탐구해야 할 것이다. 글을 쓸 때에는 자신만이 지닌 독창적인 생각 혹은 느낌인가를 생각해 보아야 한다. 이를 실현하기 위해서는 대상을 기술할 때 마치 처음 본 것처럼, 처음 들은 것처럼, 처음 느낀 것처럼 기술하는 방법을 연마할 필요가 있다.

넷째로, 풍부한 체험이 요구된다. 우리는 자신이 생각하는 것보다 훨씬 풍부한 체험을 지니고 있다. 먼저 우리가 가정, 학교, 직장 등에서 만나는 사람들과 하는 일을 통해서 얻은 직접적인 체험이 있고, 읽은 책이나 신문, 잡지, 인터넷 등에서 얻은 간접적인 체험을 가지고 있다. 이런 넓고 풍부한 체험은 좋은 글을 쓸 수 있는 바탕이 된다. 문제는 이러한 다양한 체험을 어떻게 조리 있고 아름다운 글로 만드느냐에 있다. 이를 위해서는 넓게 읽고, 많이 쓰고, 오래 생각해야 한다.

앞에서 살핀 전제조건이 어느 정도 이루어졌을 때, 우리는 좋은 글을 쓸 수 있을 것이다. 이러한 구비 조건이 어느 정도 갖추어져 있다면, 그 다음 문제는 글쓰기를 어떻게 시작하느냐하는 것이다. 글쓰기의 절차에는 정해진 규칙은 없지만, 다음과 같은 순서에 따라 연습을 한다면 글쓰기에 좋은 도움이 될 것이다.

① 주제의 설정
② 취재 및 정리
③ 글의 구상
④ 문단 구성
⑤ 원고 작성
⑥ 원고 수정

2·1·1 주제의 설정

가주제와 참주제

주제란 글의 중심적인 사상이나 정서, 즉 글쓴이가 말하고자 하는 의도를 말한다. 만일 '사랑'이나 '자동차'에 대해 썼다면, '사랑'이나 '자동차'가 바로 주제이다. 그렇지만 이렇게 단어 하나로 표현된 주제는 글쓴이의 의도를 제대로 알 수 없으므로 막연한 주제 혹은 가주제라고 한다.

그러므로 막연한 주제에 글쓴이의 태도나 가치를 끌어들인 것을 참주제 혹은 발전된 주제라 한다. 글을 쓰는 것은 바로 이러한 참주제를 설정했을 때 가능하다. 이것은 글쓴이가 나타내고자 하는 구체적인 사상이나 정서, 인생관 등과 관련된다. 앞에서 제시한 막연한 주제를 다음과 같은 참주제로 바꿀 수 있을 것이다. 즉, '사랑'을 '사랑과 결혼의 연관성'으로, '자동차'를 '자동차의 경량화와 환경개선'으로 설정할 수 있다.

그러면 주제를 어떻게 고를 것인가. 이를 고르는 방법은 여러 가지가 있을 수 있겠으나 다음 사항은 반드시 고려되어야 한다.

첫째로, 주제는 되도록 좁아야 한다. 주제가 넓으면 넓을수록, 이것들은 참된 주제가 되기는 어렵다. 학생들의 글을 검토해 보면 주제를 설정하는 데 그 대상이 너무 광범위하기 때문에 좋은 글을 쓰지 못하는 경우가 있다. '인생', '사랑', '애국심' 등은 이러한 것들은 얼핏 생각하기에는 주제처럼 보이나 실상은 막연한 주제밖에는 되지 못한다. 사랑을 참된 주제로 발전시키기 위해서는 '사랑에 나타난 남녀간의 이기심', '사랑의 유형과 방법', '현대인의 사랑의 종류' 등과 같이 범위가 좁고 구체적이어야 한다.

둘째로, 주제는 글쓴이가 관심을 가지는 동시에 잘 알고 있어야 한다. 자신이 그다지 잘 알지도 못하고 관심을 두지도 않았던 것을 주제로 선택한다면, 그 글은 아무리 좋은 문장으로 되어 있어도 생명이 깃든 것은 못 된다.

셋째로, 주제는 독자에게도 흥미와 관심을 불러일으킬 수 있어야 한다. 글쓴이가 택한 주제가 독자의 관심이나 흥미를 끌지 못한다면, 그것은 이미 죽은 주제나 다름없다. 독자에게 재미있는 것이 어떤 것인가에 대해 걱정할 필요는 없다. 자신만이 지닌 가장 독창적인 것은 남에게도 재미있는 것이 될 수 있다.

주제문

참주제가 완성되면 거기에 맞는 주제문을 써 보아야 한다. 주제문이란 참주제의 내용을 명확하게 알려 주는 문장이다. 예를 들면 '학문의 본질과 목적'이라는 참주제를 설정했을 때, 그 주제문은 '학문의 본질은 합리성과 실증성에 있고, 학문의 목적은 진리탐구에 있다.'정도로 생각해 볼 수 있다.

주제문을 만드는 데에는 다음과 같은 관점에 유의해야 한다.

첫째, 글쓴이의 의도가 잘 드러날 수 있는 완전한 문장이어야 한다. 주제문은 그 자체로 옳음과 그름을 판단해야 한다. 예를 들어, 사랑에 대한 주제문을 쓰는데 있어 '사랑하는 남녀는 상대를 위해 모든 것을 희생하는 자세를 보여야 하는가?'라는 주제문이 있다고 하자. 의문문에는 지은이의 명확한 태도가 드러나 있지 않다. 따라서 이를 평서문으로 해야 한다. '사랑하는 남녀는 상대방을 위해 모든 것을 희생하는 자세를 보여야 한다.'라고 고쳐야 한다.

둘째, 초점을 한정된 부분에 맞추어야 한다. 예를 들어, '운동은 건강에 매우 좋다'라는 주제문이 있다고 하자. 이런 문장은 하나의 문장으로 이루어져 있어도 주제문으로 적합하지 않다. 몸이 아픈 사람의 경우, 지나친 운동은 오히려 건강에 해로울 수 있기 때문이다. 따라서 이 주제문은 그 표현이 부정확하고, 추상적이어서 초점을 잃고 있다. 이를 주제문으로 하기 위해서는 '달리기는 몸이 허약한 사람이 지구력을 향상시키는 데 매우 좋다.'로 바꾸어야 한다.

그 밖에, 주제문은 누구나 다 알고 있는 상식적인 것이나 의견이어서는 안 되며 주제문은 느낌이나 생각에 의해서가 아니라 합당한 근거에 의해 증명될 수 있는 것이어야 한다.

2·1·2 취재 및 정리

일단 주제가 정해졌을 때에는, 그 주제를 구체적으로 전개시킬 수 있는 제재를 구해야만 한다. 제재란 주제를 살리기 위한 이야깃거리 즉 소재를 뜻한다. 만약에 주제가 명확하게 파악되었다 하더라도 그 주제를 전개시켜야 할 제재가 발견되지 않는다면 우리는 아무리 좋은 글을 쓰고 싶어도 쓸 수 없게 된다. 이럴 때에는 그 주제에 관련이 있을 것으로 보이는 서적, 잡지, 신문, 인터넷 등에서 정보를 얻거나 필요한 경우에는 자신이 직접 체험해 보는 일이 필요하다.

소재와 제재는 엄밀한 의미에서 구분되어야 한다. 소재가 글을 이루는 재료가 된다면 제재는 소재 중에서도 주제를 뒷받침하는 것이다. 우리는 한 편의 글에서도 많은 소재를 대하게 된다. 이러한 소재 중에서 주제를 정확하게 효율적으로 전달하는 소재를 제재라고 생각하면 쉽게 이 둘 사이를 구분할 수 있을 것이다.

한편, 제재는 무엇보다도 주제를 명확하고도 효율적으로 독자에게 전달하기 위해서는 다음 세 가지 조건을 만족시켜야 한다.

첫째, 제재가 풍부하고 다양할수록 주제는 더욱 선명하게 부각될 수 있다. 그래서 우리들은 자신이 그 제재에 관해서 충분한 경험과 풍부한 정보를 가지고 주제에 맞게 논리적으로 표현해야 한다. 제재가 아무리 풍부하고 다양할지라도 제재 사이에 질서 정연한 논리가 배제된다면 그 글은 주제의 혼돈 상태에 빠져 버리고 말기 때문이다.

둘째, 확실한 자료를 얻기 위해서는 출처가 명백하고, 논리적인 오류나 자의성이 없는 것으로 자신의 체험이나 지식으로 판단할 때 진실이라고 생각하는 것들을 선택하도록 노력해야 한다. 또한 자료의 해석에 있어서 자신의 주관이 지나치게 작용해서는 안된다. 자료를 취사선택하는 데에는 공평무사한 태도를 가지고 임해야 한다.

셋째, 주제를 뒷받침하기 위해서는 정의, 실례, 통계 등을 인용할 수 있다. 위에서 살핀 것처럼 제재는 소재 중에서도 주제를 뒷받침하는 것을 말한다. 따라서 소재가 아무리 풍부하고 다양하며 가치가 있을지라도 그것들이 주제와 관련되지 않을 때는 과감히 빼버리는 용기도 필요하다. 가끔 학생들이 제출한 보고서에는 자신의 논지만을 전개시키기 위하여 부분적인 내용을 아무런 비판 없이 그대로 인용하는 경우가 있다. 인용을 할 경우에는 반드시 인용되는 글의 전체 의미를 파악하고 난 후, 그러한 인용이 자신의 논지를 전개시키는 데 꼭 필요한가를 검토해야만 한다.

이상 세 가지 요건을 갖춘 제재가 모였으면 그 다음으로는 그것을 기술해 나갈 때 간편하도록 정리해 놓아야 한다. 정리의 방법은 제재의 내용과 중요성의 정도에 따라 각각 다르게 구분해야 한다.

기행문이나 보고문 혹은 조사 기록 등에서는 소재가 먼저 생기고 문장 전체에 대한 계획은 나중에 생기게 마련이지만, 논설문, 논문 등에 있어서는 계획이 먼저 서고, 그 계획에 따라 자료를 정리하는 수가 있다. 이러한 경우에는 그 계획 자체가 그 자료의 정리기준이 되도록 하여야 한다.

2·1·3 글의 구상

구상이란 제재를 어떻게 배열할 것인가를 결정하고 문장 전체를 유기적으로 짜는 것을 말한다. 즉, 구상은 논리성 혹은 필연성에 의한 문장의 조직과 배열이며, 이 때 시간의 연속성에 의해서 조직된 것은 줄거리라고 말할 수 있다. 구상에서는 주제를 어떤 방식으로 제시하느냐 하는 것이 매우 중요하다.

구상의 종류

구상의 종류는 크게 전개적 구상과 종합적 구상으로 나누고, 다시 전개적 구상은 시간적인 것과 공간적인 것으로 나누어진다. 또한 종합적 구상은 단계적 구상, 포괄식 구상, 나열식 구상, 점층식 구상 등으로 나눈다.

전개적 구상의 예는 여행안내서이라든가 기행문에서 볼 수 있는데, 여행안내서나 기행문은 시간적 순서에 따른 구상과 공간적 질서에 따른 구상이 서로 보완되어 있는 것을 발견하게 된다. 이것은 시간과 공간은 항상 서로 보완적인 관계를 가지기 때문이다. 이들 전개적 구상은 사물의 모습을 있는 대로 헤아려 가는 것이어서 흔히 자연적 구상이라 부른다.

그에 반하여 종합적 구상은 쓰고자 하는 바를 인위적으로 논리를 세우는 것이므로 논리적 구상이라고 한다. 쓰는 사람의 주체적 의지에 의해서 문장의 구조를 결정짓기 때문이다. 이 구상은 주로 설명하는 글이나 주장하는 글에 쓰인다. 소재를 검토하여 그들 각각의 논리적 관계(원인과 결과, 증거와 결론)가 뚜렷하게 드러나도록 배열하는 것이 종합적 구상에서 가장 중요하다.

아래에서는 전개적 구상과 종합적 구상의 종류에 대해서 살펴보고자 한다.

(1) 시간적 순서에 따른 구상

시간적 구상은 여러 개의 사건이나 사실들을 시간의 축을 이용하여 배열하는 방식이다. 우리가 흔히 마주치는 글에는 의외로 시간을 중심으로 한 사건 기술이 많다. 예를 들어 복잡한 소설의 심층에는 시간의 문제가 놓여 있는 경우가 많다. 그래서 시간은 모든 서술의 기본적 축이다. 이것은 사건의 시간적 순서에 따라 제재를 배열하고 그것으로써 문장의 구조를 삼는다. 이 방법은 장기간의 직접 체험이나 기억을 재생하는 데 적합한 것이다. 일기, 역사, 체험기, 회고록, 회의결과 등을 기록할 때 잘 쓰인다. 그리고 '…의 사용 방법', '…의 제작법' 등의 설명문에도 원용된다.

한편, 이 구상법은 문장의 호소력이 희박해지거나 자칫 잘못하면 단위 사건 하나하나가 사건 전체의 맥락 속에서 파악되지 못한다는 결함을 지니고 있으므로 이 점을 유의하여야 한다. 따라서 이를 극복하기 위해서는 과거와 현재를 교차시키는 방법이나 특정한 시간을 확대하거나 축소시키는 방법을 사용하는 경우가 있다.

(2) 공간적 질서에 따른 구상

공간적 질서에 따른 구상 방법은 지세, 생물의 형태, 기계의 구조 등을 기술하거나 설명할 때 또는 기관이나 단체의 기구, 조직 등을 설명하는 경우에도 효과적이다. 일반적으로 공간 속에 존재하는 것이거나 체계를 밝히는 데 쓰인다. 기술하는 순서는 먼저 전체의 윤곽을 밝히고 점차로 각 부분이 그 전체와 어떻게 관련되어 있는가를 밝혀 나가야 한다.

(3) 단계식 구상

단계식 구상은 논리적 구상이라고도 한다. 논리란 '이치를 생각하는 것'으로 이치를 생각하는 한가운데에는 사실과 관계를 특징지어 주는 질서가 있다

단계식 구상에서 가장 간단한 형식이 3단구상이다. 3단 구상은 예부터 널리 쓰이던 방법이다. 서론－본론－결론이나 도입－전개－정리의 형식으로 3분된 명칭으로 불려왔다.

이 구상법은 문장에 변화가 별로 없어서 비교적 단조롭다고 하겠으나, 주제를 재빨리 간결하게 전달하는 방법으로는 가장 손쉽고 기본적인 것이다. 결론이 제시되는 짧은 리포트를 작성한다든지, 말하기에 있어서도 원탁 토의나 질의 등에 매우 효과적이다. 어린이나 지식수준이 낮은 대중에게 이론을 전개할 필요가 있을 때에는 3단 구상이 유리할 것이다.

(4) 포괄식 구상

문장의 결론에 해당하는 부분이 글 앞에 오느냐, 글 뒤에 오느냐, 혹은 앞뒤에 다 오느냐에 따라 두괄－미괄－쌍괄로 나눈다. 두괄식 구상은 문장의 앞에 주제를 제시한 후에 그 주제에 대해서 차차로 세밀하게 설명하는 방법이어서, 바꾸어 말하면 결론이 앞서는 구상방식이다. 미괄식 구상은 두괄식과는 반대로 주제를 문장의 마지막에 총괄하는 방법이다. 이 방법은 논설문이나 평론에 흔히 쓰인다. 그리고 쌍괄식 구상은 주제를 문장의 앞과 뒤에 각각 제시하는 방법이다. 즉, 도입에서 먼저 주제를 제시하고 다음에 설명이나 논증을 한 다음 마지막에서 다시 주제를 총괄하는 방법이다.

(5) 나열식 구상

이 방법은 단계식 구상과는 달리 파격적인 구조를 가진 것으로 이론이 정연한 장문의 글에서는 쓰기 어렵다. 의견을 간결하게 진술한다든가 중요하다고 생각되는 문제를 특별히 몇 가지 밝힐 때 사용한다. 문제와 문제 사이의 관련성이 긴밀할 필요도

없고 논리적 연관성이 반드시 필요한 것도 아니다. 그런 의미에서 카탈로그식 구상이라고도 한다.

(6) 점층식 구상

중요성이 덜한 것에서부터 더한 것으로 점차 나아가는 방법인데, 가장 강조되거나 중요시되는 부분이 맨 끝에 온다. 이것 역시 전체 문장을 오직 이 방법에 의해서 써 나가기 어렵다. 대개 문학 작품에서 이 방법이 잘 쓰인다.

아웃라인 작성

구상을 머릿속에서 완성시킨 뒤에는 그 구상을 도식화하여 메모를 작성한다. 이것을 아웃라인(outline) 작성이라고 한다. 아웃라인의 작성은 크게 두 가지로 사용이 된다. 그 하나는 글 쓰는 이의 사고를 체계화하는 데 도움을 준다. 따라서 글 쓰는 이는 아웃라인에 따라 논리적으로 문단을 구성해 갈 수 있다. 또 하나는 독자로 하여금 글의 중심 내용과 구조를 파악하는 데 도와준다는 점이다. 독자는 글의 목차를 보고, 그 글에서 다룬 대강의 내용이나 글쓴이의 태도, 다루는 방법 등을 파악할 수 있다.

아웃라인을 작성할 때에는 다음과 같이 문제의 단계, 논점의 대소 및 상하 등 주종 관계에 따라서 부호 혹은 숫자를 첫머리에 붙인다. 이때 부호나 숫자는 다음과 같이 배열한다.

Ⅰ. ……
    A. ……
        1. ……
            a. ……
            b. ……
        2. ……
            a. ……
            b. ……
    B. ……
        1. ……
            a. ……
            b. ……
        2. ……

Ⅱ.

A. ……

여기서 Ⅰ·Ⅱ를 대항목이라고 하고, A·B를 중항목, 1·2를 소항목, a·b를 세부항목이라 한다. 만일 세부항목이 더 자세하게 분류될 때는 다른 기호를 써야 할 것이다. 대항목에서 세부항목에 이르는 일반적인 기호는 다음과 같다.

Ⅰ, A, 1, a, [1], [a], (1), (a), 1), a), ①, ⓐ 등으로 된다. 이러한 도식화에는 반드시 논점이 중요한 것인가 부수되는 것인가를 살펴야 한다.

2·1·4 문단 구성

문단의 의의

문단(paragraph)은 같은 내용에 대해서 기술한 문장들이 모인 것이다. 문장이 하나의 완결된 생각을 표현하는 최소의 단위라고 한다면, 문단은 좀 더 발전된 사고와 판단을 표현하는 문장의 집합이라고 할 수 있다. 그러나 단순히 여러 개의 문장이 모여 있다고 해서 모든 글이 문단이 될 수 있다는 것은 아니다. 각 문단이 의미를 가지기 위해서는 같은 문단 내의 문장들이 논리적인 연속성을 가지면서 그 내용 역시 일관성을 지니고 있어야 한다. 한편, 글(monograph)은 특정주제에 대해서 일관성 있게 기술된 문단의 집합이라 할 수 있다. 그러므로 하나의 문단은 다른 문단과 유기적으로 연결될 수 있어야 한다.

문단의 구분은 다루는 내용이 달라질 때이고, 새로운 문단이 시작될 때는 그 문단의 첫 문장에서 '들여쓰기'를 한다. 이러한 들여쓰기는 독자에게 문단이 시작됨을 알려주는 동시에 하나의 생각이나 사상이 펼쳐짐을 알려주는 계기도 된다.

문단의 길이

그렇다면 문단의 길이는 어느 정도가 적당할까? 그 문단의 내용이 단순하다면 그 길이가 대개 짧아질 것이며, 복잡하다면 반대로 길어질 것이다. 다음의 원칙을 새겨 둘 필요가 있다. 문단의 길이는 이야기가 충분히 발전되고 설명될 정도여야 한다. 문단의 길이가 너무 짧거나 길면 좋지 않다. 전자의 경우는 문단의 중심생각(소주제)이 덜 드러나고 충분히 전개되지 않은 것이며, 후자의 경우는 여러 문단으로 나눌 만큼 많은 내용을 포함하고 있는 것이다.

문단의 길이는 내용뿐만 아니라, 지면과 글의 목적에 따라서도 다양하다. 예를 들어, 신문의 좁은 칼럼난에서는 한 문장으로 된 문단도 흔히 있다. 그리고 신문에서는 독자가 읽기 쉽도록 하기 위해 들여쓰기를 통한 문단이 자주 나타난다. 이처럼 신문에서 문단을 표시하는 것은 글의 목적과 글이 발표되는 지면의 성질 때문이다. 즉, 글의 목적도 문단의 길이를 결정한다.

문단의 전개

문단은 적절하게 전개되어야 한다. 우선 문단을 전개함에 있어서 어디까지 써 나갈 것이냐 하는 문제는 그 문단의 목적이나 목표에 따라 정해진다.

문단을 전개하기 위해서는 우선 전달하려는 내용을 나열하여 분류해 보고, 분류된 내용 간의 논리적 연결고리를 살펴서 그 전후 및 내포관계를 분석한다. 그 다음 대표문장(topic sentence)과 지원문장(supporting sentence)의 전개 내용과 순서를 결정한다. 여기서 대표문장은 문단의 핵심내용을 요약하여 나타낸 것이고, 지원문장은 대표문장의 내용을 보완하여 설명하거나 그 이유나 근거를 제시하는 것이다.

2·1·5 원고 작성

원고작성의 세부내용에 관해서는 뒤에 나오는 여러 종류의 문서작성에서 자세히 다룰 것이므로 여기서는 생략한다. 다만, 원고를 작성할 때에 일반적으로 고려할 사항들을 아래에서 기술한다.

(1) 쓰는 목적을 점검한다.

글을 쓰기 전에 자신이 독자들에게 전달하고자 하는 목적이 무엇인가에 대하여 정확한 아이디어를 가지고 있어야 한다. 글을 쓰는 목적에 대한 자신의 생각이 정립되지 않았다면, 독자에게 자신의 생각을 제대로 전달할 수 없다. 그러므로 글이 독자에게 중요한 정보를 제공하려는 것인지, 특정한 사안에 대해서 독자를 설득하거나 제안 혹은 교육하려는 것인지, 단순하게 나중에 참고하기 위한 기록을 남기려는 것인지 등에 따라 제시하는 자료의 종류나 그 양을 결정해야 한다.

(2) 독자에 초점을 맞춘다.

많은 글들이 여러 형태—편지, 소설, 설명서, 보고서, 논문 등—로 작성되지만, 그 대부분이 독자의 관심을 끌지 못하는 이유는 글을 쓰기 전에 예상되는 독자들의 관심사, 필요성, 경험수준 혹은 그들의 반응에 대해서 충분히 고려하지 않기 때문이다. 그러므로 글쓴이의 의도를 독자에게 제대로 전달하기 위해서는 글을 쓰기 전에 독자의 지식수준과 이해능력, 관심분야에 관하여 심사숙고하여야 한다.

(3) 핵심적이고, 정확한 정보를 제공한다.

분주한 일상생활 가운데 흘러넘치는 많은 읽을거리 중에서 자신의 글을 독자가 읽도록 하기 위해서는 글의 첫 부분에서 가장 중요한 정보를 제시해야 한다. 이것은 전체의 요점들을 먼저 제시하고, 각 요점에 대하여 상세하게 설명하는 방법이다. 또한, 문장 중에서 핵심단어(keyword)를 반복 사용하거나 주요정보를 계속 강조한다.

그런데, 글을 아무리 명확하게 썼을지라도 제시하는 정보가 정확하지 않다면 그 글은 쓸모가 없다. 예를 들면, 보고서에서 참고문헌이 부정확하거나 일반적으로 잘 알려진 사실을 틀리게 기술한 경우에는 그 보고서 전체내용이 의심을 받게 될 것이다. 또한, 정보를 정확하게 전달하기 위해서는 사실(fact)과 의견(opinion)을 명확하게 구분해야 한다. 사실은 객관적으로 증명이 된 것이고, 의견은 사실에 대한 개인의 느낌 혹은 인상이다. 의견이 사실처럼 제시되는 것은 매우 위험한 것이고, 독자를 오도할 것이므로 주의해야 한다.

(4) 알기 쉽게 제시한다.

글을 알기 쉽게 하기 위해서는 독자 누구나 생각할 수 있는 논리적인 체계로 제시해야 한다. 즉, 제목을 계층적으로 표현하고, 제목 앞에 번호를 붙인다. 그리고 문단의 길이를 적절하게 유지한다. 적절한 문단의 길이는 글의 종류나 내용에 따라 다르지만 일반적인 이공계 글쓰기에서는 열두 줄(여섯 문장) 이하를 제안하고 있다. 새로운 문단이 시작되는 것을 명확히 하기 위하여 적절한 접속사를 덧붙인다. 문단의 첫 줄이 페이지의 맨 끝이 되거나 마지막 줄이 다음 페이지의 첫 부분이 되지 않도록 조절한다. 또한, 간단하고 쉬운 단어로 동사보다는 명사를 많이 사용하고, 불필요한 단어의 중복을 피하도록 한다.

(5) 보기 편하게 한다.

독자가 글을 보기에 편하도록 글의 여백(margin), 글자의 스타일 및 크기, 공백(white space) 등을 알맞게 정한다. 글이 한 페이지에 지나치게 많이 들어가지 않도록 테두리의 여백을 충분히 남긴다. 일반적으로 여백은 네 변에서 25mm정도를 띄우도록 하고 있다. 그러나 필요에 따라 적절히 조절할 수 있다. 다만, 여백은 모든 페이지에서 똑 같이 적용되어야 하고, 제본을 할 경우에는 왼쪽 여백을 더 크게 해야 한다.

글자의 스타일은 독자들이 보기에 가장 편한 스타일을 택하는데, 한글로 쓴 책, 잡지, 신문 등에서는 본문에는 명조체를 주로 사용하고, 제목이나 소제목은 강조하기 위하여 고딕체나 굴림체를 사용하고 있다. 글자의 크기는 10내지 12포인트를 표준으로 하지만, 제목이나 표 및 그림의 설명은 필요에 따라 크기를 조절할 수 있다.

공백은 한 페이지에서 글이 채워지지 않은 빈 공간을 말한다. 공백은 글에서 독자가 중요한 부분에 시선을 집중하도록 하기 위한 중요한 부분인 동시에 글을 읽는 중간에 숨을 돌릴 수 있는 휴지 공간이다. 실제로 공백은 문단과 문단사이, 제목과 소제목 사이, 본문과 그래프나 표 사이, 수식의 앞뒤, 소제목 들여쓰기, 글의 왼쪽맞춤 등으로 부여한다.

(6) 글의 오류를 없앤다.

글을 읽을 때 독자에게 좋지 않은 인상을 남기는 것으로는 철자(spell), 구두점 찍기(punctuation), 문장구조 등에 오류가 있을 수 있다. 글에서 철자의 오류는 독자에게 짜증을 나게 하고 글쓴이가 전달하고자 하는 바를 놓치게 할 뿐더러 글쓴이의 자질에 의문을 제기할 수도 있다. 철자의 오류를 방지하기 위해서는 평소에 말하는 대로 쓰지 말고 표준사전을 곁에 두고 철자를 항상 확인하는 습관을 길러야 한다.

복잡한 도시에서 원활한 운전을 하기 위해서는 교통의 흐름을 제어하는 교통신호가 필수적이다. 이와 같이 글에서도 의미의 흐름을 제어하는 것이 구두점이다. 그러므로 문장 내에서 구두점을 어떻게 사용하는 것이 효과적인지를 잘 알아야 한다. 구두점 찍기에 대해서는 국어사전의 뒷부분에 부록으로 제시되어 있다.

독자가 글을 잘 이해할 수 있도록 문장구조가 문법에 잘 맞는지 또는 문장이 이해하기 쉽게 되어 있는지를 검토하여야 한다. 이공계 글쓰기에서 문장구조의 오류를 없애기 위하여 주의할 점 몇 가지를 제시한다. 주어를 분명히 제시하고, 주어와 서술어의 가능한 가깝게 배치하여 글의 목적을 쉽게 파악할 수 있도록 한다. 과거에 이공계 글쓰기에서는 수행한 결과를 중시하여 능동태보다는 수동태를 쓰도록 권장하였다. 그러나 최근에는 문장에서 자신의 뜻을 자연스럽고 효과적으로 나타내기 위하여 능동태를 사용하는 추세이다. 그러므로 일을 수행한 주체가 불분명하거나 수행한 일의 결과가 더 중요한 경우를 제외하고, 문장에서 능동태의 사용을 권장하고자 한다.

* 원고작성에 도움이 되도록 한글 맞춤법, 외래어 표기법 및 한글의 로마자 표기법을 부록 A~C에 실었다.

2·1·6 원고 수정

원고수정 원칙

원고수정을 통하여 애초에 설정하였던 주제와 실제 작성된 원고 사이의 차이를 발견하여 그것을 보완함으로써 최초의 주제가 일관되고 명확하게 드러난 글로 만드는 것이다. 수정원칙으로는 흔히 다음 셋을 든다.

(1) 부가의 원칙

쓰고자 하는 바를 만족하게 썼는가? 다시 말하면 요구조건이 충족되었는가를 살핀다. 그러면서 빠뜨린 부분을 첨가하고 보충하여 상세하게 표현한다.

(2) 삭제의 원칙

글 쓰는 사람의 솔직한 심정이 나타났는가? 가식이나 허식은 없는가를 살핀다. 그리하여 불필요한 부분, 지나친 부분, 조잡하고 과장이 심한 부분 등을 삭제하여 간결하고 분명하게 표현한다.

(3) 구성의 원칙

글의 순서를 바꾸어 효과를 더 높일 수는 없는가? 즉, 문장의 구성을 변경하여 주제의 전개를 부분적으로 고쳐 나간다.

원고수정 요령

원고의 수정요령은 이상에서 밝힌 원고의 수정원칙과 문장의 정확한 사용법에 유의하면서 다음과 같은 사항을 참고로 하여 실제적인 작업을 한다.

(1) 전체의 검토

- 주제를 정확하게 나타내고 있는가?
- 세부항목이 주제와 조화를 이루고 있는가?
- 내용이 쉽고 간결하게 쓰여 있는가?
- 글의 구상이 논리적이고 효과적인가?

(2) 부분의 검토

- 논점이나 문단이 유기적으로 통일되어 있는가?
- 각 부분이 그 중요도에 따라 적당한 길이를 가지고 있는가?

-화제가 바뀔 때마다 그 바뀌는 것을 분명하게 알려주고 있는가?

-동일한 논점이 하나의 문단 내에 정리되어 있는가?

2·2 자기소개서 쓰기[2]

대부분의 사람들이 회사에 들어가기 위하여 자기소개서를 쓰고 있는데, 그 내용을 보면 성장과정, 성격의 장단점, 학교생활, 지원동기 및 포부 등이다. 회사의 인사담당자는 지원자가 제출한 자기소개서를 바탕으로 개인별 면접질문지를 작성하므로 자기소개서는 면접을 고려하여 자신이 말하려는 내용을 진솔하고, 간결하고, 알기 쉽게 작성해야 한다.

최근에는 25세 이상 취업인구 중 1/3이 대졸자이므로 회사에서는 옛날과 같이 좋은 학점이나 출신학교가 아닌 지원하는 회사의 해당분야에 필요한 능력과 자질을 갖춘 사람을 찾고 있다. 그러므로 취직을 원하는 사람들도 다른 사람들과 차별화 되지 않은 천편일률적인 자기소개서를 작성해서는 안 되고, 자신이 가진 독특한 능력을 회사가 원하는 바에 맞춰서 한 눈에 알아 볼 수 있도록 작성해야 한다. 대기업의 인사담당자들이 말하는 자기소개서를 눈에 띄게 잘 쓰는 요령은 다음과 같다.

1) 첫 5줄에 승부를 걸어라.
2) 자신의 에피소드를 활용하라.
3) 과장하지 말고 솔직하게 써라.
4) 남과 다른 나를 보여라.

자기소개서를 작성하기 전에 해야 할 일은 좋은 소재 즉 에피소드들을 수집하는 것이다. 에피소드는 현재 관심분야나 회사의 지원할 분야를 생각하면서 지금까지 인생의 전환점이나 성취감을 느꼈던 대학시절의 경험을 중심으로 연도별로 간략하게 메모한다. 소재가 충분히 모아졌다고 생각되면, 소재를 자기소개서의 항목(성장과정, 성격의 장단점, 학교생활, 지원동기 및 포부)별로 분류하고, 그 중에서 자신을 부각시키기에 가장 적합한 2,3개의 에피소드를 선택한다. 선택한 에피소드 중에서 비중이 큰 것을 중심으로 발단에서부터 결과까지 써가면서 자신의 장점을 간략하게 설명한다. 각 문단의 구성은 먼저 자신의 장점을 간략하게 한 문장으로 정리하고, 이를 뒷받침하는 에피소드를 한 문장으로 설명한 다음, 그 경험에서 느끼거나 배운 것을 한, 두 문장으로 정리한다.

또한 자기소개서의 내용을 알기 쉽도록 작성할 항목 옆에 그 핵심내용을 소제목으로 붙이는 것도 좋은 방법이다.

자기소개서의 항목별 작성요령은 다음과 같다.

(1) 성장과정

회사에서는 지원자의 자란 환경보다는 인성에 관심이 많으므로 성장과정에서는 자신이 자란 환경을 자세히 설명하기 보다는 성장과정의 중요한 경험을 중심으로 작성한다. 그 경험이 자신의 가치관의 형성에 어떻게 영향을 주었는지 또는 그런 경험이 회사의 지원업무에 어떤 도움이 될지를 제시한다.

(2) 성격의 장단점

성격의 장단점을 쓰기 전에 주위에서 가장 많이 들었던 자신의 성격을 파악하고, 장점과 단점을 각각 두, 세 가지를 작성한다. 장점은 최대한 부각하되 지나치지 않게 하고, 단점은 솔직하게 쓰되, "소심한 성격이지만, 남을 세심하게 배려하는 사람이다."처럼 긍정적인 표현으로 쓴다.

(3) 학교생활

학교생활은 대학생활을 중심으로 주요활동 중에서 지원업무와 관련된 성취 사례를 제시하면서 작성하는 것이 좋다. 대학에서 배운 전공과목의 공부를 통하여 지원하는 회사에 관심을 갖게 된 것이나 동아리 활동을 통해 배운 상황대처능력, 대인관계, 리더쉽 등이 회사의 지원분야에 어떻게 기여할 수 있는지를 설명한다.

(4) 지원동기 및 포부

지원동기는 지원하는 회사와 지원 분야에 대한 뚜렷한 목적의식을 제시하는 것이므로 지원하려는 회사에 대한 정보를 작성 전에 충분히 입수해야 한다. 예를 든다면 그 회사에서 바라는 인재상이나 최근에 주력하는 프로젝트를 알아내는 것이다. 지원동기는 지원회사와 지원분야를 선택한 이유와 그에 합당한 준비과정을 제시하고, 자신이 지원회사에 적합한 인재인 것을 구체적으로 제시한다.

포부는 자신의 인생목표를 지원하는 회사의 가치와 결부시켜서 작성한다. 지원하는 회사에서 성취하고자 하는 본인의 구체적인 목표에 초점을 맞춰야 한다. 그 목표를 달성하기 위한 명확한 계획과 각오를 밝혀야 한다.

다음은 회사 취업을 위하여 작성한 자기소개서의 예들이다.

자기소개서 작성 예 1

[지원 회사 및 부서: 현대모비스 R&D 시스템 설계파트]

성장과정 - 고기 잡는 법을 배운 가정교육

초등학교 2학년 때 아버지의 심부름으로 집인 부산에서 서울을 혼자 다녀온 적이 있습니다. 위로 누나가 두 명이 있어서 그때까지만 해도 수줍음이 많고 내성적인 성격이었습니다. 이를 아신 아버지는 서울로 보낼 서류를 저에게 직접 전달하라고 하시면서 주소가 적힌 종이와 차비만을 주셨습니다. 목적지인 서울까지는 길가는 사람, 가게 주인, 경찰관 등에게 물어본 후 그분들의 연락처와 서명을 받아오라고 하셨습니다.

집을 떠나 부산역까지 찾아가기도 어려웠고 더 힘든 것은 모르는 사람에게 말을 거는 것 자체였습니다. 하지만, 아무도 도와줄 수 없다는 생각에 용기를 내어 길을 묻기를 반복하자 점차 두려움은 용기로 바뀌고 도움을 주었던 사람들도 응원을 해주었습니다. 어린 나이에 쉽지 않은 여정이었지만 마침내 서울까지 스스로 찾아 갈 수 있었습니다.

그 일을 계기로 의존적이며 소극적인 성격이 매사에 자발적이고 적극적인 성격으로 바뀌고, 다른 사람들과 쉽게 조화를 이룰 수 있게 되었습니다. 그 때는 아버지의 의도를 잘 몰랐지만, 시간이 지난 지금에서는 물고기를 잡아 주지 않고 물고기를 잡는 법을 터득하게 하고자 했던 아버지의 자녀교육법에 감사하고 있습니다. 평범하지 않은 이러한 가정교육이 저의 자립심과 대인관계에 긍정적 영향을 많이 주었습니다.

성격의 장단점 - 문제점을 찾아 해결하는 열정

군대 전역 후 학비를 벌기위해 이마트 문구코너에서 1년을 일했습니다. 제 역할은 상품 진열 사원으로 물류센터에서 입고된 상품을 분류하여 매장에 진열하고, 나머지는 창고에 정리하는 것이었습니다. 문구코너의 특성상 품목이 매우 많았기 때문에 창고관리가 다소 소홀할 수밖에 없었습니다. 그러므로 전산상의 재고와 실제 재고가 다른 경우가 많았고, 상품을 찾기도 쉽지 않았습니다.

저는 재고정리의 필요성을 스스로 인식하고 매니저가 시키지도 않았지만 일주일 넘게 창고를 정리하였습니다. 상품을 카테고리별로 분류하고 정리정돈을 하였습니다. 이렇게 분류정리함으로써 인기 상품과 관리요망 상품의 파악이 수월해졌고, 비좁은 창고를 효율적으로 사용할 수 있게 되었습니다. 그러자 재고파악이 빨라지고 불량재고의 관리가 쉬워져 마침내 체화재고 감소율 부문 1위를 차지할 수 있었습니다.

이처럼 목표한 일은 어려움이 있더라도 끝까지 완수하는 것이 저의 장점입니다. 단순한 아르바이트일지라도 제가 맡은 일에 대해서는 열정을 다해 바로 해결하는 성격입니다. 그러니 주위에서 '가끔 너무 일을 벌인다.'라는 말도 들은 적이 있지만, 분명한 목표의식과 끈기만 있다면 무모한 도전은 없다고 생각합니다.

(다음 면에 계속)

학교생활 - 타인을 존중하고 친화력이 강한 일꾼

대학교 재학 중에 전국 대학생 자작자동차 경진대회에 출전을 하였습니다. 처음 동아리 사람들과 출전 여부를 의논할 때 우리가 할 수 있을지에 대해 서로 반신반의했고 반대의견도 많았습니다. 그때 저는 실패하더라도 대학생활에서의 추억이 되고 도전 자체가 의미 있는 일이라고 반대하는 팀원들을 설득했습니다.

강의가 없는 시간에 동아리방에서 오토바이 부품을 분해하고 프레임을 설계하는 등 분해조립을 반복하고 설계를 새로 하는 등 여러 번 시행착오를 겪었습니다. 프레임의 용접부가 파손되기도 하고 설계와 치수가 달라지기도 했습니다. 수업시간에 배운 이론의 실제 적용은 생각만큼 쉽지 않았습니다. 서로 의견이 달랐고 능력도 차이가 났지만 대화와 설득으로 극복하였습니다.

우여곡절 끝에 완성된 자동차를 가지고 출전한 대회, 체인이 끊어지고 갑자기 엔진에 이상이 생겨 시동이 걸리지 않기도 했지만 팀원들이 한마음으로 최선을 다해 완주할 수 있었습니다. 비록 좋은 성적을 내지는 못했지만, 서로 자기 분야에 최선을 대하고 서로 도와주며 함께하는 것이 얼마나 중요한지 몸소 깨닫는 일이었습니다.

기업에서도 이처럼 팀웍이 가장 중요하다고 생각합니다. 자신의 재능이 뛰어나더라도 조화를 이루지 못하면 소용없다는 것을 동아리 활동으로 많이 배웠습니다. 조직에서는 서로의 약점을 보완하고 장점은 극대화 할 수 있는 '질소'보다는 '불소'같은 사람이 필요하다고 생각합니다. 그러기에 대학생활에서 늘 타인의 의견을 존중하며 타협점을 찾는 친화력이 강한 사람을 늘 지향해 왔습니다.

지원동기 및 포부 - 소통과 팀웍을 중시하는 감성엔지니어

첨단 자동차부품산업의 핵심은 첨단부품의 설계기술력에 달려있다고 생각합니다. 첨단부품의 설계기술력은 보쉬, 텍스트론 등 해외 선진업체와 기술제휴를 하는 동시에 끊임없는 자체기술개발 노력을 통하여 확보할 수 있습니다. 저는 현대모비스 R&D 시스템 설계파트에서 주로 담당하고 있는 고급 에어백, ABS, ESP 등 운전자의 안전과 행복을 보장하는 최첨단 자동차부품의 신기술개발에 제가 가진 역량을 모두 쏟아서 현대모비스가 필요로 하는 다음과 같은 인재가 되고자 현대모비스에 지원했습니다.

1) 고객과 소통하며 팔리는 제품을 개발하는 엔지니어

이제는 고객과 소통을 원활히 하여 고객의 요구를 가장 우선적으로 파악하고 수용한 설계가 필요합니다. 이렇게 고객이 원하는 기능을 제품에 반영함과 동시에 제품의 원가상승을 줄이는 방안을 모색하여 매출이익을 증대시켜서 지속가능한 흑자 경영을 지원하는 엔지니어가 될 것입니다.

(다음 면에 계속)

2) 팀웍으로 좋은 성과를 내는 엔지니어

기업에서 필요로 하는 인재는 좋은 성과를 만들어내는 사람입니다. 좋은 성과는 혼자서는 할 수 없고, 배려와 존중을 통한 팀웍으로 이뤄집니다. 제가 학교생활에서 익힌 팀웍 능력을 활용하여 팀의 성과를 높이는 데 큰 기여를 하는 엔지니어가 될 것입니다.

3) 열린 사고를 가진 엔지니어

설계파트라고 해서 공학적 지식만 뛰어나서는 안 된다고 생각합니다. 저는 다양한 경험과 꾸준한 자기학습을 통하여 인문학적적인 소양을 높여서 열린 사고를 가진 T자형 인재가 될 것입니다. 이를 바탕으로 사람을 지향하는 기술개발을 실현하여 현대모비스의 경쟁력 높이는 엔지니어가 될 것입니다.

그리하여 자동차 부품업계의 'Global Top 5'에 진입해 한국을 대표하는 자동차부품 전문기업, 21세기 세계 자동차부품 업계를 선도하는 글로벌기업 현대 MOBIS로 도약하는 데에 기여하고 싶습니다.

자기소개서 작성 예 2

[지원 회사 및 부서: 대우종합기계 시스템 기술팀]

■ 편리한 삶을 추구하는 우 □ □ 소개

대우종합기계의 시스템 기술팀에 지원하게 됨을 자랑스럽게 여깁니다. 저는 사람을 보다 편리하고 안락하게 만드는 것이 기계공학도의 의무라고 생각합니다. 위험하고 힘든 일들을 로봇이나 기계로 대신하여 안전하고 쉽고 능률적으로 만드는 것입니다. 그리하여 보다 더 많은 복지와 편안한 노후를 보내며 살아갈 수 있어야 한다고 생각합니다. 진정으로 사람을 생각하고 보다 편리한 삶을 추구하고자 기계공학을 공부한 저는 이번이 저의 재능을 대우종합기계 시스템 기술팀에서 사용할 좋은 기회라 생각합니다.

■ 유년기에 발명과 기계조립에 심취

친구들과 어울려 놀기를 좋아한 취학 전 유년기시절에 저의 또 다른 즐거움은 1~200원 하던 장난감 만들기였습니다. 매일 여러 곳의 문방구와 장난감점을 돌아보며 새로 나온 만들기 장난감을 구입하여 조립하며 저녁시간을 보내고는 하였습니다. 또한 고장이 난 가전제품이나 주위에 버려진 신기한 물건은 주워 와서 분해하여야만 호기심이 풀렸습니다. 단지 기계적인 호기심에 그치지 않고 창조적인 생각을 발전시켜 발명노트를 작성하기도 하였습니다. 초등학교에 입학해서는 '과학상자'에 심취하여 조립설명서에 나오는 모든 작품을 완성한 뒤 개인적인 필요를 위해 새로운 것들을 만들었습니다. 여름이면 선풍기를 만들거나 서예를 할 땐 먹을 자동으로 갈아주는 기계를 만들어 사용했습니다. 다소 불편하더라도 필요를 따라 새로운 것을 계획하는 저는 대우종합기계에 입사하여 날로 새로워지는 건설 현장에 맞는 건설기계를 설계하는 데에 적격자라고 생각합니다.

■ 원만한 대인관계와 강한 책임감

저는 1남 2녀에 막내로 태어나 많은 가족들과 생활해서, 남들과 어울리기를 좋아하고 윗사람을 공경하고 아랫사람을 사랑할 줄 압니다. 저의 이러한 성품이 요즘 다소 사무적이고 이해 타산적인 인간관계를 가족처럼 따뜻하게 만들어 팀에서 이뤄지는 업무에 시너지효과를 창출해 내지 않을까 합니다. 그리고 강한 책임감을 가지고 있어서 맡은 일은 정확하게 완수해 낼 것입니다.

■ 친환경적인 건설 중장비의 개발을 목표

70,80년대 산업의 급속한 발전과 함께 많은 시설물들이 만들어졌고, 건설업에서도 많은 중장비들이 사용되었습니다. 중장비들 중에서 대표적인 것은 굴삭기로 처음 나왔을 때는 단지 땅을 파고 고르는 기본적인 기능이 우선적이었지만, 지금은 저소음, 저진동 등의 환

(다음 면에 계속)

경 친화적인 요소들이 추가되어야 합니다. 어려서부터 편리한 삶을 추구하고 보다 능률적인 작업을 우선으로 생각하는 저는 중장비 개발에 있어서 운전자와 그 외의 작업자를 고려한 장비를 개발하고자 대우종합기계에 지원했습니다.

■ 사람을 위한 기계를 만들 소망

건설이란 사람을 위한 것입니다. 또한 건설에 사용되는 장비도 사람을 위한 것이 되어야 합니다. 그러면서도 능률적이고 편리하게 작동할 수 있는 기계가 필요한 세상입니다. 누구보다도 사람의 편리를 먼저 생각하는 제가 대우종합기계와 함께 그 꿈들을 실현시키고 싶습니다.

참고문헌

1. 전상국 외 6인, *글쓰기의 원리와 실제*, 북스힐, 서울, 2001, pp.37~80.
2. 손언영, *자기소개서 이력서 쓰기*, 랜덤하우스, 서울, 2007, pp.43~55.

3장 실험보고서 작성

이공계 학생들에게 실험은 여러 가지 물리적인 개념들을 실제 경험을 통해 자신이 알고 있는 내용을 확인하거나 수정할 수 있는 좋은 기회를 제공한다. 그러나 초등, 중등 및 고등학교 시절의 빈약한 실험교육으로 인하여 실험의 수행 및 관찰한 사실에 대한 실험보고서의 작성 기회는 많지 않다. 그러므로 많은 이공계 학생들이 훌륭한 실험보고서를 작성하는 데 많은 어려움을 느낀다. 본 장에서는 실험을 수행하는 동안 관찰한 사실을 기록하는 실험노트 작성과 실험노트에 근거해서 실험결과를 보고서로 정리하는 실험보고서의 작성에 관하여 설명하고자 한다.

3·1 실험노트 작성[1]

실험노트는 일종의 일지(diary)이므로 한 학기동안의 실험내용과 그 진행과정을 하나의 노트에 기록하는 것이 좋다. 실험에 대한 기록은 단지 관찰한 사실을 단순히 메모하는 기능만을 가지고 있는 것이 아니라, 실험을 전반적으로 검토할 수 있는 유일하고 귀중한 자료이다. 실험노트에 기록한 사항은 궁극적으로는 실험보고서의 기초가 되는 것이다. 정리한 기록은 계산이나 실험결과의 고찰에 필요하기 때문에 믿을 수 있도록 정확하게 한다. 기록은 실험을 하는 현장에서 요점을 분명하게 기입하는 것이 좋다. 이때 실험자료 이외에 실험 도중에 발생한 중요한 사항은 반드시 노트에 기록하여야 한다. 예를 들면, 실험 중에 일어난 예상치 못한 상태, 온도, 습도 등을 자세하게 기록한다. 이러한 자료는 나중에 실험결과를 토의할 때 이론값과 벗어나는 실험결과에 대한 원인을 설명할 수 있는 중요한 자료가 되기 때문이다. 이렇게 실험노트를 작성하는 습관은 학교를 졸업하고 회사에 취업해서 새로운 제품을 개발하는 과정과 그 결과를 정리하는 연구노트 작성에도 아주 좋은 도움이 될 것이다. 회사에서 작성한 연구노트는 회사의 소중한 재산목록이 될 수 있다. 왜냐하면 신제품 개발에서 특허권에 대한 분쟁이

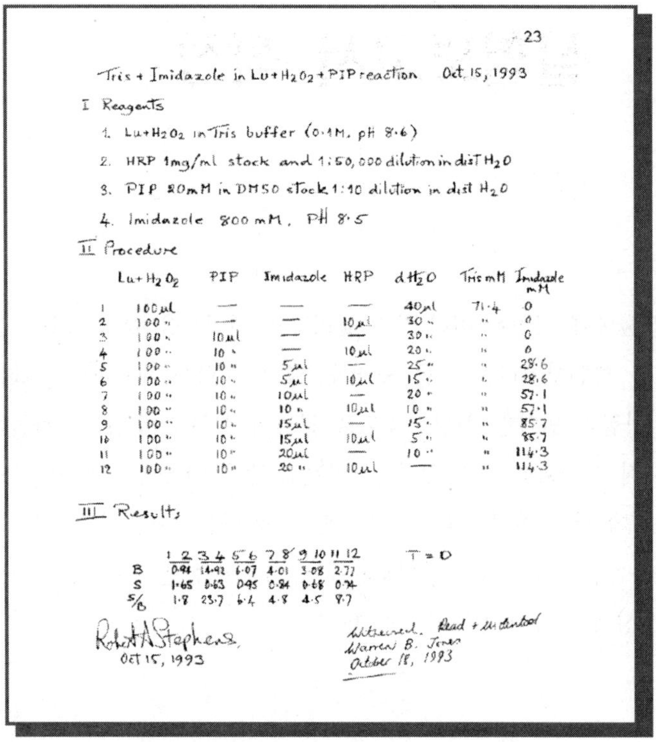

23

Tris + Imidazole in Lu + H_2O_2 + PIP reaction Oct. 15, 1993

I Reagents

1. Lu + H_2O_2 in Tris buffer (0·1M, pH 8·6)
2. HRP 1mg/ml stock and 1:50,000 dilution in dist H_2O
3. PIP 20mM in DMSO stock 1:10 dilution in dist H_2O
4. Imidazole 800 mM, PH 8·5

II Procedure

	Lu + H_2O_2	PIP	Imidazole	HRP	dH_2O	Tris mM	Imidazole mM
1	100μl	—	—	—	40μl	71·4	0
2	100 "	—	—	10μl	30 "	"	0
3	100 "	10μl	—	—	30 "	"	0
4	100 "	10 "	—	10μl	20 "	"	0
5	100 "	10 "	5μl	—	25 "	"	28·6
6	100 "	10 "	5μl	10μl	15 "	"	28·6
7	100 "	10 "	10μl	—	20 "	"	57·1
8	100 "	10 "	10 "	10μl	10 "	"	57·1
9	100 "	10 "	15μl	—	15 "	"	85·7
10	100 "	10 "	15μl	10μl	5 "	"	85·7
11	100 "	10 "	20μl	—	10 "	"	114·3
12	100 "	10 "	20 "	10μl	—	"	114·3

III Results

T = 0

	1 2	3 4	5 6	7 8	9 10	11 12
B	0·94	14·92	6·07	4·01	3·08	2·77
S	1·65	0·63	0·95	0·84	0·68	0·74
S/B	1·8	23·7	6·4	4·8	4·5	8·7

Robert A Stephens
Oct 15, 1993

Witnessed. Read + understood
Warren B. Jones
October 18, 1993

그림 3·1 회사에서 작성한 연구노트의 예

일어났을 때 좋은 증거자료가 되기 때문이다. 그림 3·1은 회사에서 작성한 연구노트의 예이다.

실험 노트에 기록할 주요사항은 다음과 같다.

① 실험제목
② 실험한 년 월 일 시각
③ 실험장소
④ 실험자 또는 공동실험자(관측자, 기입자 등)
⑤ 기상조건(온도, 습도, 기압 등)
⑥ 실험원리의 개요
⑦ 실험장치와 방법(가능하면 그림 포함)
⑧ 실험과정
⑨ 실험결과
⑩ 실험오차, 계산과정, 의문점 등

실험노트를 기록할 때 주의할 점은 다음과 같다.

① 먼저 실험노트는 단단하게 묶여 있는 것을 사용하여야 한다. 만약 그렇지 못하면 실험 중 기록하여 놓은 중요한 결과를 분실할 가능성이 있기 때문이다.
② 실험이 끝난 후에 즉시 실험결과를 실험노트에 기록하여야 한다. 만약 실험결과를 이용하여 다른 변수를 계산하는 경우에 계산된 변수의 값만 기록해 놓는다면, 계산된 변수의 값이 틀렸을 때에 수정할 수 없기 때문이다.
③ 실험노트를 작성하면서 실험과정과 실험결과를 잘못 기록하였더라도 지우지 말고 두 줄로 그은 다음 그 위에 정확한 값을 기록하여야 한다. 왜냐하면 같은 실수를 방지하는 데 도움을 주기 때문이다.
④ 실험결과를 바탕으로 개략적인 그림이나 표를 작성하고, 실험결과를 고찰한다.
⑤ 실험목적과 관하여 결론을 내린 후, 실험에 관한 의문점이나 문제점을 기록한다.

3·2 실험보고서 작성[2]

실험보고서는 실험한 사실을 근거로 하여 작성하기 때문에 일정한 형식이 있는 것은 아니며, 개인에 따라 얼마든지 형식을 변경하여 작성할 수 있다. 그러나 일반적으로 다음과 같은 양식에 따라 작성하는 것이 좋다.

- 표지
- 실험목적
- 실험내용
- 실험 관련이론
- 실험장치 및 방법
- 실험결과 및 고찰
- 결론
- 참고문헌

실험노트에 기록한 것을 바탕으로 실험보고서를 작성하되, 보고서의 작성과정에서 예상했던 결과가 나오지 않았다고 하여 데이터를 수정하거나 조작해서는 안 된다. 왜냐하면 과학은 단지 정답을 찾는 것만이 아니며, 실험에서 원하는 답을 얻을 수 없다 할지라도 다른 실험에 사용될 수 있는 아이디어를 찾을 수도 있기 때문이다. 중요한 것은 실험

결과를 사실대로 기록하고, 결과를 얻은 이유에 대하여 물리적으로 합당한 설명을 할 수 있도록 노력하면 된다. 또한 같은 조건과 방법으로 실험을 수행하였을 경우에 동일한 실험결과를 얻는 것이 대단히 중요하다.

위에서 제시한 실험보고서의 각 항목을 어떻게 써야 하는지 자세히 살펴보면 다음과 같다.

3·2·1 실험보고서 표지

표지는 실험주제 및 실험한 사람의 인적사항을 알려주고 실험보고서를 보호하는 역할을 한다. 표지는 그림 3·2와 같이 실험제목, 과목명, 담당교수, 학과, 학번, 이름, 제출날짜 등을 기록한다. 개성 있는 표지를 만들어 예쁘게 하는 것도 좋지만 중요한 것은 보고서의 내용이라는 것을 기억하여야 한다.

실험제목은 실험교과서에 나와 있는 제목을 그대로 사용하면 된다. 그러나 더 좋은 제목이 생각나면 자기 생각대로 바꾸어도 좋으나 너무 길지 않도록 한다.

3·2·2 실험목적

실험목적 부분에서는 실험을 하는 목적에 대하여 써야 한다. 전체 실험내용을 잘 나타내는 용어를 선택하여 작성하는 것이 좋다. 독자들이 이 부분을 통하여 이 실험이 왜 필요한지 그리고 어떠한 결과를 찾아내려고 하는지에 관한 것을 알 수 있어야 한다. 아울러 보고서 작성자도 실험을 통하여 얻어야 하는 결과에 대하여 다시 점검하는 기회를 가질 수 있다. 실험목적 부분은 간단명료하게 작성하는 것이 좋은데, 목적이 여러 가지인 경우에는 세부목적에 따라 나누어 개조식으로 나타내는 것이 좋다.

다음은 학부에서 수행하는 비례제어기를 이용한 제어실험의 목적에 대해서 기술한 예이다.

실험 목적을 기술한 예

1. 실험 목적[제어실험]

실험의 목적은 자동제어에서 다루는 제어의 기본 개념을 실험을 통해 알기 위하여 비례제어기를 이용한 DC 서보모터의 응답특성을 살펴보는 것이다. 즉, DC 서보모터에서 회전축의 각변위와 속도의 변화에 따른 모터의 응답특성과 비례제어기의 게인(gain)의 변화에 따른 모터의 응답특성을 조사하는 것이다.

실험 결과보고서

실험 제목 :기초 진동실험

과 목 명	기계공학 응용실험
담 당 교 수	유 시 원
학 과	기계공학과
학 번	20xxxxxxx
이 름	김 효 원
제 출 날 짜	20xx년 xx월 xx일

그림 3·2 실험보고서 표지의 예

3·2·3 실험내용

실험내용 부분에서는 실험목적을 달성하는 데 필요한 주요 실험내용들을 정리하여 기록한다. 이때 주요 항목에 대하여 개조식으로 설명하는 것이 좋다.

다음은 비례제어기를 이용한 자동제어실험의 세부내용을 기술한 예이다.

실험내용을 기술한 예

2. 실험내용[제어실험]

실험의 세부 내용은 다음과 같다.

(1) 포텐쇼미터(potentiometer)의 각변위에 따른 출력전압 측정 실험

포텐쇼미터는 회전축의 각변위에 비례하는 전압을 발생시키는 장치이다. 이 장치를 이용하여 DC 서보모터의 각변위에 따라 발생하는 출력전압을 A/D변환기를 이용하여 읽어 들이는 실험이다.

(2) 타코미터(tachometer)의 회전속도에 따른 출력전압 측정 실험

타코미터는 회전체의 회전속도에 비례하는 신호를 발생시키는 장치이다. 타코미터에서 측정된 신호를 타코 앰프를 거쳐 전압신호로 변환하고, A/D변환기를 통하여 이를 읽어 들이는 실험이다.

(3) 비례제어기를 이용한 DC서보 모터의 속도제어 실험

실험 (3)에서는 타코미터의 전압을 피드백(feedback)하여 DC서보 모터의 속도를 제어하는 실험이다.

3·2·4 실험 관련이론

실험 관련이론 부분에서는 실험의 내용에 관련된 이론적 배경이나 원리에 대하여 설명한다. 실험이론을 통하여 실험에서 무엇을 왜 측정해야 하고, 어떻게 측정할 수 있는지를 파악할 수 있다. 또한 실험이론은 측정된 데이터가 물리적으로 타당한 결과인지에 대한 근거를 제시하여 준다. 이 부분은 실험 전 예비보고서의 작성 시에 만들어 두면 좋다. 실험에 관련된 이론지식은 그 실험과 관련된 서적, 학술논문집, 인터넷 등을 통하여 찾을 수 있다. 찾아낸 실험 관련 자료를 충분히 읽어서 이해한 후 실험에 관련된 이론을 정리한다. 이때 참고한 문헌은 따로 정리하여 참고문헌에 제시한다.

다음은 전도 열전달실험에서 관련된 이론을 기술한 예이다.

관련이론을 기술한 예

3. 관련이론[전도 열전달실험]

1차원 전도 열전달에서 열에너지의 전달 방향은 한 방향이다. 이때 온도 구배는 단지 하나의 좌표 방향으로만 존재하며, 열전달은 1차원 방향으로만 일어난다. 또한 각 점에서의 온도 분포가 시간과 무관하게 공간에서 변하지 않고 일정하다면 그 시스템을 정상상태(steady-state)라 한다.

재료 내부에서 열발생이 없고, 일정한 열전도율을 가지는 1차원 정상상태 전도에 대하여 온도는 열이 전달되는 방향으로 선형적으로 분포한다. 전도에 의하여 전달되는 열량(Q)은 아래 식과 같이 열을 전달하는 물체의 단면적(A)과 온도차이(ΔT)에 비례하며, 열이 전달되는 거리(ΔX)에 따라서는 반비례한다.

$$Q = kA\frac{\Delta T}{\Delta x}$$

그러므로 열전도계수 k[W/m·K]는 다음 식과 같이 계산된다.

$$k = \frac{Q/A}{\Delta T/\Delta x}$$

여기서

Q : 공급 열량[W]

A : 열이 전달되는 물체의 단면적[m^2]

T : 온도[°C]

x : 전열 거리[m]

3·2·5 실험장치 및 방법

실험장치 및 방법 부분에서는 먼저 실험에 필요한 실험장치나 데이터를 얻는 데 사용할 계측장비 등에 대하여 조사하여 기록한다. 실험장치의 설치에 대해서는 개략도를 사용하여 나타내고, 이러한 장치들이 어떻게 연결되어 작동하는지 상세하게 설명한다. 또한 전체 실험장치를 구성하는 각 장비에 대하여 상세히 기록한다. 이해를 돕기 위하여 도면이나 사진을 첨부할 수도 있고, 실험장치를 가동할 때의 기후조건(온도, 압력, 습도 등)에 대해서도 기록한다. 만약에 실험을 하기 위해서 실험장치를 수정하거나 보완하였으면 그 내용을 상세히 기술한다.

실험방법에서는 실험장치의 각 부분에서 측정하여야 하는 항목(압력, 온도, 변위, 속도 등)에 대하여 설명하고, 이러한 변수들의 변화를 측정하기 위하여 사용하는 측정기에 대하여 상세하게 설명한다. 아울러 각 측정장비의 조작 및 교정(calibration) 방법과 측정된 데이터의 분석방법에 대하여도 상세하게 설명한다. 실험방법에서는 실험을 시작하여 끝날 때까지의 전 과정에 대하여 수행한 순서대로 상세히 설명한다. 이러한 실험방법 및 순서는 도식화하여 나타내는 것이 독자가 이해하기 쉽다.

다음은 진동실험에서 사용된 실험장치와 자료를 얻는 흐름도의 예와 대류 열전달실험에서 실험방법을 설명한 예이다.

실험장치를 설명한 예

4. 실험장치 및 방법

4.1 실험장치[진동실험]

실험에 사용된 장치는 그림 1과 같이 외팔보, 충격진자, 힘변환기, 가속도계, 신호증폭기, A/D변환기, 개인용 컴퓨터 등으로 구성되며, 실험장치에서 자료를 얻는 흐름도는 그림 2와 같다.

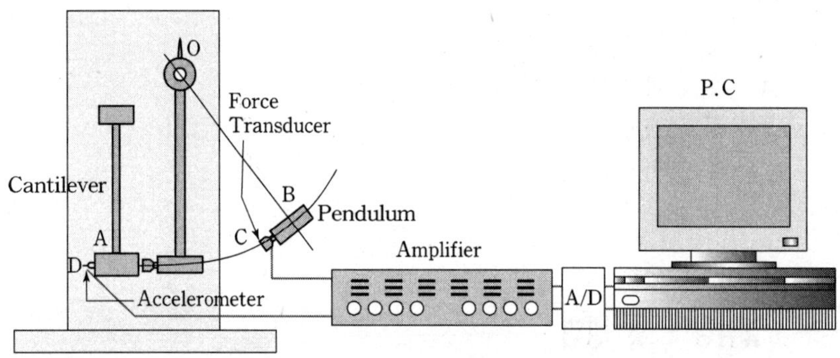

그림 1 실험장치

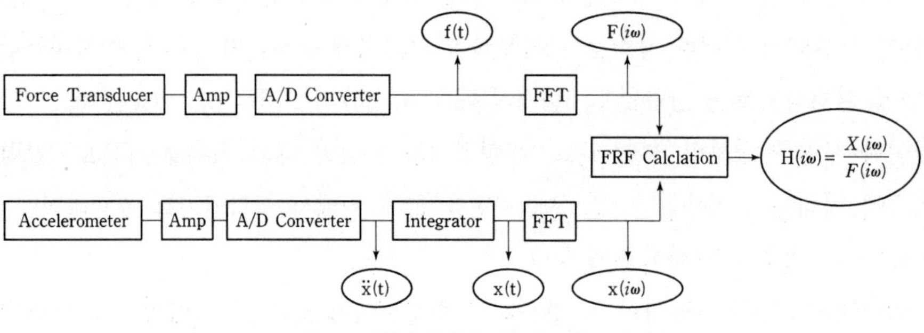

그림 2 실험장치에서 자료를 얻는 흐름도

실험방법을 설명한 예

4.2 실험방법[대류 열전달실험]

실험은 다음과 같은 방법으로 수행되었다.

1) 시험모델인 전기로 가열할 수 있는 평판을 풍동 안에 설치한다.
2) 전열기의 출력을 조절하여 시험모델을 가열하고, 공급된 열량의 값 Q를 기록한다.
3) 시험모델을 비롯한 각 부분의 온도분포가 정상상태에 도달된 후에 시험모델의 표면온도 T_s와 풍동 안의 공기 온도 T_a를 측정한다.
4) 풍동 안에 있는 팬을 가동하여 공기의 속도가 정해진 속도에 도달한 강제 대류상태에서 각 부분의 온도분포가 정상상태가 되면, 시험모델의 표면온도 T_s와 풍동 안의 공기 온도 T_a를 측정한다.
5) 시험모델을 휜(fin)이 달린 평판으로 바꾸어 1)~4)의 과정을 반복한다.

3·2·6 실험결과 및 고찰

실험결과

실험자가 측정한 값을 한 눈에 잘 알아 볼 수 있도록 체계적으로 기록한다. 측정된 자료의 값을 조작하거나 고의로 수정하는 일은 절대로 하지 말아야 한다. 측정값은 계측장비가 허용하는 범위까지 기록하고, 유효숫자를 고려하여 정리한다. 측정값을 정리하여 그림이나 표를 사용하여 나타낼 때 통제된 변수가 무엇인지를 다시 확인하고, 독립변수와 종속변수의 관계를 정확하게 파악한다. 필요한 경우에는 내삽법 및 외삽법을 사용하여 측정점 외의 값을 계산한다. 이러한 실험결과를 정리할 때 아래 사항에 대하여 유념하여야 한다.

- 그림이나 표를 사용하여 수집된 자료를 논리적으로 표현한다.
- 제시한 표나 그림에 대하여는 변화의 특징이나 경향을 충분히 설명한다.
- 자료의 양이 많아 그림의 수가 너무 많으면 중요한 부분만 본문에 나타내고 나머지는 부록에 넣는 것이 좋다.

(1) 표의 작성

표를 사용하여 실험결과를 정리하면 둘 이상의 실험표본과 관련된 많은 양의 자료를 제시할 수 있다. 그림과는 달리 표를 사용하여 측정 자료를 정리할 경우에는 자료의 정확한 값을 보여줄 수 있다. 표는 읽고 이해하기 쉽게 만들어야 한다.

표에는 번호와 제목이 있어야 하며 제목은 그 내용을 분명하고 간결하게 지시해주는 것이라야 한다. 표의 제목으로는 그 내용을 잘 나타내어주는 함축적인 용어를 사용한다. 너무 긴 제목을 사용하는 것은 산만해 보여 좋지 않다. 그러나 표의 내용을 이해할 수 없을 정도의 너무 짧은 제목도 독자들의 이해에 도움이 되지 않으므로 피해야 한다. 제목은 가운데 정열을 하고 대문자나 기울임 꼴을 쓰지 않는다면 더 깔끔해 보일 것이다.

표에서 중요하게 비교하여야 할 자료는 가능하면 서로 가까운 위치에 놓는다. 상관관계가 높은 자료의 비교는 가능하면 이들을 각 열에 위치시켜 좌우보다는 상하로 기록하여 쉽게 비교할 수 있도록 한다. 단위가 있다면 어떤 단위를 사용하였는지 분명히 설명하고, 이들 단위는 가능하면 국제 표준단위와 약어의 규정을 따르도록 한다. 필요한 경우에 각 측정 자료의 오차 값을 덧붙여 표현하는 것이 자료를 이해하는 데에 도움이 된다.

(2) 그림의 작성

그림은 숫자로 표현되는 측정 데이터를 알기 쉽게 요약하여 나타내는 것이다. 독자는 숫자의 배열을 통하여 나타낸 표를 보는 것 보다는 그림을 보면 훨씬 더 빠르게 실험결과가 의미하는 바를 알 수 있다. 그림은 자료들의 분포나 변화추세를 보여 주는 데에 특히 쓸모가 있다.

모든 그림은 순서대로 번호를 매긴다. 그리고 그림의 내용을 간단히 설명하는 제목을 붙여야 한다. 이들 제목은 간결하여야 하며, 그림의 내용을 전체적으로 잘 나타내어야 한다. 또한 그림의 좌표축과 그림 안에 간단한 설명을 붙여서 독자의 이해를 돕도록 하여야 한다.

다음은 그림에 설명을 붙일 때 주의하여야 할 사항을 나타낸다.

① 각 좌표축이 나타내고자 하는 것을 알 수 있도록 설명을 붙여야 한다. 설명은 '시간'이나 '무게' 같이 간단하게 해야 하며 두 세 단어를 넘지 않아야 한다.

② 측정 단위를 "시간(min)"와 같이 설명의 명칭 옆에 덧붙여야 한다. 이들 단위는 가능하면 표준 약어와 국제표준단위(SI unit)를 사용하여 나타내야 한다.

③ 측정치의 표현은 x축(독립변수)에서는 좌표축의 아래쪽에 나타내고, y축(종속변수)에서는 좌표축의 왼쪽에 나타낸다. 측정값의 간격을 5나 10의 배수를 사용하여 나타내는 것이 깔끔하고 명확해 보인다.

표와 그림의 작성에 대한 상세한 내용은 4장 논문작성에서 살펴보기 바란다. 다음은 복사 열전달의 실험결과를 표와 그림으로 정리한 예이다.

실험결과를 정리한 예

5. 실험결과[복사 열전달]

실험결과는 표 1과 같으며, 열원과 측정위치 사이의 거리가 멀수록 복사 열전달률이 감소하는 것을 알 수 있다. 또한 측정거리에 따른 복사 열전달률의 변화 경향을 쉽게 알 수 있도록 표 1에 있는 자료를 근거로 그림 1을 제시하였다. 그림 1에 의하면, 측정거리가 증가함에 따라 복사 열전달률이 급격하게 감소하는 것을 볼 수 있다. 즉 복사 열전달률의 변화는 측정거리의 제곱에 반비례하는 형태의 그래프인 것을 알 수 있고, 이것은 복사 열전달 법칙과 근사한 것을 확인할 수 있다.

표 1 측정거리에 따른 복사량 및 복사열전달률

Test No.			1	2	3	4	5	6	7
Distance	X	mm	100	200	300	400	500	600	700
Radiation	R	W/m^2	1478	561	251	126	66	32	18
Heat Transfer Rate	q''	W/m^2	8262	3136	1403	704	369	179	101

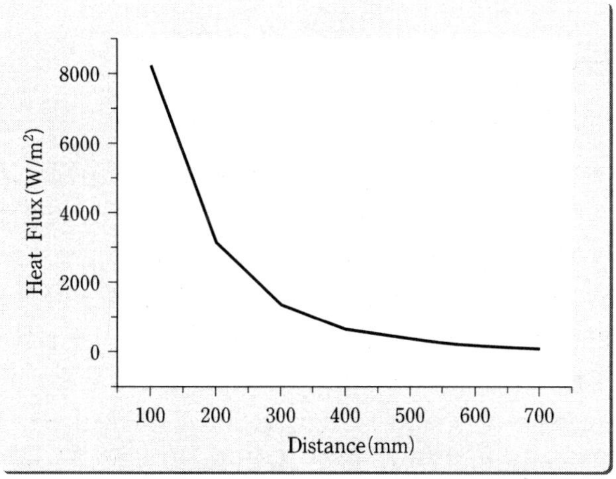

그림 1 측정거리에 따른 복사 열전달률

실험결과의 고찰

실험을 통하여 얻은 자료를 표 혹은 그림을 사용하여 정리하고, 이렇게 정리한 표와 그림을 활용하여 실험결과를 분석하고 토의한다. 실험에서 얻은 결과가 실험에 관련된 이론과 일치하는지 여부를 검토한다. 만약 일치하지 않는다면 그 원인을 분석하고, 이를 통하여 실험의 오류 혹은 장치의 오류 등에 대하여 서술한다. 아울러 개선방안에 대한 검토를 하여야 한다. 무엇보다도 실험 도중에 분명하지 않았던 사항에 대하여 합리적으로 판단하고 설명하는 것이 중요하다. 이러한 결과를 토의할 때에는 특히 아래 사항에 유의하여 보고서를 작성하여야 한다.

① 표나 그림에서 나타난 실험 결과의 특징에 대하여 충분히 토의한다.
② 실험결과의 특정변수의 변화에 따른 주요 종속변수들의 변화에 대하여 토의한다.
③ 관련이론에서 계산된 값과 실험값의 차이인 오차와 오차의 범위를 명시하고, 그 오차가 발생한 이유에 대하여 의견을 제시한다.
④ 전혀 예상하지 못하였던 오차가 발생한 경우 이에 대한 설명을 하고, 이런 오차를 줄일 수 있는 방법에 대하여 토의한다.
⑤ 실험과정을 돌아보고, 실험장치, 실험과정 등의 문제점과 개선방안을 제시한다.

다음은 전도 열전달실험에서 얻은 실험결과를 이론값과 비교하여 고찰한 예이다.

실험결과를 고찰한 예

5. 실험 결과 및 고찰[전도 열전달실험]

이상적인 1차원 정상상태의 열전달에서 열전도계수는 앞의 실험에 관련된 이론에서 설명하였듯이 일정한 값을 가져야 하므로 전도 열전달실험에서 측정한 값을 1차식으로 회귀분석하여 구한 황동의 열전도계수는 $24.82 W/m/^{o}C$ 이다. 이 값은 황동의 이론적인 열전도계수 $60 \sim 110$의 값보다 훨씬 작은 값이다. 그 이유는 이론식에서 가정한 것과 같이 1차원 열전달이 되기 위해서는 황동봉 시편 둘레가 완전하게 단열이 되어서 열이 황동봉의 길이방향으로만 전달되어야 한다. 그렇지만 완전한 단열이 이루어지지 않아 황동원형봉의 둘레로도 열이 상당히 전달되었을 것으로 추측되기 때문이다. 또한 실험장치에서 열전대의 결합이 완전하지 못해서 실험 중간에 열전대를 다시 꽂았기 때문에 이에 대한 오차가 열전달계수에 영향을 주었을 것이다.

한편 측정위치 $30mm$와 $60mm$에서 온도가 급격하게 변화하는 것을 볼 수 있다. 이는 실험에 사용한 황동봉 시편 3개의 접촉이 완전하지 않았기 때문에 전도 열전달이 아닌 대류 열전달이 부분적으로 발생하였을 것으로 추측된다.

3·2·7 결 론

결론부분에서는 수행한 실험의 내용에 대해서 간략하게 설명하고, 실험목적 및 내용에 비추어서 실험결과에서 알아낸 중요한 사실을 실험자의 판단에 근거하여 제시한다. 또한 실험보고서의 경우에는 실험을 수행한 소감에 대해서 기록할 수도 있다.

다음은 복사 열전달실험을 수행하고 얻은 결론을 정리한 예이다.

결론을 정리한 예

6. 결론[복사 열전달실험]

복사 열전달실험을 수행하여 열원과 측정 위치 사이의 거리에 따른 열전달계수와 복사체(흑색판과 은색판)에 따른 방사율을 측정하고, 그 이론값들과 비교한 결과 얻은 결론은 다음과 같다.

1) 복사 열전달계수는 이론값과 차이가 있지만, 열원과 측정한 위치 사이의 거리의 제곱에 반비례하는 것을 확인하였다.
2) 방사율은 복사체의 표면의 색이 어두울수록 방사율이 높아지는 것을 표면의 색이 더 어두운 흑색판이 은색판 보다 더 방사율이 높은 것에서 확인할 수 있었다.

3·2·8 참고문헌

실험보고서를 작성하면서 참고한 문헌을 기록한다. 서적을 참고한 경우에는 저자이름, 서적이름, 출판사, 출판지와 출판년도를 표시하고, 전문 학술지의 경우에는 저자이름, 논문제목, 학술지의 이름, 권수(호수), 인용된 부분의 페이지수, 발행년도 등을 표시한다. 인터넷 자료의 경우에는 참고한 사이트의 주소를 기록한다. 참고문헌에 대한 더 자세한 내용은 4장 논문작성에서 제시한다. 아래는 참고문헌을 제시하는 예들이다.

(1) 국내 서적

김종식, 이민철, 한명철, 최재원, 제어시스템설계, 청문각, 1997.

(2) 외국 서적

F. P. Incropera and D. P. De Witt, *Introduction to Heat Transfer*, 4th ed., John Wiley & Sons, New York, 1996.

(3) 국내 전문학술지

홍준희, 정석규, "비접촉 얇은 투명체의 두께측정에 관한 연구", 한국정밀학회지, 제26권, 제12호, pp.62-68, 2009.

(4) 외국 전문학술지

T. Kanda and T. Osada, "Analysis of Humanoid Appearances in Human-Robot Interaction", *IEEE Transaction on Robotics*, Vol.24, No.3, pp.725-735, 2008.

참고문헌

1. D.Porush, *A Short Guide to Writing about Science*, Harper Collins College Publishers, New York, 1995, pp.21~47.
2. D.Beer and D.McMurrey, *A Guide to as an Engineer*, John Wiley & Sons, New York, 1997, pp.98~104.

4장 논문 작성

글을 잘 쓴다고 하여 과학이나 공학에서 좋지 않은 연구결과를 좋은 것으로 바꿀 수 있는 것은 아니다. 그러나 불행하게도 많은 훌륭한 연구업적들이 잘못 작성된 논문으로 인하여 빛을 보지 못한 경우가 많았다. 따라서 과학이나 공학에서 글쓰기는 자기의 분야에서 일하는 사람들과 정보를 전달하는 데 가장 중요한 수단이 될 것이다.

4장에서는 학위과정을 밟으면서 다루어야 할 학위논문(thesis)과 학술지논문(journal paper) 및 학술대회논문(conference paper)의 작성에 관하여 차례로 설명하고자 한다. 학위논문과 학술지논문의 차이는 그 다루는 주제의 범위와 논문의 분량에서 살펴볼 수 있다. 학위논문은 대체로 다루는 주제와 연구내용의 범위가 보다 넓고, 30페이지부터 200페이지 정도까지 분량이 비교적 많은 편이다. 학술지논문은 학위논문의 내용 중에서 특정한 부분만을 정리하여 투고하는 경우가 많으므로 다루는 내용의 범위가 좁고 분량도 학위논문보다는 훨씬 적어진다. 또한 학술지논문과 학술대회논문의 차이를 살펴보면, 학술지논문은 이미 연구가 완료된 내용을 주로 게재하고 그 분량은 학술지마다 다르지만 대체로 6~10페이지 정도이다. 한편 학술대회 논문은 현재진행 중인 연구내용을 간략하게 정리하여 같은 분야의 연구자들에게 알리고, 연구에 대한 평가를 받아서 연구진행에 도움을 얻는 데 그 목적이 있다. 학술대회논문의 분량은 학술대회마다 특성이 있어서 초록만 요구하는 경우도 있고, 간략한 논문의 형식을 요구하는 경우에는 대개 2~6페이지 정도이다.

4·1 학위논문 작성

학위논문은 주로 대학원 석사 및 박사과정에서 작성하고 있지만, 학사과정에서도 졸업논문이라는 명칭으로 논문작성을 요구하고 있다. 대학원 석사 및 박사과정에서 작성하는 학위논문은 연구내용의 독창성을 많이 요구하지만, 학사과정의 졸업논문은 독창성

보다는 연구를 수행하는 체계적인 방법과 논문을 작성하는 훈련을 하기 위한 목적이 더 크다고 할 수 있다.

독창성이 있는 학위논문을 작성하기 위해서는 먼저 학위논문에 적절한 연구주제를 선정하는 것이다. 연구주제를 선정하기 위해서는 관심을 가지고 있는 분야의 연구가 어떻게 진행되었는지를 파악해야 한다. 따라서 기존연구에 대한 자료조사를 하여 필요한 자료를 수집하고, 그 자료를 평가하여 선별하여야 한다. 아래에서는 자료조사 및 평가에 대하여 살펴본 후에 학위논문의 형식 및 작성에 관하여 설명하고자 한다.

4·1·1 자료조사 및 평가[1]

아무리 산업사회에 크게 기여할 수 있는 연구주제를 주변에서 찾았다고 할지라도 이미 다른 사람이 그 문제를 해결하여 논문으로 발표했다면, 그 연구주제는 독창성이 없으므로 논문으로서 가치가 없어지는 것이다. 그러므로 연구주제를 선택할 때에는 자기보다 먼저 그 주제를 연구한 사실이 있는가를 조사하고 그것이 미해결의 주제라는 것을 우선 확인해야 한다. 이것을 자료조사라 하며, 자료조사에는 연구주제와 방향을 설정하기 위한 사전조사와 연구를 진행하는 동안 부족한 부분을 보충하기 위해 자료를 수집하는 병행조사가 있다. 사전조사는 자신의 연구주제에 대한 연구 배경을 제시하고 그 연구가 학술적인 면에서나 경제적인 면에서 적합한지에 대한 정보를 제공하기 위해서 반드시 필요하다. 한편 병행조사는 연구를 진행하면서 좀 더 나은 해결방법이나 새로운 장비에 대한 정보가 필요할 때 수행한다. 이 병행조사를 효율적으로 수행하기 위해서는 습관적으로 관련 정보 사이트를 검색하여 최신자료들을 읽어야 한다.

자료를 검색하기 위해서는 개인 컴퓨터에서 검색 사이트를 접근할 수 있을지라도 먼저 대학 도서관을 방문하여 자료를 찾아서 선택하기 위한 전반적인 시스템을 확인하는 것이 좋다. 도서관을 소개하는 전단지나 책자를 수집하고 도서관 서비스를 어떻게 이용하는지 확인한다. 또한 자신의 연구와 관련된 자료들이 도서관의 어디에 비치되어 있는지, 다른 대학, 공공기관, 연구소 등의 도서관에 있는 자료들에 대해서는 어떻게 접근할 수 있는지 알아본다. 자료를 검색할 수 있는 국내외 도서관, 연구정보센터, 전자학술지의 웹사이트는 9장에 나와 있다.

문헌 검색은 도서관을 살피고 자신의 연구에 대한 가설과 구체적인 목표를 세운 후에 시작된다. 검색을 시작하기 위해 가장 편한 방법은 그 주제에 대해 먼저 연구를 시작한 주위의 선배나 동료로부터 파악한 최근에 발행된 학술지에서 관련 내용을 찾아서 읽고, 다른 자료를 찾을 수 있는 참고 자료의 리스트를 만드는 것이다. 이 리스트를 활용하여 동일한 방법으로 또 다른 참고자료 리스트를 만들어서 수집할 자료를 점차 늘려가는 눈사람(snowball) 검색이다. 그런데 눈사람 검색의 단점은 참고 자료를 자신의 분야와 가깝게 관계된 사람들로만 제한되므로 자신들이 자주 접하지 못하는 연구자들의 문헌들을 놓칠 수도 있다. 그러므로 이를 보충하기 위하여 Science Citation Index와 같은 문헌 데이터베이스를 통해 이름과 핵심 단어에 관련된 문헌을 찾아야 한다.

문헌 검색에서 자신에게 필요한 자료를 선택하기 위해서는 먼저 제목을 살펴보고, 제목이 적절하다면, 초록을 읽는다. 초록에서 도움이 될 정보가 보인다면, 결론을 읽고 표와 그림에 있는 관련 데이터를 살펴보고, 자신의 연구에 도움이 될지를 판단하여 자료를 선택한다. 그런데 문헌을 선택하기 전에 저자가 누구인지, 게재 학술지나 출판사가 믿을 만한지, 제시된 방법과 결론이 합리적인가에 근거하여 출판물의 신뢰성을 검토한다. 저자가 저명한 학자이고 출판사가 유명하거나 세심한 검토 과정을 거치는 경우라면 일반적으로 믿을 수 있다.

발표되지는 않았지만 자신의 연구주제에 대해 현재 어떤 연구가 진행 중인지를 알기 위해서 연구주제와 관련된 전문가 모임이나 개인적인 교류를 통하여 인쇄중인 논문이나 이미 연구가 시작된 주제에 대한 정보를 얻을 수 있다. 그 정보를 통하여 자신이 놓친 문헌을 제공받거나 연구방법을 보완하는 데 도움을 받을 수도 있다.

자료조사에서 수집한 문헌들을 분석하여 그 문헌의 주요내용을 카드식 노트에 정리하고, 자신의 연구에서 어느 부분에 도움이 되는지를 파악한다. 이를 통하여 주제에 대한 연구의 정당성을 부여하고, 연구방법을 수립하고, 연구결과를 뒷받침할 수 있다. 문헌 분석이 끝난 후에 문헌의 주요내용을 정리한 카드를 논문 구성의 세부항목별로 배열하고, 그 내용을 비교하여 자료를 평가한다. 평가에서 자신이 구상하고 있는 주제의 연구내용과 방법에 적합한 것은 선택하고, 적합하지 않은 것은 버린다. 이렇게 하여 자신이 수행할 연구주제의 독창성을 확인하고 연구방향을 구체적으로 확정한다.

4·1·2 학위논문의 형식 및 작성[2]

자료조사를 통하여 연구주제를 선정하고, 이론해석 및 실험을 통하여 결과를 얻은 후에 학위논문을 어떤 형식으로 작성할 것인가? 이에 대한 정답은 없으므로 원하는 형식을 선택하고, 소속된 학과와 지도교수의 승인을 받도록 하여야 한다. 서로 조금씩 차이가 있지만 일반적인 학술지 논문에 맞는 형식들은 학위논문 형식에 적합할 것으로 생각한다. 모든 학문분야에 적용되는 학위논문의 형식은 없지만, 아래에 제시하는 것은 대부분 대학에서 받아들이고 있는 형식이다. 그림 4·1과 그림 4·2는 석사논문의 표지와 목차의 실례를 보여주고 있다.

· 표와 그림 목록
· 서론
· 재료 및 방법
· 결과 및 고찰
· 결론
· 참고문헌
· 표
· 그림
· 부록
· 초록
· 감사의 글

학위논문을 작성하기 전에 논문을 읽는 독자의 의문점이 무엇인가를 파악하고, 그 의문점에 대한 답을 어떻게 논리적으로 전개할 것인가를 생각하는 것이 매우 중요하다. 또한 작성하기 쉽도록 학위논문의 내용 및 전개순서에 대한 개요를 만들어 놓는다.

일반적으로 학위논문을 쓰기 위해서 다음과 같은 순서를 따른다.

① 자료조사를 바탕으로 개략적인 서론을 쓴다.
② 이론해석이나 실험에 관련된 이론을 정리한다.
③ 실험을 준비할 때, 실험재료 및 방법을 쓴다.
④ 이론해석과 실험이 끝난 후에 논문에 사용할 데이터를 선정한다.
⑤ 선정된 데이터를 이용하여 그림과 표를 만든다.
⑥ 결과 및 고찰을 쓴 후에 결론을 쓴다.
⑦ 서론을 수정한다.
⑧ 참고문헌 목록을 만든다.
⑨ 임시 제목을 붙인다.

공학석사 학위논문

Socket Wrench의 Socket성형에
관한 UBET해석

20××년 2월

한 국 대 학 교 대 학 원

기 계 공 학 과

황 범 철

그림 4·1 석사학위논문 표지의 예

목 차

그림 4·2 석사학위논문 목차의 예

⑩ 초록을 쓴 후, 몇 일간 초고를 그대로 둔다.
⑪ 초고를 수정한 후에 동료에게 검토를 부탁한다.
⑫ 다시 수정한 원고를 지도교수에게 제출한다.
⑬ 지도교수가 승인할 때까지 논문을 수정한다.

학위논문의 작성에서 간결함과 명쾌함은 매우 중요하다. 왜냐하면 장차 학위논문의 결과를 정리하여 학술지에 투고하고자 할 때, 학술지마다 논문의 길이를 제한하기 때문이다. 학술지에서 논문의 길이를 제한하지 않는다 하더라도 가능한 학위논문의 내용을 압축한 간결한 논문이 더 명쾌하고 읽기도 쉽다. 한편 논문의 각 부분에 사용되는 동사 형태는 대체로 정해져 있다. 이를테면 서론은 이전에 무슨 내용이 학술지에 출판되었고, 왜 그 연구가 행해졌는지를 표현하게 되므로 서론의 동사는 과거형이나 현재분사이다. 재료 및 방법 부분은 연구가 어떻게 수행되었는지를 설명하므로 과거형 동사를 사용한다. 결과 부분은 발견된 사실을 요약하므로 과거형 동사를 사용한다. 마지막으로 고찰은 결과에 대한 평가이므로 현재형으로 표현한다.

4·2 학술지논문 작성

아마도 대부분의 연구자들은 그들의 연구에서 중요한 발견을 하고 또 자기 분야에서 최고로 인정받는 논문을 발표하는 것을 꿈꿀 것이다. 학술지에 논문을 발표하기 위해서는 연구결과가 뛰어나야 할 뿐 아니라 논문을 잘 작성해야 한다. 왜냐하면 다른 학자들과 정보를 전달할 수 있는 가장 일반적인 방법이 학술지에 논문을 발표하는 것이기 때문이다. 학술지에 논문을 발표하는 것은 저자의 학문적인 명성을 높이는 데 큰 도움이 된다.

데이터를 수집해서 분석하고 연구 결과를 발표할 준비가 끝나면, 저자는 다음 몇 가지 결정을 내려야 한다. 즉, 집필 완료시기, 공동저자, 초고 검토자, 투고할 학술지이다. 이런 질문들은 간단하게 대답을 얻을 수 있는 것은 아니지만, 다음에 기술하는 내용들이 학술지 발표를 위한 집필과정에 도움을 줄 것이다.

4·2·1 학술지논문의 투고계획과 쓰기

학술지에 투고할 논문을 쓰기에 앞서, 공동 저자는 누구로 할지 그리고 그들과 저자의 입장은 어떻게 되는지 생각해 보아야 한다. 각 저자들은 실제 연구에 기여해야 하고, 반드시 논문을 집필하거나 원고를 검토하는 데 관여하여야 한다.

원고를 쓰기 전 혹은 초고를 마무리 할 때까지 논문을 투고할 학술지를 결정해야 한다. 어떤 논문에 가장 적합한 학술지가 다른 논문에도 반드시 적합한 것은 아니기 때문이다. 선택한 학술지에서 어떤 주제들이 다루어지는지 확실히 알기 위해서 목차에서 논문제목들을 검색해야 한다. 관심 있는 논문 몇 편을 골라서 읽어보고, 논문의 질과 스타일 그리고 주제 등을 검토해 보는 것도 좋은 방안이다. 논문의 심사여부와 발행인이 누구인지를 알아야 한다. 원고의 심사나 검토과정을 통해 더 좋은 논문으로 만들어진다. 저자는 자신의 논문이 평판이 좋은 학술지에 발표되기를 원할 것이므로 자신이 속해 있는 학문분야에서 우수한 학술지를 선택하는 것이 중요하다. 원고를 어느 학술지에 투고하느냐 하는 것을 결정할 때, 그 학술지의 논문집이나 웹사이트(website)에서 '저자를 위한 투고지침'을 알아내야 한다. 많은 학술지들이 보통 매년 1월에 지침을 게재하며, 어떤 학술지들은 각 논문집마다 '투고지침'을 제시하고 있다. 투고할 학술지와 지침을 검토할 무렵에 마음속에 투고할 학술지의 독자들과 출판 스타일을 생각하면서 초고를 쓴다. 만약 나중에 다른 학술지에 투고하기로 결정을 내렸다면, 그 학술지의 투고지침을 다시 살펴보고, 논문을 그 지침에 맞게 다시 수정해야 한다. 논문을 투고할 학술지를 선정하는 데는 발행부수나 투고하고 나서 출판될 때까지 예상되는 기간 등을 고려해야 한다. 많은 학술지들은 각주에 초고를 받아서 출판하기까지 소요되는 기간에 관한 정보를 제공하고 있다. 이 기간은 편집자가 원고를 받고 나서부터 적어도 몇 달이 걸리거나 1년 이상이 되기도 한다.

자신이 연구한 것을 논문으로 작성하기 위해서 우선 배경지식을 바탕으로 연구결과가 나오기 전에 서론을 쓰고, 결과가 포함되지 않은 예비 초록을 쓴다. 이 초록이 결과를 예상하면서 자신의 마음속에 연구의 타당성과 목적을 유지시키는 데 도움을 줄 것이다. 실험을 준비할 때 재료와 실험방법을 쓴다. 그 다음에 결과가 얻어지면 그 결과와 고찰, 결론을 쓰고, 필요할 경우에 서론을 수정한다. 마지막으로 예비초록에 결과와 결론요약을 끼워 넣어서 초록을 완성한다. 그렇지만 학술지에 논문을 투고하여 발표되기까지 심사위원들의 심사의견에 따라 논문의 많은 부분들을 수정할 수도 있다는 것을 기억해야 한다.

4·2·2 학술지논문을 쓴 후 할 일

자신이 논문을 다 쓰고 모든 공동저자들이 검토하여 수정한 후에 주위 동료로부터 의견을 구하는 것이 바람직하다. 동료 검토자로 두, 세 명을 세심하게 선택하는데, 그 중 한 명은 저자의 논문을 잘 알고 있는 사람이 좋다. 저자가 가정한 것이 명백하고 본문에 빠뜨린 부분이 없는지를 알 수 있기 때문이다. 다른 한 명은 저자의 연구한 내용에 대해서는 알지 못하지만, 유사한 연구주제에 대해서 전문적 의견을 말할 수 있는 사람을 선택한다. 두 번째 검토자는 논문에서 제시하는 지식의 타당성과 명확성에 대해서 아주 객관적으로 살펴 볼 수 있을 것이다. 내부검토를 거쳐서 논문을 수정한 후, 학술지에서나 출판사에서 제공하는 저자 투고지침에서 투고 지시사항(편집용지 크기, 줄 간격, 페이지 매기기, 형식, 스타일 등)을 확인한다.

투고 지시사항을 만족한 논문의 사본을 발표하고자 하는 학술지의 편집인에게 제출한다. 논문을 제출할 때 원고의 표지 제목을 포함하여 저자와 연락할 수 있는 전화번호와 이메일주소를 편집인에게 보낸다. 논문에 사용된 그림과 표의 원본은 논문이 출판될 때까지 잘 보관한다. 왜냐하면 편집인이 요구할 때는 논문의 마지막 수정본과 함께 그림과 표의 원본을 보내줘야 하기 때문이다.

논문을 제출한 후, 대부분의 편집인들은 논문을 접수하여 심사를 의뢰한다는 접수확인서를 보낸다. 약 3주 동안에 접수확인서를 받지 않았다면 편집인에게 연락해서 원고가 제대로 도착했는지를 확인한다. 그리고 두, 세 달이 지난 후에도 편집인으로부터 연락이 없으면 다시 논문의 진행상황에 대해서 문의해 본다. 논문의 게재허가는 주제의 적합성, 연구의 우수성, 논문작성능력 등에 달려있다. 만약 투고한 학술지의 심사결과를 기다리는 중에 다른 학술지에 논문을 투고하고자 한다면, 처음 투고한 학술지의 편집인에게 투고를 취소해 달라고 요청하고, 답이 올 때까지 기다린다.

4·2·3 학술지논문의 편집과정

편집부는 다른 방식으로 조직되어 있다. 학술지의 저자에 대한 지침은 심사와 편집과정을 설명한다. 편집인은 대개 원고를 받은 상태로 컴퓨터에 입력하고, 심사위원을 찾고 저자와 커뮤니케이션 할 다른 편집인에게로 원고를 보낸다. 검토 순서는 역시 다르지만 적어도 두 명 이상이 논문을 심사할 것이다. 그 심사와 편집인의 의견에 기초해서 논문은 채택되거나 거절될 것이다.

수정지시 없이 받아들여지는 논문은 거의 없다. 가능성이 높은 것은 논문을 수정한 후에 게재를 허가하는 경우이다. 이 때 편집인은 심사결과를 검토하고 저자에게 수정지시를 할 것이다. 저자는 지시된 내용을 수정한 새로운 사본을 편집인에게 보내야 한다. 저자는 두 번째 수정지시를 받을 것이고, 그에 따라 다시 수정해야 한다. 이런 과정 중에 논문이 출판하기에 충분하다고 판단되면 편집인은 논문이 출판과정에 있다고 알려줄 것이다.

만약에 심사위원과 편집인이 논문을 거절해야 한다고 판단하면 게재불가를 알리는 편지를 보내 올 것이다. 그 편지에서 편집인은 왜 채택이 안 되었는지 설명할 것이다. 거절되었다고 실망할 필요는 없다. 대부분 이러한 경험을 한 적이 있기 때문이다.

저자는 편집인에게 논문의 질이나 주제에 관해 토론할 수 있으나, 심사위원의 특정한 제안이나 비판에 대해서 논쟁을 해서는 안 된다. 그것은 전문인이 취할 행동이 아니다. 만약 저자의 원고가 출판할 가치가 있다고 믿는다면, 수정하고 다시 제출하거나 다른 학술지에 투고한다.

아래의 내용은 투고한 논문의 출판이 허락되지 않는 이유 중 대표적인 몇 가지이다.

① 이미 출판된 것과 중복되거나 관련 문헌조사가 빈약한 경우
② 원고가 학술지의 형식에 맞지 않은 경우
③ 결과에 대한 설명이 불충분하거나 고찰의 근거가 없는 경우
④ 자료가 지나치게 많고 고찰이 장황하게 긴 경우

일단 저자의 논문이 채택되었다면 그것이 인쇄가 되기 전까지 저자는 마지막으로 몇 가지 부수적인 일을 할 것이다. 저자는 마지막 수정된 원고를 디스켓으로 제출할 필요가 있다. 원본과 디스켓의 내용이 정확히 같은지를 확인한다. 또한 저자는 인쇄를 위해 준비된 형태로 교정될 원고의 사본을 받을 수 있다. 주의 깊게 인쇄된 원고를 교정하고 다른 사람이 그것을 다시 교정하도록 부탁한다. 마지막으로 저자는 출판사에게 저작권을 양도하기 위한 용지에 서명을 해야 할 것이다. 이 서명은 저자의 저작권을 출판사로 양도하거나 혹은 단지 출판사가 저자의 논문을 단순히 인쇄를 하거나 다시 인쇄하기 위한 허가를 요청하는 것이다. 저자가 저작권을 소유하고 있는지를 알기 위해 인쇄된 내용을 읽어야 한다. 마지막으로 할 일은 게재료를 납부하는 것이다. 저자를 위한 지침에서 게재료를 알려 주고 있다.

언제나 저자의 논문을 투고할 학술지의 최근 논문집을 살펴보고, 저자지침과 출판과

정에 대한 정보를 읽어야 한다. 앞서 기술했던 단계들과 행동들은 일반적인 것이고, 출판사가 그들의 상황에 맞게 새로운 기술을 도입함에 따라 지침도 바뀌게 될 것이다. 최근에는 전자출판이 활성화되어서 저자는 제본된 학술지에 앞서서 모니터 위에서 자신의 출판된 논문을 볼 수 있다.

대체로 많이 쓰이는 학술지 논문의 형식은 다음과 같다.

- 제목
- 저자
- 초록
- 서론
- 재료 및 방법
- 결과 및 고찰
- 결론
- 참고문헌
- 감사의 글
- 부록

4·3 논문의 구체적인 작성방법[3]

여기서는 학위논문과 학술지논문에서 공통적으로 제시되는 사항인 제목, 초록, 서론, 재료 및 방법, 결과, 고찰, 결론, 참고문헌, 감사의 글, 그림, 표, 부록 등의 작성에 관해서 구체적으로 다루고자 한다.

4·3·1 제 목

최근 과학기술 출판물의 수는 급격히 증가하여 과학자들이 읽을 논문이 넘쳐나고 있다. 이렇게 많은 논문 중에서 자신이 원하는 논문을 선택하는 일반적인 방법은 정기적인 학술지의 목차에서 제목과 저자를 살펴보거나 인터넷에서 관심이 있는 주제의 키워드(key word)를 검색하는 것이다. 그러므로 제목에 가능한 몇 단어로 구체적인 정보를 제공함으로써 독자의 관심을 끌 수 있게 해야 한다. 바람직한 것은 제목 자체가 짧은 초록의 성격을 지녀서 독자에게 논문에서 다루고 있는 내용을 잘 알려주고, 그 내용에 흥미를 가질 수 있도록 다음 중 두 개 정도는 포함하여야 한다.

· 연구하려는 대상
· 연구하려는 대상의 문제점 혹은 연구의 필요성
· 연구대상의 문제점을 해결하기 위한 방법
· 해결방법을 연구대상에 적용한 결과

제목은 대체로 구로 이뤄지지만 완전한 문장으로 만들어질 수도 있다. 논문의 제목을 정하는 데 있어서 유의해야 할 점들은 아래와 같다.

① 가능한 적은 단어로 구체적인 정보를 제공한다.
② 상세한 설명이 필요하면 부제목을 붙인다.
③ 연구의 효과를 표시하는 경우, 그 효과를 구체적으로 나타낸다.

예 알루미늄 주조 및 단조 조직에 대한 첨가제의 영향 (×)
예 알루미늄 주조 및 단조 조직에 대한 첨가제의 미세화 효과 (○)

④ 표준에 맞지 않는 약어는 피한다.
⑤ 직접 영향을 줄 수 있는 중요한 용어로 시작한다.

'연구(study)' 또는 '결과(result)'와 같이 아무런 정보를 제공하지 않는 단어는 제목에서 피해야 한다. 논문은 연구를 통하여 이뤄지고, 그 연구결과를 나타내는 것이기 때문이다.

예 주조 및 단조 공정에 의한 알루미늄 타이 로드 엔드의 제조에 대한 연구[A study on the manufacture of aluminum tie-rod end by casting / forging process] (×)
예 알루미늄 타이 로드 엔드의 제조를 위한 주조 및 단조 공정의 적용[Application of casting/forging process for manufacturing aluminum tie-rod end] (○)

⑥ 주관적 평가를 나타내는 용어는 피한다.

'참신한'이나 '혁신적인' 것과 같은 주관적 용어는 생략하는 것이 좋다. 그러한 판단은 독자에게 맡겨야 한다.

예 LCD패널의 두께를 최소화하는 혁신적인 공정개발 (×)
예 LCD패널의 두께를 최소화하는 새로운 공정개발 (○)

⑦ 시리즈 형태의 제목은 피한다.

논문이 시리즈 형태이면, 제목에 각주를 달 수 있다.

4·3·2 초 록

초록이란 간략한 형태로 전체 논문의 내용을 정확히 나타낸 것이다. 연구결과의 출판을 위하여 저자가 초록을 준비하여야 한다. 초록을 쓰는 것은 출판하려는 원고를 판단하기 위해서 생각을 정리하는 데에 여러 가지로 도움이 될 것이다.

초록은 논문에 다룰 주제와 범위를 확실하게 알려줘야 한다. 초록의 역할을 쉽게 설명하면 저자가 무엇을 했고, 왜 했으며, 어떤 단계를 거쳐서 자신의 결론에 이르렀는지를 결론과 함께 제시하는 것이다. 논문의 내용을 잘 알기 위해서 본문에서 확인하지 않도록 초록은 간결하면서도 충분한 정보를 제공해야 한다.

초록은 결론이 담겨져야 하므로 논문 작성의 마지막에 쓰게 된다. 실제로 초록이나 초록형태의 논문 작성이 필요한 경우는 다음과 같다.

· 학술대회에서 논문을 발표하기 위해서 논문을 제출할 때
· 학술지에 논문을 출판하기 위해서 논문을 제출할 때
· 학위를 받기 위해서 논문심사를 요청할 때

학술지 논문이나 학위논문을 쓸 때 반드시 초록이 요구되는 것은 아니지만, 초록은 독자에 대한 예의이고, 연구결과를 쉽게 알릴 수 있는 중요한 수단이 될 것이다. 초록은 카버 페이지와 목차 사이에 두거나 논문이 시작되는 부분에 둘 수도 있다.

만약 논문이 출판된다면 초록을 세 곳에서 찾아볼 수 있다. 첫째는 논문의 머리부분, 즉 논문제목과 저자 아래에, 둘째는 도서관 참고목록에서 찾을 수 있는 초록색인(abstract index)에, 그리고 컴퓨터 검색을 위한 초록의 데이터베이스(data base)이다. 대부분의 대학 도서관에서는 중요한 초록 색인과 데이터베이스를 정기 구독하고 있다.

초록을 작성하는 데 있어서 먼저 왜 초록이 필요한지를 아는 것이 도움이 될 것이다. 다시 말해서 초록에서 독자들이 찾고 있는 것이 무엇인가? 그 답은 초록이 연구의 도구라는 사실에 있다. 실제 과학자들은 엄청난 정보 속에서 자신의 연구와 관련된 더 구체적인 정보를 선별해 내는 것이 필요하다. 이런 관점에서 과학자들은 더 엄밀한 탐색을 위해 초록을 읽을 것이다.

키워드나 주제에 따라 초록을 자동으로 정렬시키는 컴퓨터 프로그램도 있다. 최소한 연구자는 컴퓨터를 사용하여 키워드를 불러낼 수 있어야 하고, 독자의 목표는 가능하면 빨리 초록을 훑어보는 것이다. 독자가 정렬된 저자의 초록에 관심을 가질 수 있게 간단 명료하게 정보를 제공해야 한다. 초록을 읽은 사람이 저자의 논문의 위치를 알 수 있도

록 충분한 참고문헌이 포함되어야 한다.

초록에서 기술되어야 할 내용을 요약하면 다음과 같다.

① 초록의 시작부분에서는 논문에서 다루는 주제와 그 목적을 제시한다.
② 주제를 다루기 위한 방법을 기술한다.
③ 논문에서 새로 발견된 사실과 다른 의미가 있는 항목들을 요약한다.
④ 논문에서 얻은 중요하고 새로운 정량적인 데이터를 포함시킨다. 그렇게 할 수 없다면 최소한 그런 데이터의 성격이라도 제시한다.
⑤ 논문에서 얻은 새로운 실험결과를 얻기 위해서 사용한 방법을 언급한다. 이런 방법들이 새롭고 특이한 것이라면 관련된 기본원리, 적용범위와 확보된 정밀도를 제시한다.
⑥ 이론 및 실험 데이터를 비교함으로써 결과의 정당성을 언급한다.

아래는 석사학위논문을 위해서 작성된 초록의 예이다.

초록의 예

A UBET analysis of the combined extrusion process of a socket

Bum-Soo Hwang

Department of Mechanical Engineering
Graduate School
Hankook University

ABSTRACT

A UBET (Upper Bound Element Technique) analysis was carried out to analyze a nonaxisymmetric forward and backward extrusion process of a socket. A new KAVF (Kinematically Admissible Velocity Field) was proposed to determine the forming load, the average extruded length, the velocity distribution and the flow pattern in the forward and backward extrusion of the socket from the solid cylindrical billet. Experiments were carried out with antimony-lead billets at room temperature using the square punch and the hexagonal die without lubricants. And the forming load and the average extruded length were compared between theory and experiment. The theoretical predictions of forming load and average extruded length were in good agreement with the experimental results.

또한 다음에 제시하는 초록들은 전공분야별로 학술지에 투고하기 위해 작성된 것들인데, 재료공학에서는 국문 요약에 영문 초록을 덧붙이고 있는 것이 특이하다.

기계 공학

ABSTRACT

A momentum backpropagation neural network is prepared to carry out real-time dynamics simulations of a passenger car. A full-car model of fifteen degrees of freedom was constructed for vehicle dynamics analysis. Human body dynamics analysis was performed for a male driver(50 percentile Korean adult) restrained by a three point seatbelt system. The trained data using the neural network were obtained using a dynamic solver, ADAMS. The neural network was formed based on the dynamics of the simulator. The optimized hidden layer was obtained by selecting the optimal number of hidden layers. The driving scenario including bump passing and lane changing has been used for the estimation of the preposed neural network. A comparison between the trained data and neural network outputs is found to be satisfactory to show the applicability of the suggested approach.

Key words : Simulator(시뮬레이터), Neural Network(신경망), Dynamics(동역학), Hidden Layer(은닉층)

전기공학

Abstract - The navigation algorithms enable autonomous mobile robots to reach given target points without collision against obstacles. To achieve safe navigations in unknown environments, this paper presents an effective navigation algorithm for the autonomous mobile robots with ultrasonic sensors. The proposed navigation algorithm consists of an obstacle-avoidance behavior, a target-reaching behavior and a fuzzy-based decision maker. In the obstacle-avoidance behavior and the target-reaching behavior, artificial immune networks are used to select a proper steering angle, make the autonomous mobile robot avoid obstacles and approach a given target point. The fuzzy-based decision maker combines the steering angles from the target-reaching behavior and the obstacle-avoidance behavior in order

(다음 면에 계속)

to steer the autonomous mobile robot appropriately. Simulational and experimental results show that the proposed navigation algorithm is very effective in unknown environments.

Key Words : Autonomous Mobile Robot, Artificial Immune Network, Fuzzy-based DecisionMaker

재료공학

요 약

매질 유리의 상분리가 ZnS 미립자 석출 특성에 미치는 영향을 규명하기 위하여 용융 및 석출법에 의하여 ZnS 미립자 분산 붕규산염계 비선형 광학 유리를 제조하였다. 첨가된 ZnS는 분상 촉진제로 작용하여 매질 유리의 상분리 경향성을 증가시켜 상분리가 일어나지 않는 영역 조성의 매질 유리에서도 분상이 관찰되었다. 따라서 선택된 모든 조성에서 상분리가 발생하였으며 상분리된 영역에서 ZnS 미립자의 석출이 확인되었다. 열처리 온도가 증가할수록 석출된 ZnS 미립자의 크기는 증가하였으며, 매질 유리 조성의 Na_2O/B_2O_3비가 증가함에 따라 석출 미립자의 크기는 증가하였다. Effective mass approximation에 의해 ZnS 미립자의 크기를 계산하였으며 약 30에서 80Å 범위에 있었다. 이는 quantum confinement effect를 나타낼 수 있는 미세 결정 크기였다.

ABSTRACT

To investigate an effect of phase separation on precipitation characteristics of ZnS microcrystals in matrix glass, ZnS doped borosilicate glasses for nonlinear optical applications were prepared by melting and precipitation process. ZnS dopant contributed to phase separation promotion, which increased the phase separation of the matrix glass within immiscibility region. It was also found that ZnS as phase separation promoter showed a similar contribution for some selected glass compositions in miscibility region. The precipitation of ZnS microcrystals occurred in the phase separable glass compositions. The radius of ZnS microcrystals increased with increasing the heat treatment temperature and Na_2O contents of matrix glass composition. The ZnS particle sizes, estimated by effective mass approximation ranged from about 30 to 80 Å. It was sufficiently small to show quantum confinement effect.

Key words : ZnS, Borosilicate glasses, Phase separation, Precipitation, Nonlinear optics

4·3·3 서 론

서론은 논문연구를 시작하도록 동기를 부여한 기존의 연구결과와 논문의 목적으로 시작하여야 한다. 논문에서 실험 혹은 이론전개에 채용된 논리를 간략하게 제시할 수 있을 것이다. 서론은 독자가 논문 전체를 파악하는 데에 중요한 역할을 하기 때문에 첫 문장과 서론의 첫 문단이 중요하다.

서론의 첫 문단을 전개하는 데는 여러 방법들이 있다. 그 중에 하나는 다음 문장과 같이 광범위하게 전개하는 것이다.

"설계란 웹스터사전에 의하면 계획한 것을 만들어내는 것이라고 정의되어 ......"

이렇게 개방된 문장으로 시작하는 것은 독자에게 저자의 연구목적을 알려주는 데는 도움이 되지 못한다. 자신의 연구목표가 거창한 것임을 표현하더라도 실제로 다루고자 하는 주제는 '설계' 전체에 관한 것이 아니기 때문이다.

다른 하나는 아주 구체적이고 기술적인 문장으로 시작하는 것이다. 이것 역시 숲 속 깊숙한 곳에 들어가서 나갈 방향을 잃은 것처럼 독자로 하여금 연구의 중요성 및 방향을 제대로 알 수 없게 만든다. 이러한 접근은 서로 연구 주제에 대해 잘 알고 있는 사람을 대상으로 간략한 기술정보의 전달이나 편지를 쓰는 데에 적절하다.

서론을 전개하는 가장 좋은 방법은 적절한 폭을 찾아내는 것이다. 이를 위해 저자는 독자들을 파악하고 그들이 저자의 연구하는 내용에 대해 관심을 갖도록 유도해야 한다. 그렇게 하기 위해서는 서론에서 연구하고자 하는 문제와 그것을 정의하는 데 포함되는 인자들을 가능한 한 명확하게 제시한다. 그리고 저자가 다루려는 문제를 다른 사람들이 어떻게 다루었는지를 비교하여 설명한다. 그 비교를 통하여 자신의 논문에서 무엇이 새롭고 중요한 것인지를 밝혀야 한다. 이것은 독자가 저자의 연구 수준을 파악하는 데에 도움을 주게 된다.

서론에서 제시해야 할 세부사항은 다음과 같다.

① 앞부분에서 논문의 주제를 명확히 한다.
② 관련 연구의 최근 동향을 잘 알 수 있도록 충분한 참고문헌을 제시한다.
③ 논문의 연구 목적과 내용을 분명하게 기술한다. 연구내용에서는 논문에서 다룰 매개변수의 범위와 제시할 결과가 실험에 의한 것인지 이론적인 것인지를 알려 준다.
④ 논문의 구성계획을 제시한다.

아래는 서론을 작성한 예들이다.

서론 작성 예 1

[논문 제목 : 비접촉 얇은 투명체의 두께 측정에 관한 기초연구]

사람의 눈은 녹내장을 앓게 되면 안구의 내압이 정상적인 사람에 비해 증가하게 된다. 이러한 안구의 내압의 증가로 각막의 두께에 변화가 일어난다. 즉, 녹내장이 심하게 되면 각막의 두께가 내압으로 정상적일 때보다 얇아지게 되므로 시신경의 손상을 일으킬 수 있어 실명으로 이어질 수 있다. 따라서 녹내장의 징후를 미리 검진할 수 있으면 녹내장의 치료에 많은 도움을 줄 수 있다. 녹내장의 검진을 위해 사용해 왔던 Tonometer는 눈에 진동을 주어 정상적인 사람의 진동에 대해 변화의 양을 측정하는 것으로 대부분이 접촉식으로 눈병을 전염시킬 수 있는 문제점과 정확성에서 떨어지며 휴대하기가 어려우며 매우 비싸다는 문제점이 있다. 이러한 문제점을 해결하기 위해 비접촉식의 측정이 필요하며 가격이 저렴하고 휴대가 간편하며 정확성을 가지고 있어야 한다. 이러한 문제점을 상당 부분 해결해 줄 수 있는 측정 방법으로 광섬유를 이용한 측정 방법이 유용할 것으로 판단한다.

지금까지 투명체의 두께에 대한 연구는 레이저광 간섭에 의한 것이 있으며 최근에는 1~2㎛의 반투명 필름의 두께 측정에 LASER Interferometer를 이용하여 측정한 것이 있을 뿐 거의 전무한 상태이다.

따라서 본 연구목적은 광섬유 센서를 이용하여 두께가 0.5mm 정도인 각막의 두께 변화를 비접촉 상태이고 휴대하기 편리하며 정밀하게 측정 가능한 측정기를 만드는 것이다. 우선 그 기초 연구로서 눈이나 투명체 코팅과 같은 측정물을 대상으로 광섬유를 이용한 투명체 측정 모델링을 새로이 제안하고, 실험적 검증을 통해 얇은 투명체 두께의 측정 가능성을 확인하고자 한다.

서론 작성 예 2

[논문 제목 : 주조.단조 공정을 이용한 자동차용 알루미늄 부품 개발]

알루미늄은 자동차 산업분야에서 에너지 절약, 연비절감을 위한 경량화 소재로서 많은 관심을 보여 왔지만 높은 제조비용으로 인해 자동차 등의 부품생산에 적극적으로 이용되지 못했다. 따라서 제조비용을 감소시키기 위한 노력의 일환으로 주조/단조라 하여 단조공정의 초기 재료 형상을 주물을 이용하여 만들고 이를 단조하는 방법이 사용되고 있다. 주조/단조는 초기 형상을 주물을 이용하여 만들기 때문에 자유로운 형상을 얻을 수 있어 초기 형상을 적절하게 설계하여 단 한번의 단조로 최종제품을 성형할 수 있는 것이 제일 큰 장점이다. 또한 단조공정의 단축으로 금형비가 감소되고, 플래쉬와 스크랩의 재활용이 가능하여 재료비가 절감된다[1]. 주조/단조공정에서 주조된 비성형체의 미세조직이 최종제품의 기계적 성질에 큰 영향을 미친다.

(다음 면에 계속)

> 따라서 본 연구에서는 예비성형체의 현미경조직을 미세화하기 위한 주조실험을 AHS-II(JIS4032와 유사)를 사용하여 수행하였다. 주조실험은 2단계로 수행하였는데, 1단계는 미성형이나 수축공과 같은 결함이 없는 주물을 주조하기 위한 최적의 주조조건을 찾고, 이 최적 주조조건에서 수지상정을 없애고 주조조직을 구상화하기 위하여 Ti+B, Zr과 같은 합금원소를 첨가하는 것이다. 2단계는 침상의 공정 Si를 개량화 처리하는 것이다. 개량화 처리시 탈가스 처리를 동시에 수행하였다.
>
> 단조제품의 기계적 성능을 향상시키기 위해서는 예비성형체가 균일하면서도 충분한 변형을 받도록 설계하여야 한다[2]. 이를 위해 DEFORM 3D를 이용하여 유한요소해석을 하였다. 이를 자동차 에어컨 컴프레서용 피스톤에 적용하여 예비성형체를 제안하고, 주조한 예비성형체를 가열 후 한번의 단조로 최종제품을 제조하였다. 주조/단조품에 적합한 열처리 조건을 파악하고, 기존의 단조제품과 경도를 비교하였다.

4·3·4 재료 및 방법

재료 및 방법은 저자가 연구에 사용한 재료와 실험 혹은 이론 해석에 채택한 방법을 독자에게 알려 주는 부분이다. 그러므로 재료 및 방법은 세부사항을 명확하고 충분하게 기술하여 다른 사람이 같은 방법과 동일한 재료를 사용하여 똑같은 결과를 반복하여 얻을 수 있도록 한다.

재료 및 방법은 수행한 순서대로 제시하도록 한다. 사용한 재료 및 방법을 전반적으로 살펴본 후에 각각 제목을 붙이고 이를 유형별로 묶어본다. 재료 및 방법의 각 묶음마다 일반적으로 사용되는 재료 및 방법을 먼저 기술하고 더 구체적 것들을 다음에 기술한다.

재료 및 방법에 포함되어야 할 사항은 다음과 같다.

- 실험의 설계
- 실험에 사용된 재료
- 재료의 준비
- 실험장치 : 실험에 사용된 기계와 장비(그림을 포함시킨다)
- 실험방법 : 재료를 다룬 순서 혹은 데이터를 얻는 방법

재료 및 방법을 기술할 때 고려할 점은 다음과 같다.

① 다른 사람들이 다시 재현할 수 있도록 실험장치와 방법을 설명한다.

② 실험장치나 실험공정에 새로운 부분이 있다면, 그것을 그림으로 제시하고 가능한 한 상세하게 설명한다.
③ 잘 알려진 실험방법은 방법만 언급하고, 그 내용이 잘 설명된 문헌을 제시한다.
④ 실험에서 위험하거나 건강에 해로울 수 있는 사항은 다른 문단으로 구분하여 제시한다.

다음은 실험에 사용된 재료, 장치 및 방법을 기술한 예들이다.

실험재료

2.1 실험재료

실험재료는 주조성이 우수하여 자동차부품에 많이 사용되고 있는 Al-Si계 주조용 합금인 ADC-10을 사용하였다. Table 1에 ADC-10의 주요성분을 나타내었다.

Table 1 Chemical compositions of ADC-10

Comp.	Si	Cu	Mg	Zn	Fe	Mn	Ni	Al
Wt(%)	7.5 ~9.5	2.0 ~4.0	max 0.3	max 1.0	max 1.3	max 0.5	max 0.5	Rem.

실험장치

3.1.4 측정 시스템

Fig. 6은 광섬유 센싱 시스템의 개략도를 나타낸 것이다. 측정시스템은 광원(LD)으로부터 나온 빛이 투광섬유를 통하여 반사판 위에 놓여진 투명체(광학유리)에 조사되며 이 빛은 굴절하여 반사판에 닿고 반사되어 투명체를 다시 통과하여 수광섬유로 입사된 빛은 광파워 미터에 의해 출력 파워가 검출되는 시스템으로 구성되었다.

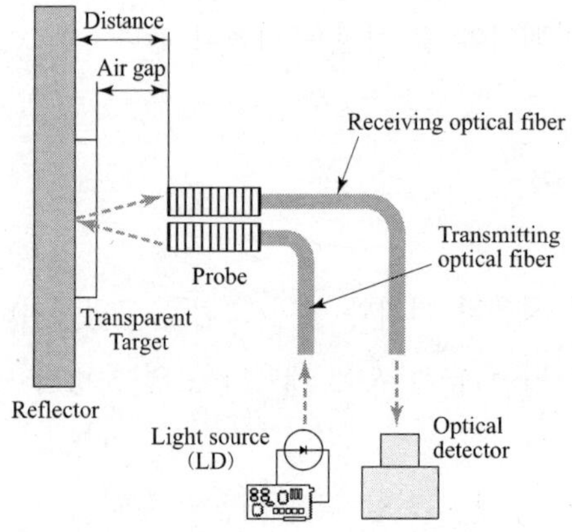

Fig. 6 Schematic of optical fiber sensing system

실험방법

2.3 실험방법

세포농도는 분광광도계(Spectronic 20, Milton Roy Inc., USA)를 이용, 파장 660nm에서 흡광도(Absorbance, A660)를 측정하고 미리 구한 검량선으로 보정하여 결정하였다[20]. 세포농도가 낮을 때는 세포배양용 300ml 플라스크에 부착된 직경 11mm 유리관을 통해 시료의 채취 없이 바로 흡광도를 측정하였고, 고농도에서는 rubber septum으로 밀봉된 시료 채취용 가지를 통해 주사기로 배양액을 취한 후 희석하여 10mm cuvette로 측정하였다.

4·3·5 결 과

결과는 연구 목적을 합리적으로 지지할 수 있게 연구목적에서 제시한 순서대로 기술해야 한다. 그림과 표를 사용하여 자료를 읽기 좋게 몇 개의 절로 나누어 독자가 결과를 그대로 따라갈 수 있도록 한다.

우선 재료 및 방법에서 기술한 순서대로 각 실험을 아주 간단히 요약하고, 실험에서 어떤 현상이 있어났고, 무엇을 알게 되었는지를 독자에게 정확하게 설명한다. 결과를 제시하는 순서를 계획하려면 우선 얻은 결과가 무엇이고, 그 결과가 연구목적과 어떻게 관련되는지를 생각해 본다. 이를 위해서 실험을 하는 데 실제로 도움이 되었던 참고문헌을 살펴보고, 연구노트에 각 실험의 목적과 결과를 적어본다. 다음에 연구노트에 정리된 결과를 논리적인 순서로 배열한다.

결과에는 연구목적과 관련이 있고, 실험의 타당성을 보여주는 모든 결과를 제시한다. 즉, 주요 결과, 주요 결과를 지지해주는 측정 결과, 시약의 제조와 같은 부차적인 결과 등을 포함시킨다. 또한 연구목적에 어긋나는 결과들이 나왔다면, 그 결과들을 배제하지 말고 그 원인을 합리적으로 설명하도록 한다. 그렇게 함으로써 독자가 배우는 바가 있기 때문이다.

결과를 정리하는 데 다른 사람의 논문을 참조하였다면 그 자료를 인용한 표시를 반드시 본문에 넣어야 한다. 이미 학술지에 발표된 논문을 인용함으로써 결과 제시의 타당성을 인정받게 되고 표절 논란에서 벗어나게 된다.

결과를 서술하는 데 있어서 참고할 가이드라인은 다음과 같다.

① 서론에서 제기한 문제의 답이 되는 중요한 사항에 대해서 중점을 둔다.

② 꼭 필요한 데이터만 제시하고, 자세한 데이터는 부록에 넣는다.

③ 결과가 강조되도록 첫 문장에 요약된 결과를 서술하고, 다음 문장에 결과를 뒷받침하는 설명을 한다.
④ 본문의 내용을 그림과 표에서 제시한 내용과 일치시킨다.
⑤ 본문에서는 그림이나 표에서 명확하게 나타나는 특징만 지적한다.
⑥ 저자의 가정에 어긋나는 데이터도 제시하고, 그 원인을 설명한다.
⑦ 재료 및 방법과 같이 다른 부분에 해당하는 내용은 배제한다.

다음은 결과를 기술한 예들이다.

기계공학

4.2.1 은닉층이 1개인 경우

기존의 연구 사례로부터 일반적인 은닉층 선정의 경우를 고려하여 실험할 은닉층의 노드 수의 범위를 10개부터 90 사이로 결정하였다. 신경망 훈련을 위한 데이터는 각각의 시뮬레이션 조건에 따라 400개의 패턴을 가진 20초간의 시뮬레이션 결과를 이용하였다. 신경망의 구성에 따라 최적의 학습율과 모멘텀율이 다르나 동일조건에서의 실험결과를 얻기 위해 학습율 0.5, 모멘텀율 0.1로 일괄적으로 적용하였다.

Figs. 7과 8은 은닉층 노드 수에 따른 실험 결과로서 노드 수에 따른 SSE와 학습시간을 보여준다. Fig. 8을 보면 노드 수가 많을수록 초기 값은 낮아지나 수렴하는 속도는 떨어짐을 알 수 있다. 수렴속도, 즉 학습속도를 증가시키기 위해 학습율을 증가시키면 신경망이 수렴하지 않는 현상을 보인다. 이는 은닉층의 노드 수가 많을수록 그 현상이 두드러졌다. 본 연구에서 노드 수 90의 경우 10만번의 훈련횟수를 지정했음에도 불구하고 SSE가 지속적으로 변하였다. Fig. 9의 수렴결과로부터 얻은 최적의 노드 수는 78개이지만, 긴 훈련시간과 실제 신경망의 처리 속도를 고려하여 결과에 큰 차이가 없는 36개의 노드 수를 선택하였다.

전기공학

5.1 시뮬레이션 결과

시뮬레이션 상의 자율이동로봇에 대한 설정치는 표 5와 같다. 초음파 센서의 scan 주기가 200[msec]이므로 200[msec]마다 전체 주행 알고리즘에 의해 좌우측 바퀴 모터의 기준속도 값이 계산된다. 먼저 제안된 알고리즘을 실제 자율이동로봇에 적용할 때 발생할 수 있는 알고리즘 계산속도 상의 문제를 검토하기 위해 전체 주행 알고리즘의 계산 시간을 측정하였다. 그 결과 Pentium III 700MHz의 CPU와 256MB의 RAM이 장착된 PC에서 제안된 알고리즘의 계산 시간은 약 2~4[msec]로 측정되었다. 따라서 전체 알고리즘의 계산 주기가 200[msec]이므로 실제 자율이동로봇에 충분히 적용 가능함을 확인하였다.

4·3·6 고 찰

고찰은 결과에서 제시한 데이터에서 찾아낸 사실을 설명하고, 거기에 함축된 의미를 저자가 합당한 근거를 가지고 제시하는 것이다. 이 부분은 아마도 작성하기가 가장 힘든 부분이고 저자가 연구한 결과들을 얼마나 잘 이해하고 있는가를 증명하는 곳이기도 하다. 만약 특별히 고찰할 만한 내용이 별로 없다면 고찰을 길게 쓸 필요는 없다.

고찰은 서론 부분에서 제기된 문제 혹은 질문에 답을 하는 형식으로 구체적인 부분에서 일반적인 것으로 진행시켜 간다. 그렇지만 결과에서 찾아낸 사실의 나열을 피하고, 저자의 연구결과와 다른 연구자들의 결과를 비교하여 자신이 수행한 연구의 타당성을 논리적으로 서술하여야 한다. 만약 저자가 기대하지 않았던 결과가 있다면 이들을 포함하여 논리적으로 꼬리를 물듯이 논의를 전개시켜야 한다. 고찰부분의 시작과 끝은 중요한 아이디어를 제시하기에 제일 적합한 곳이다. 그러므로 고찰은 모호한 말이나 의문을 제기하기보다는 긍정적인 문장으로 끝내는 것이 바람직하다.

고찰을 전개하는 일반적인 지침은 다음과 같다.

① 서론에서 제기된 질문으로 돌아가서 차례로 한 항목씩 고찰한다.
② 연구결과를 기존 연구결과들과 비교하여 설명한다. 결과가 저자의 것과 다를지라도 상대방의 연구결과를 인정하고, 가능하다면 차이가 나는 이유를 설명한다.
③ 연구목적이 달성되었는지 혹은 예외적이고 설명할 수 없는 결과를 얻었는지를 언급한다.
④ 저자의 연구에서 얻은 새로운 사실과 지식을 언급한다. 새로운 지식의 함축성과 적용 가능성을 제시한다.

다음은 결과와 고찰을 묶어서 기술한 예들이다.

재료공학

3.2. 매질 유리 내에서의 ZnS 미립자 석출

각각의 매질 유리의 전이 온도(Tg)를 DTA분석을 이용하여 측정하였으며, 이를 Table 1에 정리하였다. 매질 유리 조성의 Na_2O량이 증가할수록 유리 전이 온도는 감소하였다. B1과 B2 조성의 유리 전이온도가 다른 두 매질 유리에 비하여 비교적 작은 값을 가지며, 이는 같은 열처리 온도에서 점도가 낮음을 의미하므로 ZnS의 매질 내 용해도 및 미립자 석출을 위한 열처리 시 이온의 확산속도가 증가하여 미립자 석출이 용이할 것으로 생각된다.

화학공학

3.1. 진탕시간 및 세포농도의 영향

Fig. 2는 sMMO를 갖는 균체에 있어서 진탕시간에 따른 TCE의 분해 profile을 보여준다. Control과 비교하여 TCE의 분해정도를 확인할 수 있었다. 진탕시간이 증가함에 따라 분해속도가 점차 감소하는데 이는 TCE가 분해됨에 따라 생성되는 중간산물의 독성과 탄소원이 없는 상태에서의 배양 및 효소자체 활성의 감소가 원인이라 생각된다 [18]. 따라서 TCE의 최대분해속도를 얻기 위해서는 진탕을 시작한 후 20-30분 이내에 분석을 마쳐야 함을 알 수 있었다.

4·3·7 결 론

결론은 저자가 쓰는 마지막 단계로서 독자에게 무언가를 제시해 주어야 한다. 따라서 과학논문에서 결론의 목적은 연구결과에서 알아낸 사실들을 요약하고 그들의 중요성을 제시하는 것이다. 가장 중요한 결론을 처음에 두고 가장 덜 중요한 결론은 맨 나중에 두도록 한다. 각 결론은 2개 정도의 문장으로 구성되지만, 앞부분에서는 결론을 나타내고 뒤 부분에서는 그 타당성을 제시한다. 또한 결론부분에서는 아직 답을 찾지 못한 문제들과 향후 연구방향을 제시하는 곳이다.

만약 저자로서 가장 중요한 결론을 찾아낼 수 없다면, 저자는 논문의 목적을 이해하지 못하고 있는 것이다. 저자가 보고하고 있는 실험에 관한 상세한 지식은 저자 이외에 아무도 알 수 없다. 저자만이 그 결과와 중요성을 판단할 수 있는 최고의 위치에 있다.

다음은 개조식과 서술식으로 표현된 결론의 예들이다.

개조식 결론

〔 논문 제목 : 비틀림 진동감쇠기용 슬리브 스프링의 제조공정 해석 〕

본 연구에서는 슬리브형식 비틀림 진동감쇠기의 주요 부품인 슬리브 스프링의 성형 공정에서 발생하는 탄성회복을 고려한 공정변수에 대한 설계기준을 확립하기 위하여 유한요소해석을 수행하여 다음과 같은 결론을 얻었다.

(1) 판재 성형에서 탄성복원 예측이론을 슬리브 스프링 형상에 적용하여 성형 반지름을 계산할 수 있는 프로그램을 개발했다.
(2) 탄성복원을 고려한 유한요소해석기법의 타당성을 90도 벤딩 공정으로 검증하여 슬리브 스프링의 2롤 벤딩 공정에 대한 유한요소해석 방안을 확립하였다.
(3) 2롤 벤딩 공정에서 접촉각에 따른 오차율이 비슷한 값을 유지하게 하는 공정설 계변수인 "접촉각/(소재두께×성형 지름)"을 새로 제시하였다.

서술식 결론

〔 논문 제목 : 전자부품의 방열방향에 따른 접촉열전도 특성 〕

본 연구에서는 방열판의 방향에 따른 접촉열전도재의 열전도율과 접촉 열저항 측정을 위한 실험 장치와 측정 방법을 제시하였다. 실험 결과, 횡방향의 열류를 고려한 경우에 접촉열전도재는 종방향 열류만을 고려한 경우보다 열저항과 열임피던스가 갭 패드 타입은 18%, 접착테이프 타입은 24% 증가하였다. 횡방향 열류가 존재하는 경우에 접촉 열저항이 증가하는 원인은 열전도 면적의 압축과 팽창 효과에 있음을 확인하였다.

4·3·8 감사의 글

학술지의 논문에서 감사의 글은 그 연구에 크게 공헌한 사람들에게 감사를 표시하는데 사용된다. 기술적인 도움, 동료로부터의 조언, 연구비 지원과 기타 연구에 관련된 기여를 여기에 포함시킬 수 있다. 그러나 학술지에 게재되는 논문에는 사무적인 지원, 워드 작업, 친구의 격려 등과 같이 연구에 직접 관련이 없는 기여는 감사의 글에 포함시키지 않는다. 학술지논문에서 감사의 글에 어떤 사람을 언급하기 위해서는 상대방에게 미리 허가를 얻는 것이 바람직하다. 왜냐하면 어떤 유명한 학자를 감사의 글에서 언급했다면, 저자의 의도와 관계없이 그 학자는 단지 저자의 원고를 읽었을 뿐일 수도 있고, 심지어 저자의 연구결과에 동의하지 않는 경우에도 논문을 보증하는 것으로 해석될 수도 있기 때문이다.

몇몇 학술지는 논문 첫 페이지 아래에 주를 달아서 재정지원에 대한 감사를 표시하고, 연구에 직접 관련된 감사의 글은 논문의 끝에 배치하고 있다.

아래는 학술지에서 감사의 글을 '감사' 또는 '후기'라는 제목으로 표현한 예들이다.

'감사의 글' 예 ①

감 사

본 연구는 한국과학재단 특정기초연구비(961-0100-001-2)의 지원으로 수행되었으며 지원에 감사드립니다.

'감사의 글' 예 ②

후 기

이 논문은 지식경제부 산업기술개발사업의 지원을 받아 수행된 연구결과입니다.

4·3·9 참고문헌

과학은 협력적인 활동이다. 저자가 스스로 계획하여 실험을 혼자서 수행하고 있다하더라도 많은 사람들의 손으로 설계되고 확립된 과학이라는 큰 틀 안에서 일하고 있는 것이다.

저자가 다루는 문제를 해석하기 위하여 사용한 이론, 수행한 실험절차, 데이터를 해석하기 위해 사용된 방법, 결론을 내리기 위한 기준 등, 이 모든 것들은 앞선 다른 연구자들의 업적이다. 그것들은 저자의 연구가 중요하고 올바르고 유용한 지식이라는 것을 인정해주는 근거를 제공해준다. 그러므로 연구와 관련된 문헌을 인용하게 된다.

과학은 본질적으로 새로운 것에 대한 보고이므로 독자에게 무엇이 오래된 것인지 알리는 것이 중요하다. 현대의 사람들이 생각하는 최우선 순위는 실질적인 가치이다. 실질적인 가치로는 자신이 일하는 분야에서 명성과 승진 그리고 실질적인 보상을 들 수 있다. 그러므로 저자가 독자적으로 수행한 결과와 다른 사람들이 이룬 업적을 바탕으로 이룬 결과를 분명히 구분할 윤리적인 책임이 있다. 그런 방편의 하나로 연구를 위해서 참고한 문헌을 정확히 제시하는 것이다.

우리가 알고 있는 것처럼 학계에서는 이러한 윤리적 의무의 위반을 아주 심각하게 생각한다. 만약 저자가 자료의 출처를 밝히지 않고 다른 사람의 말이나 아이디어를 사용한다면 저자는 다른 사람의 아이디어, 업적, 시간과 신용을 훔친 것이 되고, 이제까지 저자가 행하고 말해온 것은 거짓으로 여겨질 것이다. 직접적으로 인용하지 않기 위해서 말을 바꾼다고 이러한 의무가 면제되는 것은 아니다. 그러므로 논문을 작성하면서 인용한 내용에 대해서는 인용한 위치에 제일 가까운 곳에 참고문헌을 표시한다. 즉 인용한 문장의 끝이나 인용부분에 아라비아 숫자나 참고문헌 저자의 성(family name)으로 나타낸다.

논문의 초고가 완성된 후에 참고한 문헌을 정리해야 하는데, 참고문헌에 꼭 포함되어야 할 내용은 다음과 같다.

· 저자의 이름
· 제목(책, 잡지, 학술지, 학술회의) 또는 장소(학술회의)
· 날짜
· 페이지

다음은 화학공학회지의 예를 보여주고 있다.

화학공학회지의 예

1. Wilson, J. T. and B. H. Wilson, *Appl. Environ. Microbiol.*, 49(1), 242(1985).
2. Kang, M. S, Hwang, J. W., and Park, S.: *Kor. J. Biotech. Bioeng.*, 10(2), 212(1995).
3. Shuler, M. L. and Kargi, F.: *Bioprocess. Engineering, Basic concepts*, Prentice Hall, 62(1992).

저자가 참고한 출판물의 종류에 따라서 논문 제목, 출판 장소(책, 보고서, 또는 학술회의 논문인 경우), 권(volume) 그리고 호(number)(학술지 논문의 경우)와 편집인(편집된 책인 경우)을 포함하는 경우도 있다.

위와 같은 방법 외에도 학문분야 또는 같은 학문분야에서도 학술지에 따라 인용방법은 아주 다양하다. 참고 문헌을 나타내는 방법은 자신이 연구하는 학문분야나 학술지에서 통용되는 방법을 따라야 된다. 모든 전문적인 학술지는 앞이나 뒤에 한 페이지 정도로 "저자를 위한 지침"을 싣고 있다. 거기에는 투고요령, 그림 혹은 표의 형식과 참고문헌 표시법이 설명되어 있다.

참고문헌은 본문에서 번호로 인용되었다면, 아래 첫 번째 예와 같이 본문의 인용번호순으로 정리하고, 참고문헌이 저자의 성으로 인용되었다면, 두 번째 예와 같이 성을 알파벳 순서로 정리한다. 본문에서 전혀 언급되지 않은 문헌은 참고문헌에 포함시켜서는 안 된다.

인용번호순으로 정리한 예

〔1〕 J. Borenstein and Y. Koren, "Potential field methods and their inherent limitations for mobile robot navigation," *Proc. of the IEEE International Conference on Robotics and Automation*, pp. 1398-1404, 1991.
〔2〕 이동제, 이민중, 최영규, "인공 면역망과 인터넷에 의한 자율이동로봇 시스템 설계," 대한전기학회 논문지, 50D권, 11호, pp.522-531, 2001.
〔3〕 K. Y. Im and S. Y. Oh, "An extended virtual force field based behavioral fusion with neural networks and evolutionary programming for mobile robot navigation," *Proc. of the 2000 Congress on Evolutionary Computation*, Vol. 2, pp. 1238-1244, 2000.

저자의 성을 알파벳순으로 정리한 예

Paajanen, M., Lekkala, J., "Modeling the electro-mechanical film," *Journal of Electrostatics*, Vol. 48, No. 3-4, pp. 193-204, 2000.
Tuncer, E., "Numerical calculation of effective elastic properties of two cellular structures," *Journal of Physics D: Applied Physics*, Vol. 38, No. 3, pp. 497-503, 2005.

이하에서는 참고문헌에 포함되는 각 항목에 대하여 설명하고자 한다.

저자 이름

본문에서 숫자로 인용했다면 많은 경우에 아래 첫 번째 예와 같이 인용번호 뒤에 저자의 이름 또는 이름의 첫 자를 먼저 쓰고 다음에 성을 쓴다. 그렇지만 본문에 저자의 성으로 인용했다면, 두 번째 예와 같이 저자의 성을 먼저 쓴 다음에 이름의 첫 자를 붙인다.

저자 이름의 예

〔1〕 L. H. Lang, Z. R. Wang, and K. B. Nielsen, "Hydroforming highlights: sheet hydroforming and tube hydroforming," *J. Mater. Proc. Technol.,* Vol. 151, pp. 165-177, 2004.

Tran, V. H., and Lee, S. G., "Enhanced wavelet-based methods for reducing complexity and calculation time in sonar measurements," *International Journal of Precision Engineering and Manufacturing*, Vol. 10, No. 2, pp. 31-37, 2009.

논문 제목

학술지의 논문 혹은 리포트의 소제목을 포함한 전체 제목을 표기한다. 어떤 학술지는 제목의 맨 앞에 나오는 단어의 첫 글자만 대문자로 쓰지만, 일반적으로는 관사와 전치사를 제외하고는 모든 단어의 첫 글자를 대문자로 쓴다. 어떤 학술지들은 논문 제목을 열거하지 않고, 그 논문이 발표되어 있는 학술지명과 권(호), 페이지 번호와 연도만으로 표기할 것을 요구하고 있다.

학술지 명칭

학술지 명칭은 아래 첫 번째 예와 같이 줄인 형태로 나타낼 수 있다. 그러나 모든 학술지 명칭의 줄인 형태에는 정해진 양식이 있다. 그것을 확실히 알지 못하면, 두 번째 예와 같이 완전한 명칭을 그대로 사용한다.

학술지 명칭의 예

Sahli, S., Bellel, A, and Segui, Y., "Measure and analysis of potential decay in polypropylene films after negative corona charge deposition,"
J. Electrostat., Vol. 57, No. 2, pp. 169-181, 2003.

Ling, Z.-Y., "The method of measuring noise radiated from the submarine," ***Acoustics and Electronic Engineering,*** Vol. 2, pp. 28-29, 2004.

책 이름

책이름은 줄이지 않고 전체를 표기하고, 이탤릭체로 쓴다. 워드 프로세서가 이탤릭체를 지원하지 못한다면, 아래와 같이 이름 밑에 줄을 긋는다.

책 이름의 예

D. Kortenkamp, R. Bonasso and R. Murphy, Artificial Intelligence and Mobile Robots, The MIT Press, 1998.

편집인이 있는 책

편집인의 이름을 먼저 쓰고 다음에 책이름을 쓴다.

편집인이 있는 책의 예

Paras, I.., ed., *Anticipations of Scientific Revolutions: Deterministic Chaos in Nineteenth Century Physics*, London: Butterfly, 1985.

학위논문

저자의 이름, 논문제목, 학위논문의 종류, 대학과 연도를 기재한다.

학위논문의 예

Cramer, S., "Morphological Resonance in Dipthero-Hydroxy Menisci," Ph. D. diss., Yale University, 1984.

이병훈, "속도변환법을 이용한 탄성 다물체계의 동역학적 해석," 박사학위논문, 한국과학기술원, 1992.

정보선, "실시간 시뮬레이션을 위한 효율적인 차량 모델링," 석사학위논문, 부산대학교, 1999.

보고서와 정부 간행물

보고서의 저자와 제목(밑줄을 긋거나 이탤릭체로 쓴다), 기관 혹은 연구소, 권(혹은 호), 기관의 위치나 주소, 그리고 출판연도를 기재한다.

보고서와 정부 간행물의 예

U. S. Task Force on PCB, PCBs and Bacteriophage Solutions, EPA-600 /78/987: U. S. Government Printing Office : Washington, D. C., 1978.

출판되지 않은 자료

아직 출판되지 않은 세미나의 강의내용, 보고서나 논문 등을 저자의 허락을 받아서 인용한 자료들이다. 가능하면 날짜, 장소, 정보의 출처, 저자의 확인 등을 나타내야한다.

출판되지 않은 자료의 예

Benzon, W.,"Visualization and Cognitive Function Models for AI Implementation," *Journal of Artificial Intelligence and Vision*(in press).

Gold, L., Albany Medical Center, Albany, New York, Personal Communication, 12 May 1991.

약어

다음은 논문에서 공통적으로 사용되는 약어(abbreviation)이다. 표 4·1에 제시되지 않는 단어는 단어를 그대로 표기한다.

표 4·1 대표적인 약어

Word	Abbreviation
chapter	ch.
edition	ed.
editor, editors	Ed., Eds.
number	no.
page, pages,	p., pp.
revised edition	rev. ed.
second edition	2nd ed.
Technical Report	Tech. Rep.
translator(s)	trans.
volume, volumes	vol., vols.

4·3·10 그 림

연구결과를 설명하는 데 있어서 그림과 표의 역할이 매우 중요한데 이 절에서는 그림에 대한 주의사항을 설명하고 표는 다음 절에서 다룰 것이다. 저자의 논문에 관심 있는 독자는 제목과 초록을 대충 훑어본 후 논문의 개요를 알기 위하여 그림과 표를 잠깐 살펴볼 것이다. 그러므로 설명을 붙인 그림은 그 자체로 내용을 완전히 알 수 있도록 하여야 한다.

그림 작성원칙

(1) 원고를 제출할 학술지의 지시사항에 따른다.

학술지가 지시하는 형식을 따른다. 많은 학술지들은 여러 가지 곡선들을 구분하기 위하여 선, 기호와 숫자만을 허용하고, 서술적인 설명은 그림의 설명에서 하도록 하고 있다. 또한 데이터를 구분하기 위해서 칼라가 꼭 필요한 경우가 아니라면, 컬러 삽화는 매우 비용이 많이 들기 때문에 넣지 않는 것이 바람직하다.

(2) 학술지의 편집형식에 맞게 그림을 구상한다.

대부분의 학술지들은 한 페이지에 2개의 칼럼 형태로 본문을 인쇄하고 있다. 그림은 한 페이지의 인쇄범위 내에 맞아야 하고, 한 칼럼에 꽉 차거나 옆에 있는 칼럼들을 다 채울 수 있도록 해야 한다. 칼럼의 일부만을 차지하는 그림들은 쓰지 않은 여백 때문에 보기에 좋지 않다.

그림 4·3은 한 페이지의 인쇄범위 만큼 넓게 만든 그림의 예를 보여준다. 학술지는 그림을 확대할 수도 있지만, 칼럼의 폭에 맞추기 위해서 축소할 수도 있다.

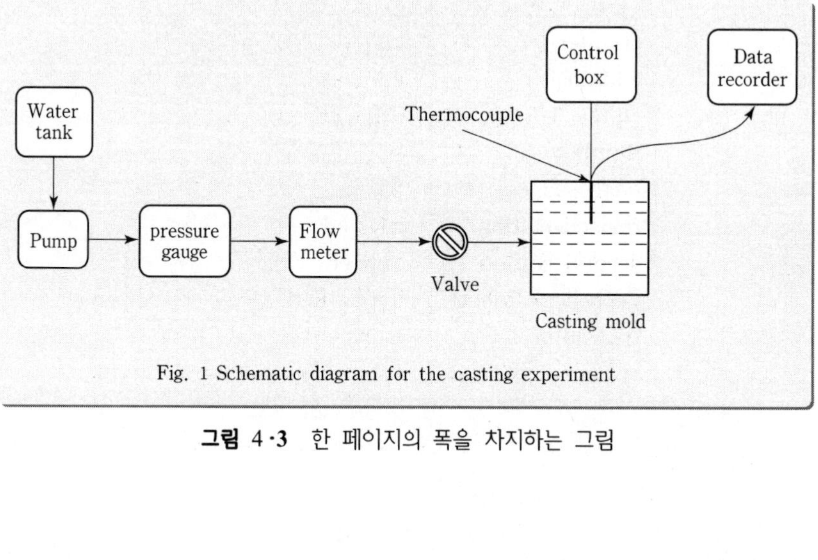

Fig. 1 Schematic diagram for the casting experiment

그림 4·3 한 페이지의 폭을 차지하는 그림

(3) x와 y축의 단위를 표시한다.

x와 y축 위에 있는 눈금의 표시가 하나 또는 두 자리 정도의 숫자로 표시되도록 10의 지수형태로 나타낸다. 그림 4·4에서 수직 축의 표시들은, 2000, 4000, … , 12000, 14000으로 표시되어 있다. 눈금표시가 2, 4, … , 12, 14로 표시되도록 단위를 $\times 10^3 kg_f$로 바꾸어야 한다. 그렇게 표시하는 것이 읽기에 더 쉽고 시각적으로도 덜 혼란스럽기 때문이다.

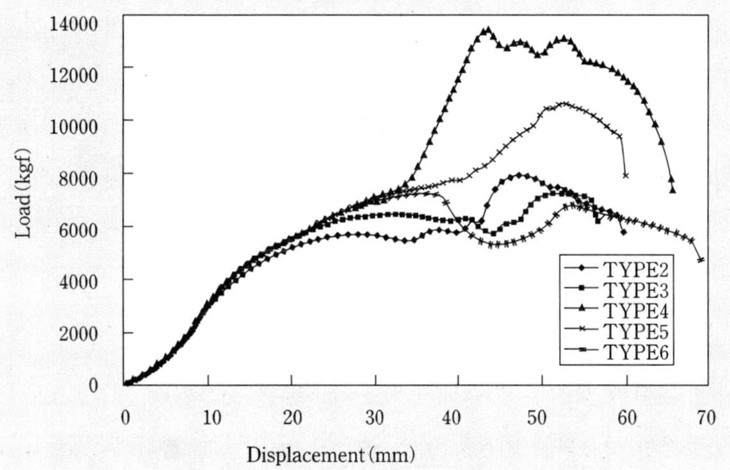

Fig. 3 Load−displacement curves for various blank shapes

그림 4·4 x와 y축의 단위 표시

(4) 그림 안에 빈 공간을 너무 많이 두지 않는다.

예를 들면 그림 4·5에서 pH 1 이하와 직선이 계속 유지되는 pH 5 이상의 공간을 제거함으로써 보기에 더 좋을 것이다. 다만 pH 5 이상에서 데이터가 일정한 값을 유지하는 것을 본문에서 언급하는 것이 필요하다.

(5) 그림이 축소된 후에도 기호와 스케일을 충분히 읽을 수 있도록 크게 한다.

그림 4·5를 축소한다면, 제목과 기호는 읽기가 어려울 것이므로 현재의 크기보다 좀더 크게 만드는 것이 낫다.

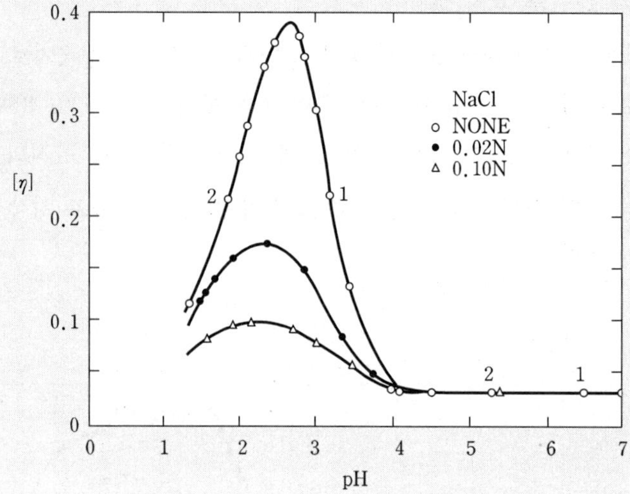

Fig. 2 Intrinsic viscosity of bovine serum albumin in acidic pH. Reprinted with permission from Yang and Foster(1954) *J. Am. Chem. Soc.*, 76, 1588−1595.

그림 4·5 지나치게 공간이 비어 있는 그림

(6) 데이터 점들을 표시하기 위하여 표준기호들을 사용한다.

가장 일반적인 사용되는 기호들은 ○, ●, △, ▲, □ 과 ■이다. 그림 4·5에서 그 예를 보여주고 있다. 그러나 ×와 +는 눈에 잘 띄지 않으므로 피해야 한다. 곡선를 그릴 때 기호부분에서는 끊어서 곡선의 구분을 명확하게 하여야 한다. 부드러운 곡선들에서는 각 데이터 점들을 표시하는 기호를 생략할 수 있다.

(7) 박스 모양의 그림에서 4변 모두에 눈금을 표시한다.

예를 들면, 그림 4·5의 위 부분과 오른쪽 축에 표시한 눈금표시는 아무 의미가 없지만, 독자가 그림에서 데이터 점의 값을 확인하는 데는 좋은 도움이 될 것이다.

(8) 다른 곳에서 발표된 그림은 출처를 밝힌다.

그림 4·5와 같이 판권 소유자로부터 허가를 받는 것이 중요하다. 그 판권 소유자가 반드시 그림의 저자가 아닐 수도 있다는 것을 유의해야 한다.

(9) 좌표축 위에 너무 많은 눈금 표시나 숫자를 피해야 한다.

그림 4·6에서 A처럼 눈금과 숫자가 많으면, 읽기에 불편하므로 B와 같이

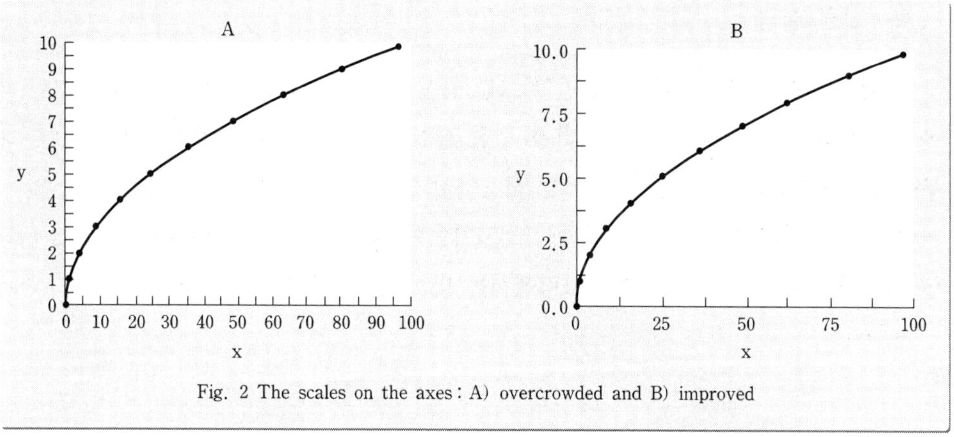

그림 4·6 좌표축의 적절한 눈금 및 숫자 표시

개선하는 것이 좋다.

(10) 한 그래프에 지나치게 많은 곡선과 기호를 넣지 않는다.

그림 4·7에서 보면, 왼쪽 그림은 220mm 부분에서 곡선과 기호가 겹쳐 있어서 알아보기가 어렵다. 그러므로 오른쪽 그림과 같이 기호를 없애고 곡선의 특징만 제시하는 것이 더 바람직하다.

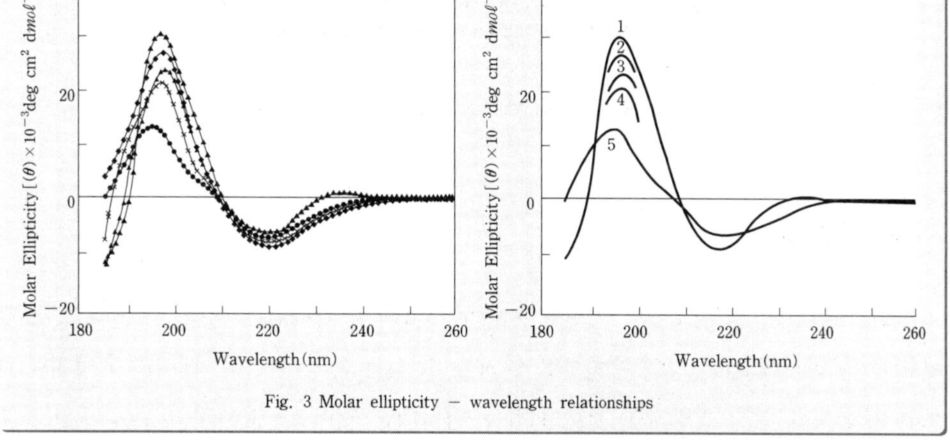

그림 4·7 지나치게 많은 곡선의 처리

그림 설명

그림 설명은 그림 4.8과 같이 먼저 그림 안에 있는 곡선의 성격을 설명하는 그림 제목을 제시하고, 그림 안에서 제시하지 못한 실험조건이나 기호와 약어를 설명한다. 대부분의 학술지들은 그림 안에 약어를 허용하지 않고 단지 숫자만을 쓰도록 하고 있다. 여러 개의 그림에서 비슷한 곡선들에 같은 기호와 약어가 사용된 경우에는 처음에 나타낸 그림에서만 정의하고 나머지 그림에서는 앞의 것을 참고하도록 한다.

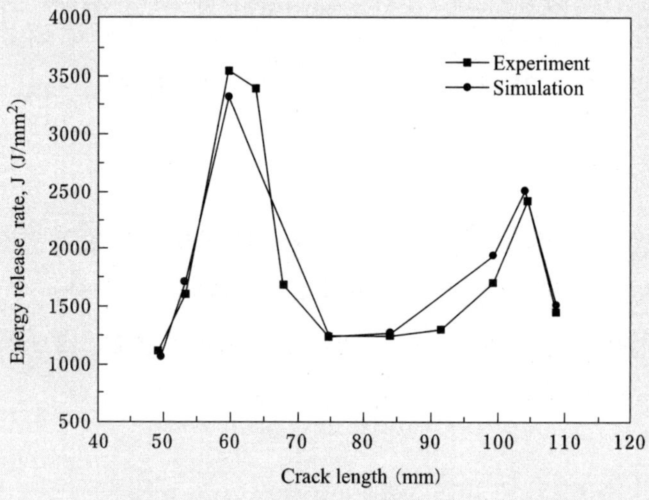

Fig. 18 Energy release rate according to crack length with experiment and simulation in case of the rate of 18.47 m/s

그림 4·8 그림 제목과 실험조건을 제시한 예

4·3·11 표

실험 데이터는 본문, 표와 그림을 통하여 독자에게 제시되고 있다. 이러한 방법 중 표는 작은 공간에 많은 양의 수치들을 열거할 수 있는 특징이 있다. 데이터가 방대할 때에는 본문에서 길게 설명하는 것보다 표로 나타내는 것이 더 효과적이다. 더구나 정확한 값들이 아주 중요하게 여겨질 때는 그림보다 표가 더 바람직하다. 이와는 대조적으로 데이터의 경향을 나타내기 위해서는 그림이 더 효과적이다. 그러나 본문에서 잘 설명될 수 있는 데이터는 구태여 표로 만들 필요가 없다.

일반적으로 표는 표 4·2와 같이 이루어져 있다.

표 번호

표의 번호는 보통 아라비아 숫자로 표시하지만 어떤 학술지에서는 로마자로 표시하기도 한다. 표는 논문에서 나타난 순서로 번호를 붙인다. 부록에서는 A-1, A-2와 같이 번호를 붙인다.

표 4·2 표의 작성 예

Table 1 Comparison of radius between analytical solutions and numerical solutions

Thickness [mm]	Radius[mm]		Error ratio (%)
	analytical solutions	numerical solutions	
2.4	32.9	33.9	3.0
2.0	30.9	31.9	3.2
1.8	29.1	30.6	5.2
1.6	27.5	29.1	5.8
1.4	26.1	27.4	5.0
1.2	24.9	26.4	6.0
1.1	23.8	24.8	4.2
1.0	22.8	23.8	4.4

표 제목

표의 제목(title)은 간결하지만, 내용을 잘 알 수 있도록 한다. 표 제목에 부제목을 붙일 수 있는데, 부제목은 다음 줄에 쓰거나 괄호 안에 표기한다. 또한 부제목의 괄호 안에는 데이터의 측정단위를 나타내기도 한다.

칼럼 표제

표에서 칼럼 표제(column heading)는 칼럼에 있는 데이터의 특징을 간단히 나타낸다. 칼럼에도 괄호 안이나 다음 줄에 부표제를 붙일 수 있다. 그리고 부표제의 괄호 안에는 칼럼에 있는 데이터의 단위를 넣기도 한다.

수평괘선

수평선(horizontal rule) 또는 괘선을 칼럼 표제의 위와 아래에 긋는다. 다음 각 칼럼에 해당하는 데이터를 다 표시한 후 맨 아래에 수평괘선을 그어서 표를 완성한다.

스터브

표의 맨 왼쪽 칼럼을 스터브(stub)라 부르고 각 수평열에 있는 데이터의 내용을 나타낸다. 스터브는 표의 제목만으로 그 내용이 분명하지 않을 경우에 설명하는 또 다른 칼럼 표제이다.

표의 데이터

표에 나타난 수치 데이터는 소수점을 맞춰서 배열한다. 소수점이 없는 숫자는 아래 예와 같이 소수점을 찍었을 경우를 고려하여 배열한다.

표의 수치 데이터의 예

25
45.5
89.7

데이터가 없는 부분은 하이픈(−)이나 셋 이상의 마침표(...)로 표시한다. 그 범주에 해당되지 않은 부분은 빈칸으로 남겨 두어야 한다.

각주

표에서 칼럼 표제나 데이터에 추가적인 설명이 필요한 경우에는 그 부분에 위첨자로 숫자나 문자로 표시하고, 표의 아래 부분에서 그 내용을 설명하는 것을 각주라 한다. 각주는 각각 줄을 바꾸어서 시작한다.

비록 표가 나중에 학술지의 형식에 따라 고쳐질지라도 표를 준비할 때는 다음 사항을 염두에 두어야한다.

(1) 학술지의 칼럼에 맞춰서 표를 구상한다.

대부분의 학술지들은 한 페이지에 두 칼럼을 가지고 있고, 일부 학술지는 하나의 칼럼을 가지며, 소수의 학술지들은 세 개의 칼럼을 가지고 있다.

(2) 표를 단순하고 이해하기 쉽게 만든다.

표에 다른 의미로 해석될 수 있는 데이터를 같이 넣지 말고, 알려 주고자 하는 한 가지 내용을 위주로 표를 작성하여 이해하기 쉽게 해야 한다.

(3) 표의 안에 빈 공간을 너무 많이 두지 않는다.

표 안에 데이터가 없이 비어 있는 곳이 많으면, 데이터의 비교와 분석이 어려우므로 빈 공간이 적도록 표를 구성해야 한다.

(4) 가장 중요한 유효숫자만을 제시한다.

대부분의 실험에서 세 자리 숫자 이상의 데이터를 제공하며, 특히 수치해석에서 얻는 컴퓨터 출력결과는 세 자리를 훨씬 넘는 경우가 많다. 그렇지만 실제로 많이 다루는 데이터는 세 자리 정도이므로 이에 맞게 수집한 데이터를 정리해야 한다.

(5) 데이터를 비교하기 쉽게 칼럼들을 배열한다.

인접한 수직 칼럼들 사이의 비교가 수평 열들 사이의 비교보다 더 이해하기 쉽다.

4·3·12 부 록

논문의 본문에서 연속성 때문에 포함시킬 수 없지만 논문의 내용을 더 깊이 이해하는데 도움이 될 부분을 부록에 포함시킨다. 예를 든다면, 공식의 유도과정, 샘플 계산, 실험장비 목록 등이 부록에 포함될 수 있다.

부록은 본문이나 다른 부록의 내용을 인용할 수 있지만 부록내용 그 자체로써 설명될 수 있어야 한다. 또한 부록에 사용된 기호는 본문에 사용된 것과 일치하여야 한다.

참고문헌

1. M.Davis, *Scientific Papers & Presentations*, Academic Press, San Diego, 1997, pp.31~40.
2. J.T.Yang, *An Outline of Scientific Writing*, World Scientific Publishing Co., Singapore, 1995, pp.36~37.
3. J.T.Yang, *An Outline of Scientific Writing*, World Scientific Publishing Co., Singapore, 1995, pp.41~110.

5장 업무용 문서 작성

직장 업무의 상당 부분이 문서에 의해 이루어지고 있다. 그 예로는 업무계획서, 보고서, 공문서, 업무일지, 회의록, 편지 등을 들 수 있다. 이들은 어디까지나 자신의 생각을 상대방에게 정확하게 전달하기 위한 것으로 '읽어 주는 것'이 아니라 '읽고 싶은 것'이어야 한다. 따라서 틀린 글자가 없도록 주의해야 하고 정중한 표현을 쓰도록 해야 한다.

직장에서 문서나 편지를 작성하는 데 있어서 육하원칙을 활용하면 중요한 사항이 간략하게 정리된 문장을 만들 수 있다. 직장은 무엇보다도 결과를 중히 여기는 사회이므로 언제나 결론이 먼저라는 생각으로 문서를 작성해야 한다. 그리고 다른 사람이 읽어서 잘 이해할 수 있는 문장이 되기 위해서는 간결하게 요약된 예의바른 문장과 함께 시각을 끌어들이는 배열이나 글씨체에까지 관심을 가져야 한다.

5장에서는 직장에서 업무처리를 위하여 많이 사용하는 공문과 이메일의 작성에 대하여 살펴보고자 한다.

5·1 업무용 공문 작성

대표적인 업무용 문서로는 공문이 있으며, 공문의 종류에는 한 부서에서 다른 부서나 기관에 보내기 위하여 내부결재를 받는 기안공문과 다른 부서나 기관에 보내는 시행공문으로 나누어진다. 이하에서는 이러한 공문서의 작성에 대하여 설명하고자 한다.

5·1·1 공문의 구성

공문서는 두문, 본문 및 결문의 3가지 요소로 구성되며, 세부적인 내용은 다음과 같다.

(1) 두문

문서의 위쪽 부분을 말한다. 발신기관명, 우편번호, 주소, 전화번호, 전송 번호, 문서번호, 시행일자, 수신처, 보존기간, 수신기관(경유, 수신, 참조) 등으로 구성된다. 수신기관 중 경유는 수신기관 보다는 낮고 발신기관 보다는 높은 기관이 있을 때만 사용된다.

(2) 본문

제목과 내용, 첨부와 끝 표시가 이에 속한다.

(3) 결문

발신명의, 수신처란 등 문서의 아래쪽 부분이 이에 속한다.

5·1·2 기안공문 작성

그림 5·1은 기안공문의 서식을 보여주고 있는데 기안공문의 각 항목의 작성에 관해서 살펴보면 다음과 같다.

(1) 관인 생략 등 표시

관인 생략 또는 서명 생략을 기재한다.

(2) 기관명

문서를 작성하는 기관의 이름을 용지 가로 폭의 1/3 크기로 중앙에 글자 간격을 똑같이 띄어 배치한다. 이 때 위 여백은 3~4 cm가 되도록 한다. 기관명을 워드 프로세서를 이용하여 글자를 확대하여 작성할 때 기관명의 폭을 6~8 cm 범위 내에서 적절히 조절하여 용지의 중앙에 설치한다.

(3) 취급

지급, 기관장 보고 후 처리, 전신, 정보통신망, 팩스전송 등의 표시를 한다.

(4) 보고 등 표시

보고 심사, 협조 심사 등의 표시를 한다.

(5) 우편번호 및 주소

'(우)'자를 기입하고 1타를 띄운 다음 우편번호를 입력한다. 주소는 간략하게 낱말 사이를 1타를 띄우며 작성한다.

(6) 전화번호

용지 가로의 중간 지점에서 빗금(/)을 친 다음, '전화'란 낱말을 입력하고 1타를 띄고 해당 국번과 번호를 입력한다. 지역 번호가 필요한 경우에는 ( ) 안에 넣어서 전화번호 앞에 나타낸다. 당해 기관 내부 문서의 경우에는 구내 전화번호를 기재한다.

(1) 관인생략

(2) 기관명

(3) 취급 (4) 보고

(5) (우) 주소	/ (6) 전화( )	/ (7) 전송( )	
(8) ○○과	(9) 과장○○○	(10) 사무관○○○	(11) 담당자○○○

(12) 문서번호

(13) 시행일자

(14) 경유

(15) 수신

(16) 참조

(17) 제목

보존기간	(18)	(19) 기관장	
공개여부	(20)		
(21)			
(21)			
(21)			
기 안 자	(22)		협조
심 사 자	(23)	심 사 일	

(24)

1.*(본문내용)○○○…○ (×는 2타(한글 1자) *는 1타(숫자 1자)를 띄움).
  가.*○○○·······································○.
    (1)*○○○···○.

2.*○○○···○.
  가.*○○○·······································○.

첨부: ○○○·······································○ 끝.

(25) 발 신 명 의

(26) 수신처 : ○, ○, ○.

그림 5·1 기안공문의 서식

(7) 전송번호

전송번호(FAX No.)를 기재하되 없으면 생략한다. 용지의 오른쪽 한계선으로부터 전송번호의 길이만큼 들어간 지점에서 빗금(/)을 치고 '전송'이란 낱말을 친 다음 1타 띄고 국번과 번호를 입력한다. 이 때 번호의 끝 글자가 오른쪽 한계선과 일치하도록 한다.

(8) 처리과

당해문서를 처리한 과(혹은 부서)의 명칭을 기재한다.

(9~11) 관계자 및 담당자

문서의 처리 및 문의에 응할 사람을 기재하되, 과장 이하 직원의 직위 또는 직급 및 성명을 기재하며, 담당자는 성명만 기재한다.

(12) 문서번호

문서번호는 기관기호, 분류번호, 문서 등록번호(문서 발송의 번호) 등 3가지 요소로 구성된다. 기관기호는 그 기관의 과 또는 담당관의 약칭으로 하며, 주로 두 글자로 많이 나타내고 때로 세 글자로 표기하는 경우도 있다. 문서번호는 매년 1월 1일을 기준으로 발송되는 순서, 즉 연도별 일련번호를 나타낸다. 작성 방법은 왼쪽 기준선으로부터 기관기호를 작성한 다음 한 자(두 자리) 간격을 띄고 나머지 번호를 작성한다. 분류번호와 문서 등록번호사이는 붙임표 (－)를 표기하고, 붙임표의 좌우는 띄지 않는다.

(13) 시행일자

문서를 시행한 날짜를 기재한다. 년, 월, 일의 글자는 생략하고 대신 온점(.)으로 표기하며, 온점 다음에는 한 자(두 자리)의 빈칸을 띄도록 한다. 20××년 ××월 ××일은 20××. ××. ××로 나타낸다.

(14) 경유

실제로 문서가 보내져야 할 기관이 아닌 중간기관을 거쳐서 협조를 얻을 필요가 있을 때, 중간기관에 해당하는 기관장이 경유가 된다. 경유처가 없으면 기입하지 않는다. 작성방법은 시행일자의 다음 줄에 "경유"라고 쓴 다음 두 자리 띄우고 작성한다.

(15) 수신

공문을 받을 대표자이므로 반드시 넣어야 된다. 작성방법은 경유처가 있을 경우에는 경유처 다음 줄에 설치하며, 경유처가 없을 때에는 시행일자로부터 1줄을 더 비우고 작성한다.

(16) 참조

공문을 받아 처리할 주무 담당을 말하며 수신의 다음 줄에 넣는다. 만일 소규모 기관일 때에는 참조가 없을 수도 있으므로 이 경우에는 넣지 않는다.

(17) 제목

내용을 간결하게 표현한 글로 수신기관의 첫머리와 수직으로 제목과 본문 내용을 구분하는 가로줄 위에 왼쪽 기본선으로부터 작성한다.

(18) 보존기간

기안 문서의 보존기간(영구, 30년, 20년, 10년, 5년, 3년, 1년)을 기재한다.

(19) 기관장

당해 기관의 장(보조, 보좌기관 사이에 발신하는 문서는 보조기관 또는 보좌기관)의 직위를 간략하게 기재하고 아래에 서명한 후 결재한 일자를 기재한다.

(20) 공개여부

문서의 공개 여부는 공개, 부분공개, 비공개 등으로 구분하여 표시한다.

(21) 보조기관

보조기관의 직위를 간략하게 기재하고 오른쪽에 서명한다.

(22) 기안자

기안자가 서명한다.

(23) 심사자

처리과의 문서 심사자가 서명한다.

(24) 내용

내용은 제목을 구체적으로 풀이하여 서술한 부분으로 항목을 구분하여 기재한다. 본문에서 항목을 구분하는 형식은 다음과 같다.

1, 2, 3...

가, 나. 다....

(1), (2), (3)
(가), (나), (다)
1), 2), 3)...
가), 나), 다)....
①, ②, ③
㉮, ㉯, ㉰ "끝."

내용은 마지막 마침표로부터 두 자리 띄고 기입한다. 만일 내용이 오른쪽 한계선에서 끝나는 경우에는 줄을 바꾸어 왼쪽 기준선으로부터 두 자리를 비우고 기입한다.

(25) 발신 명의

발신기관명의 대표자 직위를 기재한다. 관공서가 아닌 기관에서는 기관장의 성명까지 기입하는데, 이것은 기관의 공신력을 높이려는 의도이다. 내부 문서는 기안자의 소속 부서명과 부서장의 직명을 기재한다. 작성방법은 용지 하단으로부터 3~5cm 떨어진 중앙에 용지 가로 길이의 절반 정도의 폭으로 글자 사이를 고르게 띄어서 입력한다.

(26) 수신처

수신기관이 두 곳 이상일 때만 설치한다. 발신 명의 아랫줄에 '수신처'라 기재한 다음 수신란에서 기록하지 않은 수신기관을 열거한다. 만일 두 줄 이상 되는 경우에는 둘째 줄 첫 머리는 왼쪽 기본선으로부터 8자리 비우고 작성한다.

기타 관련 사항으로는 기관의 실정에 따라 "00과"는 "00담당관실" 등으로, "과장"은 "담당관" 등으로, "사무관"은 "서기관, 주사, 주사보" 등으로 변경하여 사용할 수 있다. "수신"은 "받음"으로, "수신처"는 "받는 곳"으로 하여 사용할 수 있다. 그림 5·2는 기안 공문의 작성 예이다.

한국대학교 기계공학부

(우) 199-735/서울시 대학구 대학동 산30번지/전화 (02) 518-1451/전송 514-9878
기계공학부 학부장 박찬호 부학부장 김병현 담당 최희섭

문서번호 기계 81510-232
시행일자 20xx. 4. 13.
수 신 공과대학 학장
참 조 공과대학 교무부학장
제 목 공과대학 야구대회
참가 선수 명단 제출

<table>
<tr><td>보존기간</td><td></td><td colspan="2">학부장</td></tr>
<tr><td>공개여부</td><td></td><td colspan="2" rowspan="2"></td></tr>
<tr><td>부학부장</td><td></td></tr>
<tr><td></td><td></td><td colspan="2" rowspan="3">협조</td></tr>
<tr><td>주무</td><td></td></tr>
<tr><td>기안자</td><td></td></tr>
<tr><td>심사자</td><td></td><td>심 사 일</td><td></td></tr>
</table>

1. 공대 81323-494 (20××. 4. 3) 공과대학 야구대회 개최에 대한 답신입니다.
2. 위 관련으로 기계공학부 대표팀의 선수명단을 제출하오니 선수들을 등록하여 주셔서 대회 기간 중 수업 결석으로 인한 제재를 받지 않도록 조처를 부탁드립니다.

붙 임 : 기계공학부 선수명단.끝.

한국대학교 기계공학부 학부장

그림 5·2 기안공문 작성 예

5·1·3 시행문의 작성

시행공문의 서식과 작성 예를 그림 5·3과 그림 5·4에 나타내고 있으며, 기안한 공문을

기 관 명

(우편번호) 주 소 / 전화번호 / 전송번호
○○○과 과장 ○○○ 담당자 ○○○ (이메일 주소)

문서번호
시행일자
공개여부
수신
참조

<table>
<tr><td>선람</td><td colspan="2">(1)</td><td>(2)</td><td>지시</td><td colspan="2">(3)</td></tr>
<tr><td rowspan="2">접수</td><td>일자
시간</td><td colspan="2">. . .
:</td><td rowspan="4">결재
·
공람</td><td>(6)</td><td>(6)</td></tr>
<tr><td>번호</td><td colspan="2">제 호</td><td></td><td></td></tr>
<tr><td colspan="2">처리과</td><td colspan="2">(4)</td><td></td><td></td></tr>
<tr><td colspan="2">담당자</td><td colspan="2">(5)</td><td></td><td></td></tr>
<tr><td colspan="2">심사자</td><td colspan="2"></td><td colspan="2">심사일</td><td></td></tr>
</table>

1.*(본문내용) ○○○……○. (×는 2 타(한글 1자) *는 1 타(숫자 1자)를 띄움)
  가.*○○○…………………○.
    (1)*○○○…………………○.
2.*○○○……………………○.
  가.*○○○……………………○.

첨부 : ○○○………………………………………………………………○ 끝.

발 신 명 의

수신처 : ○, ○, ○.

그림 5·3 시행공문 서식

관 인 생 략

한국대학교 전기전자컴퓨터공학부

199-735 서울시 대학구 대학동 산30 / 전화 ☏518-1228 / 전송 514-9879 /
학부장 박세리 부학부장 김미현 담당 박지은 (jepark@hu.edu)

문서번호 전전컴 81440-224
시행일자 20xx.06.07.
공개여부 공 개
수 신 학부 전교수
참 조

<table>
<tr><td colspan="2">선람</td><td></td><td></td><td>지시</td><td colspan="2"></td></tr>
<tr><td rowspan="3">접수</td><td>일자</td><td colspan="2">20xx...</td><td rowspan="5">결재
·
공람</td><td></td><td></td></tr>
<tr><td>시간</td><td colspan="2">:</td><td></td><td></td></tr>
<tr><td>번호</td><td colspan="2">제 호</td><td></td><td></td></tr>
<tr><td colspan="2">처리과</td><td colspan="2"></td><td></td><td></td></tr>
<tr><td colspan="2">담당자</td><td colspan="2"></td><td></td><td></td></tr>
<tr><td colspan="2">심사자</td><td colspan="2"></td><td>심사일</td><td colspan="2"></td></tr>
</table>

제목 골프장 정보화사업 참여교수 모집

---

1. 관련: 골프협 23 - 663 (20xx. 06. 05)
2. 골프협회가 주관하는 골프장 정보화사업에 참여할 의사가 있는 교수께서는 연구계획서를 아래와 같이 작성하여 6.27까지 학부로 제출하여 주시기 바랍니다.
   1) 작성서식 : A4용지(종), 한글 '97(12포인트, 휴먼명조), 줄간격(160), 장평(95), 여백(좌·우 20mm, 상·하·머리·꼬리말 13mm)
   2) 계획서내용 : 연구의 필요성, 연구 목표, 연구 방법 등을 포함하여 개조식으로 5페이지 이내로 작성

붙임 : 골프협회 골프장 정보화사업 설명서. 끝.

전기전자컴퓨터공학부 학부장

그림 5·4 시행공문 작성의 예

다른 부서나 기관에 보내기 위한 시행공문을 작성하는 방법은 기안공문과 거의 같고 공문을 받는 부서나 기관에서 공문을 처리할 문서처리난이 다를 뿐이다. 문서를 처리하는 절차를 살펴보면 다음과 같다.

(1~2) 선람

(1)란에 결재권자의 직명을 기재하고, (2)란에 서명한다.

(3) 지시

결재권자가 선결한 후 지시 사항이 있을 경우 이를 기재한다.

(4) 처리과

문서를 처리한 부서의 명칭을 기재한다.

(5) 담당자

문서를 처리한 부서의 담당자의 성명을 기재하고 서명한다.

(6) 결재 공람

결재 및 공람할 자의 직명을 기재하고 오른쪽에 서명한다.

5·2 업무용 이메일 작성[1]

이메일처럼 급속도로 성장한 의사소통형식은 없다. 매 해 8조가 넘는 이메일이 발송된다고 한다. 엔지니어들 사이에서도 소통하는 데 없어서는 안 되는 중요한 수단이 되었다. 그렇지만 업무처리에 차질이 생기지 않도록 이메일을 적절하게 잘 사용하는 것이 중요하다. 먼저 이메일을 작성하기 전에 '이 내용을 이메일로 보내도 되는가?'를 두 가지 관점에서 검토해 보아야 한다. 하나는 상대방을 편하게 대해도 되는지 아닌지 이다. 왜냐하면 처음 접촉하거나 예의를 갖춰야 하는 사람에게는 이메일은 가벼운 느낌을 줄 수 있으므로 일반편지로 보내는 것이 바람직하다. 다른 하나는 전하고자 하는 내용을 수신자가 아닌 사람이 보아도 괜찮은지 이다. 일반편지는 수신자에게 도착할 때까지 누구도 열어 볼 수 없고 혹시 열어본다할지라도 그 흔적이 남지만, 이메일은 다른 사람이 해킹으로 수신자도 모르는 사이에 편지내용을 볼 수 있기 때문이다. 그러므로 그 내용이 공개되면 개인적으로 곤란할 경우에는 다른 매체를 이용하여야 한다.

실제 업무용 이메일 작성에서 주의할 사항을 구체적으로 살펴보면 다음과 같다.

(1) 제목에서 핵심내용을 알게 하라.

이메일의 제목을 생각 없이 붙여서는 안 된다. 최근 대부분의 사람들이 스팸메일이나 광고메일을 너무 많이 받기 때문에 제목이 이상하거나 선정적이면 곧 삭제해버리기 때문이다. 또한 제목은 '안녕하세요? LG전자 김인수 부장입니다'와 같은 일상적인 인사나 자기소개가 아닌 '사회봉사일정 변경에 관한 건'처럼 본문의 핵심내용을 줄인 형태로 붙이는 것이 좋다. 그림 5.5는 수신한 이메일 제목의 예이다.

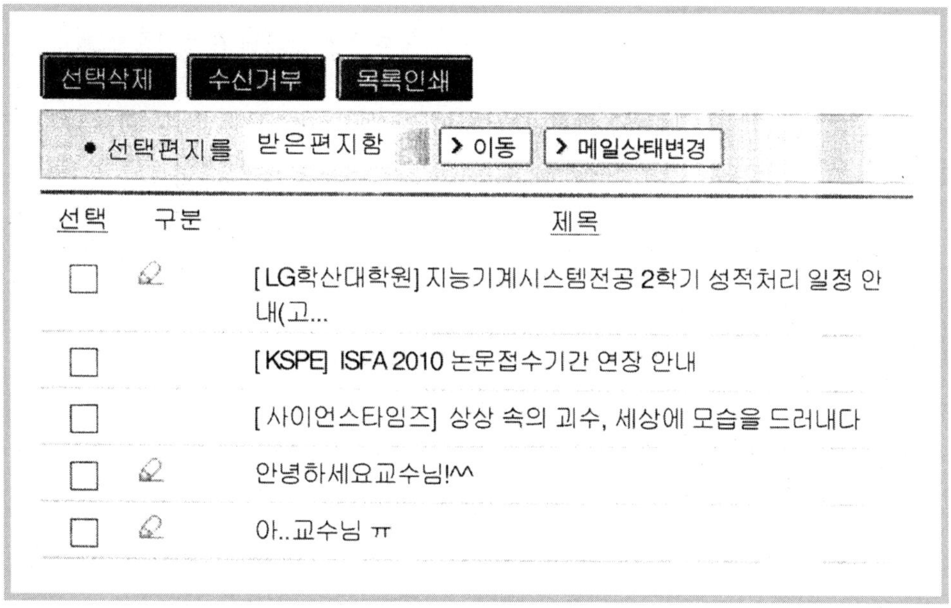

그림 5·5 이메일 제목

(2) 더블 스페이싱을 피하라.

가끔 메일을 읽다보면 그림 5.6과 같이 불필요하게 더블 스페이싱(double spacing)을 사용한 것을 볼 수 있다. 메일을 작성한 사람은 읽는 사람을 배려하기 위한 것이지만, 실제로 읽는 사람에게는 문단의 구분이 어렵고 페이지가 늘어나서 전체 내용을 파악하기 어렵다. 그러므로 싱글 스페이싱(single spacing)으로 작성하는 것이 좋다.

제 목	교재출판일정 문의

이일령 부장님,

그 동안 잘 지내셨어요?

지난 1월 중에 Engineering Design의 번역한 원고를 보냈는데

6개월이 지나도 교재의 출판이 어찌 되었는지 알 수 없어서 참 궁금합니다.

이번 2학기에 공학설계의 교재로 사용하려 하는데 지금까지 진행상황을 몰라서

2학기 강의준비에 어려움이 많습니다.

곧 답을 주시기 바랍니다.

안녕히 계세요.

그림 5·6 더블 스페이싱으로 작성한 메일

(3) 상대방에 맞는 언어를 사용하라.

최근 회사 인사담당자들의 말에 의하면, 이메일이나 회사의 지원서에서 젊은이들이 많이 사용하는 이모티콘이나 채팅용어를 아무렇지 않게 사용하는 것을 볼 수 있다고 한다. 개인적으로 친근한 사이에는 별 문제가 없지만, 업무용 메일에 이런 것들을 사용하는 것은 예의에 벗어나는 것이므로 이모티콘이나 채팅용어의 사용을 피해야 한다. 그림 5.7은 취업지원서에 채팅용어와 이모티콘을 사용한 예이다.

… "안냐세여? 제 능력이 될지는 모르겠지만 (-_-)
다면, 열심히 할께염 (^^)".

그림 5·7 이모티콘과 채팅용어를 사용한 메일

(4) 가능한 한 페이지에 넣어라.

메일은 읽는 사람이 한 눈에 내용을 다 볼 수 있도록 가능하면 한 페이지에 담는 것이 좋다. 왜냐하면 메일이 너무 길어져서 페이지를 넘기면서 읽게 되면 내용을 파악하기가 어렵기 때문이다. 그렇다고 무리하게 한 페이지를 만들기 위하여 띄어쓰기나 문장부호를 생략하는 것은 좋지 않다. 그림 5.8은 길게 작성한 메일의 예이다.

Subject: 기계공학부 기자재, 공간 등 교육연구환경 수요조사 2

몇일전 보내드린 기자재, 공간등 교육연구환경 수요조사는
올해 선도사업비가 즉시 투입되어 집행을 하기 위한 매우 중요한 수요조사

따라서, 향후 5년간 기계공학부의 기자재 예산을 사용하여
교육, 교육- 연구, 연구 기자재를 확보하시고자 하시는 교수님은
이번 수요조사에 **Serious하게** 임하셔야 합니다.
이번에 참여하시지 않으면 차는 지나간 후입니다.

이번 수요 조사에 참여하시지 않으시면
향후 5년간 기계공학부 재원을 활용하시기 어렵게 될 것입니다.

선도사업제안서를 제출할 때, 기자재 도입계획이 함께
들어가 있는데, 교수님들도 아시는 바와 같이
매우 방대한 계획을 짧은 시간에 작성하다보니,
기자재도입계획에 보완, 수정이 필요하게 되었습니다.

선도사업제안서 제출시 화급하게, 전공별로 기자재 수요조사를
했었는데,
선도사업 신설 교과목등의 교육내용이 이제 윤곽이 만들어지고 있는 상황에
전반적으로 기자재 도입 계획에 보완 수정이 필요한 실정입니다.

기자재 도입 계획 수립 프로세스는 다음과 같습니다.

그림 5·8 길게 작성한 메일

(5) 읽는 사람이 취할 행동을 분명히 제시하라.

메일을 읽는 사람이 무엇을 해야 하는지가 애매모호해서 업무가 지연되는 경우가 더러 있다. 그러므로 그림 5.9의 예와 같이 수신자가 해야 할 일을 분명히 제시해주는 것이 좋다.

제 목	[LG학산대학원] 지능기계시스템전공 2학기 성적처리 일정 안내(고급공학작문)
첨부파일	▸ 첨부파일보기

교수님, 안녕하십니까?
LG학산대학원 지능기계시스템전공 학과사무실의 백수영입니다.

먼저, 지능기계시스템전공 강의로 수고하여 주심에 감사를 드립니다.

2009학년도 2학기 대학원 지능기계스템전공 <고급공학작문>의 성적입력을 아래와 같이 요청드리오니 빠른시일내로 입력해주시기 바랍니다.

- 아 래 -

1. 성적 입력(조회)기간 : 2009. 12. 29(화) 까지
2. 입력방법 : 대학자원관리시스템(PIP) - 성적 - 교수용성적입력 - 성적입력
3. 첨부물 : 관련 공문 및 부산대학교 성적 관리 지침

그럼 좋은하루 되십시오.
백수영 드림.

그림 5·9 수신자의 할 일이 분명한 메일

(6) 첨부파일 내용을 간단히 소개하라.

메일 내용이 너무 길어질 때는 중요한 내용을 한 페이지에 작성하고, 자세한 내용은 첨부파일에 넣어서 보낸다. 이 때 첨부파일의 내용을 미리 알 수 있도록 그 내용을 그림 5.10과 같이 간략히 소개하는 것이 좋다.

전달 삭제 목록보기 새창으로 보기 헤더보기 인쇄

보낸사람 배원병 주소추가

받는사람 bookswin@unitel.co.kr

보낸날짜 2009/05/31 13:20:57

제 목 **이공계 글쓰기. 발표하기 저자 주소 등**

첨부파일 첨부파일보기

조승식 사장님,

부탁하신 저자들의 주민번호와 주소를 첨부합니다.
세금정산에 도움되시길 바랍니다.

항상 좋은 조건으로 해주시는 것에 대하여 감사드립니다.

안녕히 계십시요.

배원병 드림

attach file

파일이름	다운로드	파일형식
공학작문(주소.주민번호).hwp	다운로드	applicatic

그림 5·10 첨부파일 내용을 제시한 메일

(7) 감정이 담긴 메일은 가능한 피하라.

업무를 수행하다보면, 서로의 오해나 착오 때문에 원하는 결과를 얻지 못해서 기분이 상하는 경우도 있다. 이런 경우에 그 전후관계를 돌아보지 않고 부분적인 것에 초점을 맞춰서 단정적으로 상대방에게 책임을 돌리는 메일을 보내는 것은 피해야 한다. 그러기 위해서는 냉정하게 살펴보는 시간을 가져서 좋지 않은 감정이 해소된 후에 가능한 객관적인 관점에서 그림 5.11과 같이 메일을 작성해야 한다.

제목 　　전자기타(모델 W-49) 교환 요청

첨부파일 　　배송받은 W-49모델의 손상부분 사진.gif

안녕하십니까?
저는 최근 [뮤직메카]로부터 온라인으로 기타를 구매한 노00입니다.

먼저 구매한 기타와 피크, 거치대 등을 빨리 배송해 주신 점에 대해 감사 드립니다.

오늘 배송된 박스를 받아서 개봉하였는데, 기타 몸체의 모서리에 흠집이 있었습니다.
따라서 배송받은 기타를 교환할 수 있는지를 문의하고자 합니다.
구매 정보는 아래와 같습니다.

\- 아 　　래 -

1. 구매자 : 노00
2. 구매 일시 / 주소 : 2015.11.25. 수요일 / 부산광역시 금정구 부곡2동 200-30
3. 연락처 : 010-5525-xxxx
4. 구매 품목 : Electric Guitar(Model W-49)
5. 교환 이유 : 기타 몸체 모서리의 흠집
6. 첨부 : 배송받은 기타(W-49)의 손상부분 사진

교환할 수 있는지에 대해서 위 연락처로 알려주세요.
수고에 미리 감사드립니다.

그림 5·11 구입 물품의 교환을 요청하는 메일

참고문헌

1. 김정금, 한국의 비즈니스맨은 글쓰기가 두렵다, 한스미디어, pp. 265~275, 2004.

6장 업무계획서 작성

업무계획서란 업무를 수행하기 위해서 필요한 모든 사항을 합리적이고 객관적으로 써 놓은 계획서이다. 따라서 업무계획서에서는 수행할 업무의 목적이 무엇이고, 그 목적을 어떻게 달성할 것인지를 제시하여야 한다.

6·1 업무계획서의 필요성

업무계획서의 작성은 계획하고 있는 업무에 관련된 제반사항들을 객관적이고 체계적으로 이끌어 가기 위해서 아주 중요한 자료이다. 즉 업무계획서는 담당자 자신이 업무 전략을 설계해 보는 기회이며, 외부로부터 지원이 필요한 경우 지원을 체계적으로 받을 수 있는 수단이 되기도 한다. 또한 업무계획서를 이용하여 업무에 필요한 모든 요소를 점검하고 부족한 부분을 파악함으로써 효율적으로 업무를 수행하여 그 목적을 달성할 수 있다.

6·2 업무계획서 작성 전 점검사항

업무의 초기단계에서는 객관적으로 판단하지 못하여 능력이나 주위의 여건과 관계없이 계획을 세우는 경우가 많다. 따라서 업무계획서를 작성할 때는 객관적이고 정확하게 상황을 점검하는 여유가 필요하다. 일반적으로 점검해야 할 사항은 기술력, 비용, 인력, 일정 등이다.

6·2·1 기술력 분석

기술력 분석은 현재 구상하고 있는 업무가 기술적으로 실현가능한지 여부를 분석하고 그

대안을 찾고자 하는 절차이다. 신상품에 대한 아이디어가 있다고 하여도 기술적으로 불가능할 경우가 있을 수 있고, 또한 기술적으로 가능하다 하더라도 여러 가지 대안들 중에서 최적의 방법을 찾을 수 있도록 하여야 할 것이다. 이러한 기술력 분석의 절차는 다음과 같다.

① 현재 보유하고 있는 기술력을 파악한다.
② 연구개발과 생산공정을 분석하여 생산원가의 경쟁력을 검토한다.
③ 관련기술의 특허관련 사항을 검토한다.
④ 기술개발에 따른 위험요소를 파악하고 이에 대한 대책을 마련한다.

6·2·2 비용 분석

비용 분석은 업무의 수행에 있어서 중요한 역할을 한다. 왜냐하면 예산상의 이유로 업무가 지연되거나 취소될 수도 있기 때문이다. 특히 업무의 목적이 기술개발에 따른 비용감소인 경우에는 비용 분석이 객관적이거나 정확하지 못하면 경영자의 동의를 얻지 못할 것이기 때문이다. 비용 분석은 업무계획서의 일정 분석, 기술력 분석, 인력 관리 등과 연관되어 있기 때문에 종합적으로 분석하여 예산을 미리 확보하여야한다. 시설투자나 재료비도 비용분석의 세부항목에 포함시킨다. 비용 분석은 업무가 성공적으로 끝날 경우의 이익과 업무에 소요되는 비용을 비교·분석하여 경영자로 하여금 쉽게 판단을 내릴수 있도록 한다.

6·2·3 인력 분석

일정이 정해지면 필요한 인력이 결정된다. 먼저 현재 활용할 수 있는 인원을 점검하고 필요하면 타부서나 타사의 지원을 받는다. 인력 분석에서 고려할 점은 업무능력(전공 혹은 경험)을 고려하여 계획하는 업무에 필요한 인원의 수와 참여정도를 결정해야 한다. 업무 계획서에는 각 사람의 업무를 상세하게 나타내어 인력을 적절하게 나누고, 업무가 겹치거나 공백이 생기지 않게 한다.

6·2·4 일정 분석

대개 업무의 완료시한이 정해져 있는 경우가 많다. 왜냐하면 새로 개발된 제품이 시장에서 타사의 제품보다 우위를 점유하는 데 있어서 매우 중요하기 때문이다. 그러므로 자신이 계획한 업무 일정을 실행 가능하도록 계획하고 수행하는 것이 매우 중요하다. 일반적으로 한 부서에서 업무 시작부터 끝까지 맡아서 하는 경우는 드물다. 그러므로 타부서로부터 이전 받는 경우나 업무 결과를 타부서에 이전하는 경우에는 이 일정이 더욱 중요하다. 타부서나 타사의 지원이 필요한 경우 이 일정을 바탕으로 업무협조를 미리 요청할 필요가 있다. 일정이 먼저 정해지면 거기에 맞추어서 인력, 비용 등을 분석한다.

6·3 업무계획서 작성법

업무용 문서작성의 형식은 특별히 정해진 것이 없으므로 기업 내의 규정에 따르면 된다. 일반적으로 사무적인 내용인 경우에는 주로 가로쓰기를 많이 사용하며, 업무용 문서는 기본적인 서식을 이용하여 그 내용을 작성하고 필요에 따라 다른 양식으로 변경할 수도 있다. 문서작성에서 주의해야 할 점은 다음과 같다.

(1) 내용을 간결하고 명확하게 한다.

업무용 문서의 기본은 언제나 간결하며 명확한 내용이다. 이는 상대방이 읽어서 쉽게 이해할 수 있도록 간략하면서도 명확하게 내용을 정리해야 한다. 애매모호한 표현으로 상대방을 납득시키지 못하면 오히려 오해만 불러 일으켜 결국에는 기업에 손해를 입힐 수도 있다.

(2) 결론을 먼저 제시한다.

업무용 문서는 다른 문서와 달리 결론이 먼저 앞선다. 업무의 주목적을 우선적으로 기술하는 것이 중요하므로 간결하며 명확한 내용의 결론을 제시한 후 그에 따른 추가 설명으로 문장을 기술하면 된다.

(3) 가능한 한 짧은 문장을 사용한다.

업무의 내용을 한 번에 파악할 수 있게 짧은 문장으로 작성한다. 아무리 단순한 내용이라도 긴 글을 한 번에 읽고 내용을 파악하는 것이 곤란하다. 그러므로 상대방에게 어떤 사실에 대한 설명이나 사실에 관련된 사항을 되도록 읽기에 편하고 내용을 이해하기가 쉽도록 짧게 작성해야 한다.

(4) 표나 그림을 활용한다.

표와 그림이 업무계획서에 사용될 경우에 그것이 전달하고자 하는 목적을 명확히 해야 한다. 표와 그림을 보기 좋게 만드는 것보다는 원하는 정보가 제대로 전달될 수 있는가에 중점을 두어야 한다. 그림에 가장 적당한 형식을 확실히 파악해야 하며 약간의 설명을 덧붙일 수도 있다. 복잡한 파이 그림이나 3차원 그림보다는 단순한 선을 이용한 그림이 오히려 더욱 효과적이다.

(5) 상세한 내용은 부록에 넣는다.

내용이 많아서 본문에서 다 언급할 수 없는 상세한 내용은 부록에서 설명한다.

6·4 업무계획서의 작성 예

이 절에서는 업무계획서의 일종인 프로젝트계획서 작성의 예를 설명하고자 한다.

표지 및 목차

그림 6·1은 프로젝트 계획서의 표지와 목차의 예이다. 예전에는 표지와 목차가 분리

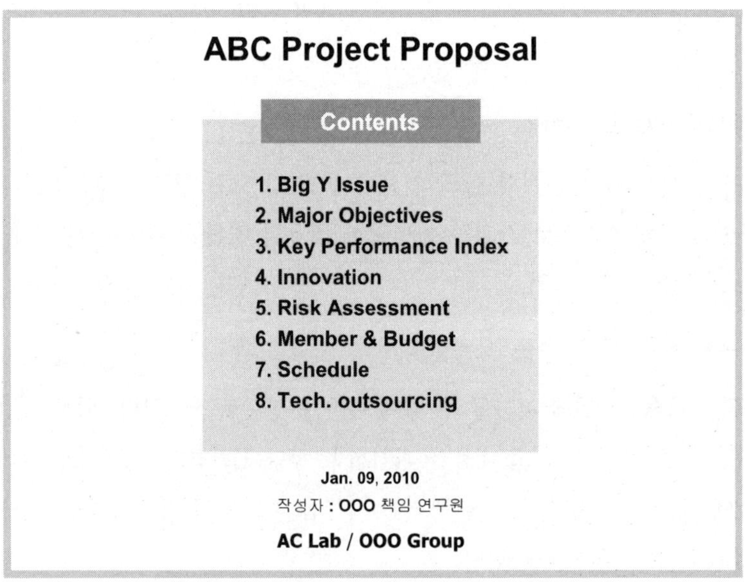

그림 6·1 프로젝트 계획서 표지(목차)

되어 있었지만, 최근에는 업무의 효율을 높이기 위하여 업무계획서의 표지에 목차를 같이 나타내고 있다.

표지에는 프로젝트 명칭, 수행부서 명칭, 작성자 이름과 작성일자를 표기한다. 프로젝트 명칭은 계획서의 전체 내용을 잘 나타내도록 정하고, 목차는 계획서의 순서대로 간략하게 작성하여 주목해야 할 부분을 미리 알려주도록 한다.

프로젝트 추진계획의 요약

보고를 받는 임원이나 상급자에게 먼저 프로젝트의 전체적인 내용을 개략적으로 알리기 위하여 프로젝트의 전체적인 요약을 제시한다. 특히 시간적 여유가 없을 때에는 전체적인 요약만으로 프로젝트 보고를 마치기도 한다. 프로젝트 전체 요약에는 그림 6.2와 같이 프로젝트의 핵심사항인 추진배경, 목표, 일정 및 예산, 예상되는 문제점 및 해결책을 간략하게 제시한다. 이때 프로젝트 계획의 이해를 돕기 위하여 중요한 사진, 개략도, 일정의 흐름도 등을 함께 제시할 수 있다.

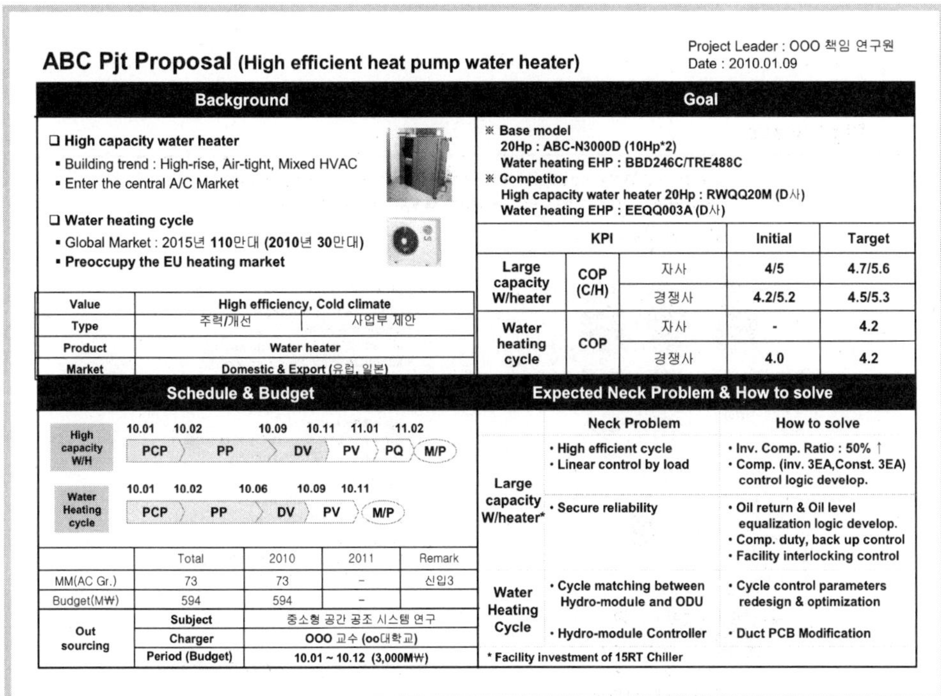

ABC Pjt Proposal (High efficient heat pump water heater)

Project Leader : OOO 책임 연구원
Date : 2010.01.09

Background

❑ High capacity water heater
- Building trend : High-rise, Air-tight, Mixed HVAC
- Enter the central A/C Market

❑ Water heating cycle
- Global Market : 2015년 **110**만대 (**2010**년 **30**만대)
- **Preoccupy the EU heating market**

Value	High efficiency, Cold climate	
Type	주력/개선	사업부 제안
Product	Water heater	
Market	Domestic & Export (유럽, 일본)	

Goal

※ Base model
20Hp : ABC-N3000D (10Hp*2)
Water heating EHP : BBD246C/TRE488C
※ Competitor
High capacity water heater 20Hp : RWQQ20M (D사)
Water heating EHP : EEQQ003A (D사)

KPI			Initial	Target
Large capacity W/heater	COP (C/H)	자사	4/5	4.7/5.6
		경쟁사	4.2/5.2	4.5/5.3
Water heating cycle	COP	자사	-	4.2
		경쟁사	4.0	4.2

Schedule & Budget

High capacity W/H: 10.01 PCP / 10.02 PP / 10.09 DV / 10.11 PV / 11.01 PQ / 11.02 M/P

Water Heating cycle: 10.01 PCP / 10.02 PP / 10.06 DV / 10.09 PV / 10.11 M/P

	Total	2010	2011	Remark
MM(AC Gr.)	73	73	-	신입3
Budget(M₩)	594	594	-	
Out sourcing	Subject	중소형 공간 공조 시스템 연구		
	Charger	OOO 교수 (oo대학교)		
	Period (Budget)	10.01 ~ 10.12 (3,000M₩)		

Expected Neck Problem & How to solve

	Neck Problem	How to solve
Large capacity W/heater*	· High efficient cycle · Linear control by load	· Inv. Comp. Ratio : 50% ↑ · Comp. (inv. 3EA,Const. 3EA) control logic develop.
	· Secure reliability	· Oil return & Oil level equalization logic develop. · Comp. duty, back up control · Facility interlocking control
Water Heating Cycle	· Cycle matching between Hydro-module and ODU	· Cycle control parameters redesign & optimization
	· Hydro-module Controller	· Duct PCB Modification

* Facility investment of 15RT Chiller

그림 6·2 프로젝트 계획서 요약

조사 및 분석

프로젝트 추진에 앞서 개발하려는 제품의 타당성을 검토하기 위하여 관련 제품의 시장조사를 통하여 개발에 따른 문제점을 분석하고 그 대책을 수립해야 한다. 그림 6·3의 시장조사에서는 제품에 대한 시장 규모, 제품동향, 소비자의 요구를 조사·분석하여 대용량 워터 히터의 개발 필요성을 강조하고 있다. 그리고 그림 6·4에서는 시장조사분석 결과에 따라 구체적인 프로젝트의 목적을 제시한 것이다. 즉, 대용량 워터히터의 개발을 위하여 해결해야 할 기술적 과제와 그 목표치를 제시하고 있다. 그림 6.5는 에어컨의 핵심성과지표(Key Performance Index; KPI)인 성능계수(Coefficient of Performance; COP)의 목표치를 잡은 근거와 목표치 달성에 따른 정량적인 성과를 제시하였다. 또한 부차적인 핵심성과지표인 에어컨의 출력, 신뢰도와 수온상승의 목표치와 그 정성적인 성과를 제시하고 있다. 그림 6.6에서는 새로운 제품개발을 위하여 해결해야 할 기술적 문제와 그 해결방안을 제시하고 있고, 그림 6.7에서는 제품개발에 따른 경영적인 측면과 기술적인 측면에서 위험요소와 그 대책을 제시하고 있다. 이러한 조사 및 분석 결과는 프로젝트의 추진을 위한 인력, 일정, 업무이관 등의 세부계획을 세우는 기초자료가 된다.

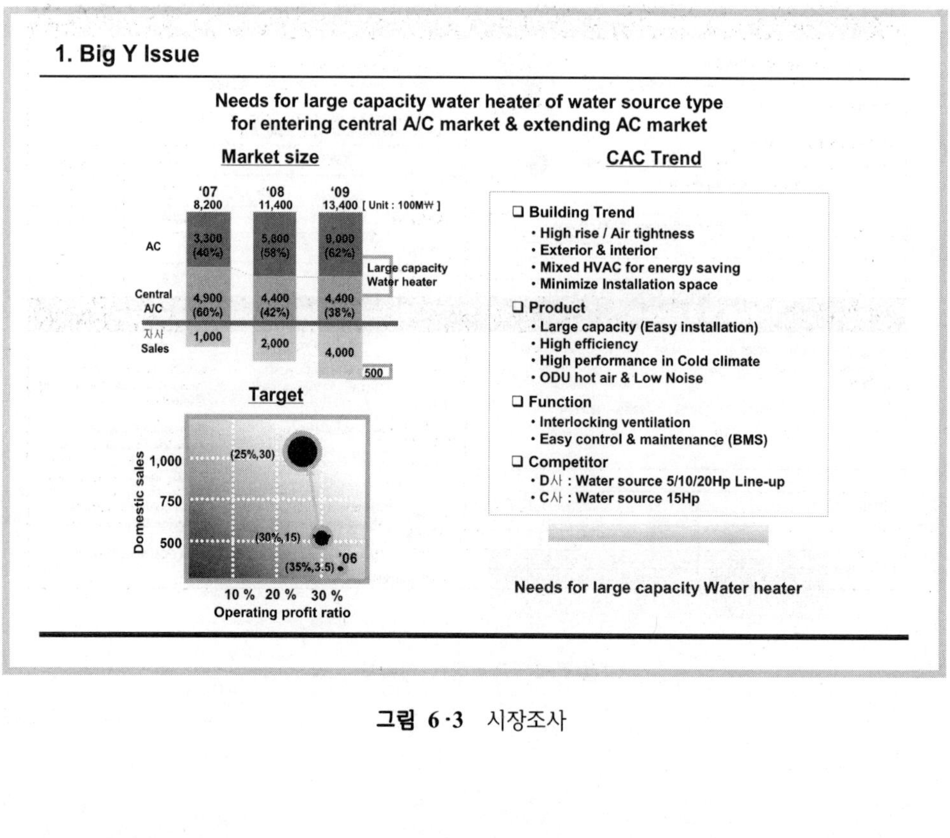

그림 6·3 시장조사

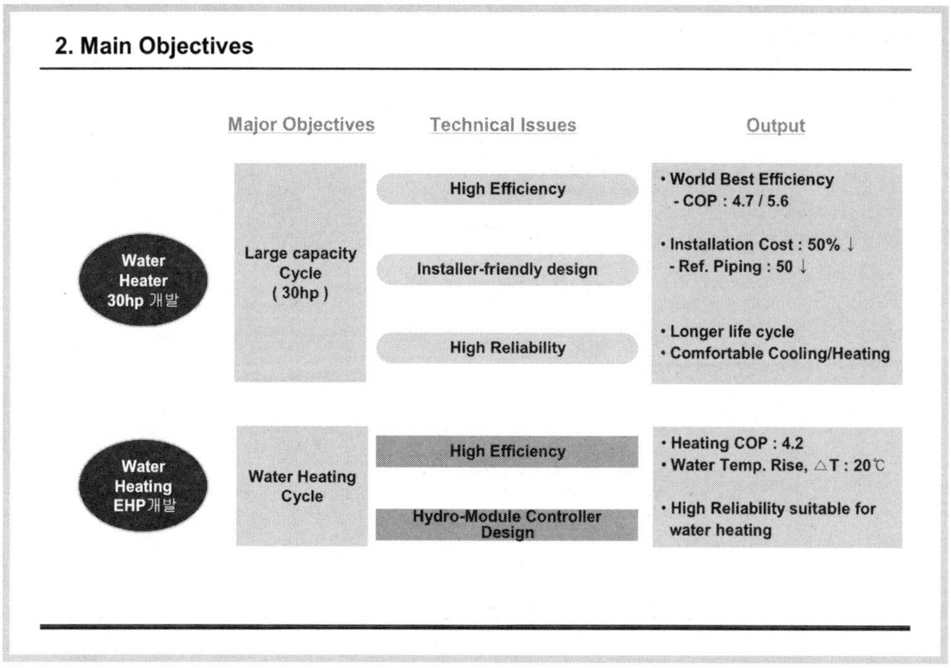

그림 6·4 프로젝트 목적

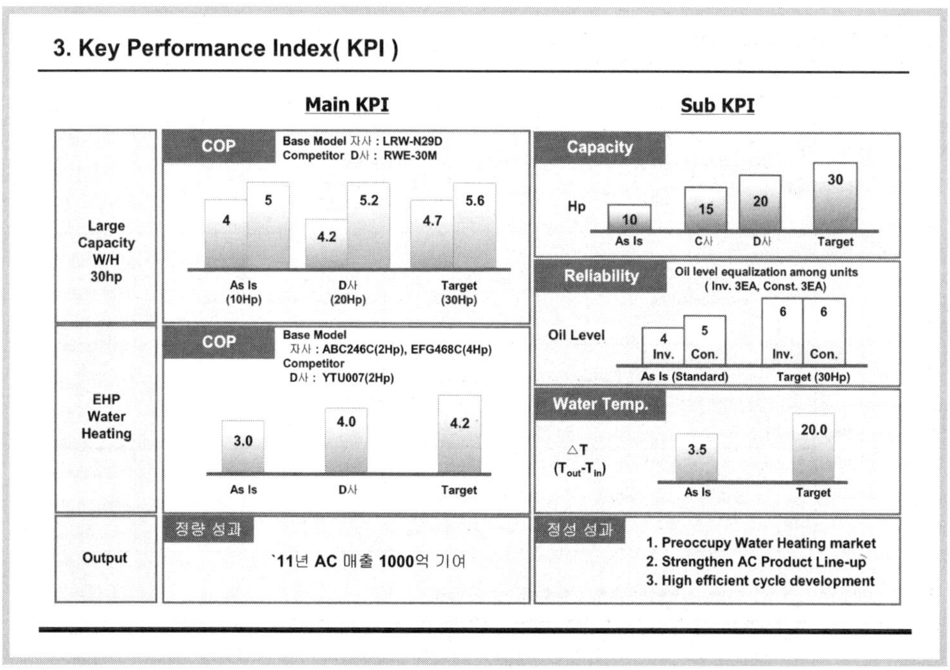

그림 6·5 핵심성과지표

4. Innovation

Large capacity water heater

Technical Issues	How To
High Efficiency •COP : 4.7/5.6	• Inverter compressor ratio 50% ↑ • Optimized control logic development : Control method betweens units ðà 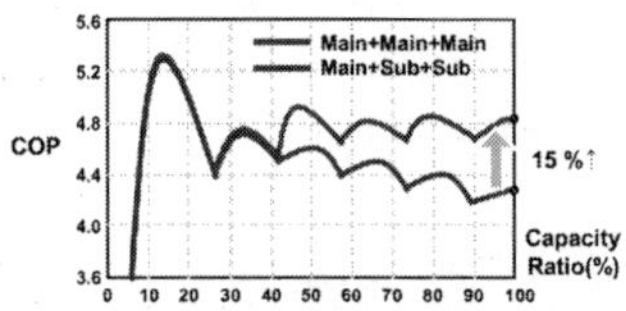 As Is Main + Sub + Sub To Be Main + Main + Main
High Reliability •Oil Level equaliz. •Liquid back	• Oil return & Oil level equalization logic • Duty control for compressor life equalization • Back up control for failed compressor • Facility interlocking control • Strengthen Safety control 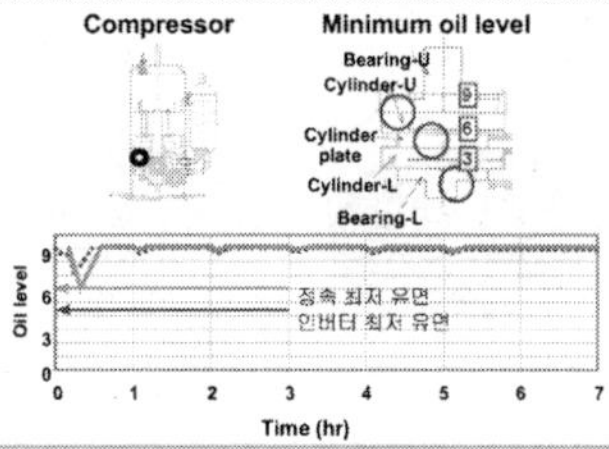

그림 6·6 기술적 문제 해결방안

5. Risk Assessment

Risk			Counter Plan	Charge	Remark
Biz. Risk	●	❑ C사 15Hp Tool development : Ongoing	• 1st Step : 30Hp development • 2nd Step : 40Hp tool development (Monitoring Market)	연구소 연구소, 사업부	
	●	❑ Differentiation Comparing with Central AC	• High Efficiency, Partial operation • System hybrid : Central + Water heater	연구소 AC 사업팀	
Tech. Risk	●	❑ Maintenance failing system : Confuse Utility and AC	• Making SVC Manuel • Error display (BMS & AC)	연구소, 사업부	
	●	❑ Reliability - Oil Level between units - Pressure balance between units	• Securing reliability - Oil return & Oil level equalization logic - Consist of common pipe between units	연구소	

● Serious / Difficult / Urgent ● Concern / Attention ● Easy / Going on well

그림 6·7 위험요소 및 그 대책

추진계획수립

앞서 수행한 조사 및 분석 결과를 바탕으로 프로젝트 추진을 위한 인력, 일정, 업무이관 등의 계획을 수립한다.

인력계획은 그림 6·8과 같이 업무능력과 직책을 고려하여 개발에 참여할 인원수를 정하고, 각 인원의 업무를 상세히 분담하고 기술한다. 또한 프로젝트 수행에 필요한 예산을 수립한다.

일정계획은 그림 6·9와 같이 일정의 세부항목별로 시작일과 마감일, 업무내용과 업무담당자들을 표로 정리한다. 일정계획은 보유기술, 관련설비의 확보 및 구매 등을 고려하여 작성되어야 한다. 이러한 구체적인 일정계획은 프로젝트 계획의 합당성과 실행 가능성을 높여준다.

업무이관계획에는 그림 6.10과 같이 주관부서(주관기관), 이관 시작일과 완료일, 이관범위 등을 포함하여 작성한다. 이관범위에는 이관할 내용을 명확히 해두는 것이 나중에 업무에 혼선을 피할 수 있다.

6. Member & Budget

Member

	Name	MM	Main Job
Lab.	OOO 책임 연구원	1	Project consulting
	OOO 책임 연구원	12	Project Leader, Risk management
	OOO 선임 연구원	12	30Hp Cycle matching & Logic
	OOO 주임 연구원	9	Water heating cycle matching
	OOO 연구원	12	30Hp Cycle test & Analysis
	신입 1	9	Control Algorithm (S/W)
	신입 2	9	30Hp Cycle test & LCC Analysis
	신입 3	9	Water heating cycle test & Analysis
Division	OOO 책임 연구원	-	System Co-work
	OOO 선임 연구원	-	30Hp S/W Co-work
	OOO 선임 연구원	-	Water heating Control S/W Co-work

T/T : 73MM

Budget

(unit:백만원)

Item	2009	2010	Total
Depreciation (A)	-	10.8	10.8
Development Cost (B)	-	137.3	137.3
Labor Cost (C)	-	412.8	412.8
The others Cost (D)	-	33.0	33.0
Expenditure (A+B+C+D)	-	593.9	593.9
Common Expenditure (E)	-	-	-
Expenditure (A+B+C+D+E)	-	593.9	593.9

※ Fund : AC Division (100%)

그림 6·8 인력구성 및 예산

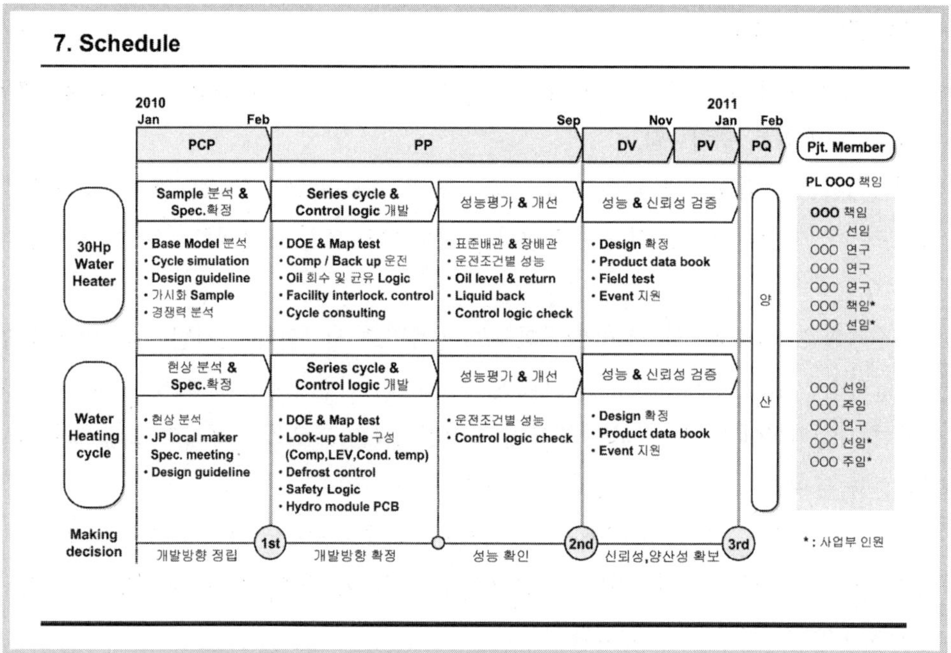

그림 6·9 추진일정

8. Tech. Outsourcing

Tech Outsourcing summary

Subject	중소형 공간 공조용 시스템 에어컨 연구
Background & Objectives	중소형 공간에 설치된 기존 공조 시스템에 시스템 에어컨 적용 타당성 평가 필요성 및 개선안 도출
Target	중소형 공간에서의 최적 공조 방식 제안
Reason of request	공조 방식에 따른 실내 열 쾌적도 및 환기 효율이 고려된 통합적 비교 평가 및 설계 기술 확립
Application	• AC 분야 • 공기질 평가 • 환기
Schedule	• 공간별 공조 시스템 분석 : 2010.01~2010.02 • 중앙공조방식 분석 : 2010.03~2010.07 • 개별공조방식 분석 : 2010.04~2010.08 • 혼합공조방식 분석 : 2010.05~2010.09 • AC적용 가능성 평가 : 2010.07~2010.12
Budget (M₩)	2010.01.1-2010.12.30 (12개월) / 30,000,000 원

Charger Profile

Charger	OOO 교수	Organization	OO대학교
Subject	기계공학과	Position	부교수
University	Wisconsin	Academic degree	Ph.D
Specialized field	실내 환경 제어		
society	설비공학회 이사		
career	• 한국과학기술연구원 선임 연구원 (1987.1~1996.2) • OO대학교 기계공학과 (1996.3~2005.2, 조교수) • OO대학교 기계공학과 (2005.3~, 부교수)		
Major Achievement of Research	• 흡수식 히트 펌프 기술 • 시스템 에어컨의 열쾌적성과 실내 환기 연동 연구		

Team member Profile

Member	Academic Degree	Position	Specialized field
OOO	석사	박사과정	환기, 공기질 평가
OOO	학사	석사과정	열 쾌적성 평가(PMV 측정)
OOO	학사	석사과정	공기질 환경 분석(CO_2농도측정)
OOO	학사	석사과정	기류 제어를 위한 CFD 해석

그림 6·10 외부 위탁계획

7장 조사보고서 작성

조사보고서란 특별한 목적을 가지고 제한된 독자에게 조사결과를 알려주는 문서이다. 따라서 조사의 내용, 조사를 하게 된 이유, 조사결과, 그리고 조사의 결론을 보고서를 통해 명확하게 전달하여야 한다.

7·1 조사보고서의 종류

조사보고서에는 현재 수행하고 있는 업무에서 생긴 문제를 해결하기 위한 문헌조사와 현장방문조사, 개발하거나 향후 개발할 제품에 대한 동향을 파악하기 위한 시장조사 등이 있다. 이러한 조사보고서에는 조사하는 대상의 현황 및 문제점을 파악하고 그 대책을 반드시 포함하여야 한다. 조사보고서를 종류별로 살펴보면 다음과 같다.

문헌 조사보고서

업무상 필요한 주요정책의 수립, 연구개발의 방향설정 등을 위한 기초 자료조사를 수행하고 제출하는 보고서를 말한다. 이를 위하여 이전에는 도서관에 있는 자료들을 많이 이용하였으나, 최근에는 인터넷의 발달과 함께 인터넷 검색을 통한 자료 수집이 활발하게 이루어지고 있다. 이렇게 수집된 자료를 검토하여 현재까지 진행된 관련 연구동향을 파악하고 앞으로 진행하고자 하는 연구의 방향을 설정한다.

현장방문 조사보고서

업무 중 발생한 사고 혹은 사건에 대하여 현장을 방문하여 조사한 결과를 보고한다. 예를 들어 붕괴 위험이 존재하는 교량에 대한 대책을 세우기 위하여 관련 엔지니어가 현장을 방문하여 조사를 하는 경우를 생각해 보자. 이 경우 조사보고서에는 교량의 현재 상태에 대한 정확한 정보를 담고 있어야 한다. 구조상으로 현재 안전한지, 노후에 의한 붕괴 위험이 없는지, 보수가 가능한지, 보수가 가능하다면 어떠한 방법으로 보수를 할 것인지에 대한 정보를 담고 있어야 한다. 이를 위하여 조사보고서에는 판단 근거가 되는 해석결과 및 측정데이터들이 포함되어야 한다. 이렇게 작성된 조사보고서는 관련 엔지니어들이 올바른 대책을 세우는 근거자료가 된다.

시장 조사보고서

기업체에서 새로운 제품을 개발할 때 우선적으로 시장조사를 수행하여야 한다. 이러한 시장조사의 가장 좋은 방법 중의 하나는 관련 국내외 주요 전시회에 참가하여 관련 자료를 수집 및 분석하는 것이다. 아울러 시장에 직접 나가서 관련 자료를 수집하여 분석하는 것도 대단히 중요하다. 이러한 자료를 수집하여 분석한 시장 조사보고서는 현재 시장에서 판매되고 있는 자기회사와 경쟁사 제품의 현황, 장단점, 시장 점유율 등을 포함하여야 한다. 아울러 현재 자사 제품의 강점과 약점을 파악하여 약점을 개선할 수 있는 전략을 담고 있어야 한다. 또한 현재 시장에서 구매자의 취향 및 유행을 분석하여 신제품이 이러한 경향을 따라갈 수 있는 방법에 대한 정보를 줄 수 있어야 한다. 이러한 시장 조사보고서에 근거하여 제품개발자와 경영자는 제품의 개발 여부를 최종 판단할 수 있다.

7·2 조사보고서 작성 기본원칙

아래의 기본원칙에 따라 조사보고서를 작성하면, 독자가 이해하기 쉬운 보고서를 만들 수 있다.

① 보고서 작성 전에 미리 충분히 구상한다.
② 정확하고 분명한 문장을 사용한다.
③ 간결하고 짧은 문장과 직설적인 표현을 사용한다.
④ 문장의 시제를 적절하게 사용한다.
 · 조사내용과 조사방법에서는 과거형을 사용한다.
 · 조사결과에서는 현재형을 사용한다.
⑤ 표나 그림 또는 적절한 예제를 제시한다.

7·3 조사보고서의 작성

조사보고서는 일반적인 보고서와 같이 서론, 본론, 결론과 참고자료의 순서로 작성한다. 서론은 전체 보고서의 윤곽을 예고하여 독자들의 관심을 유도할 수 있도록 하여야 한다. 서론에는 다음과 같은 점들이 포함되도록 하여야 한다.

· 조사의 필요성
· 조사의 목적
· 조사의 범위와 방법
· 조사 결과, 의의, 중요성
· 각 장에서 다룰 내용의 요점

본론에서는 조사의 주된 내용을 포함한다. 예를 들어 문헌 조사보고서에서는 현재까지 수행된 연구에서는 어떤 과제가 수행되어졌고, 이러한 과제를 통하여 밝혀진 사실은 무엇이며, 아직 밝혀지지 않은 사항은 무엇인지를 설명하여야 한다. 현장 조사보고서에서는 사건이 일어난 원인과 이유를 밝히고 향후 대책을 상세히 설명하여야 한다. 아울러 필요하면 조사기간 동안에 면담한 사람들의 인터뷰 내용을 포함시켜 이해에 도움이 되도록 하여야 한다. 시장 조사보고서의 경우에는 현재 유통되고 있는 제품들의 현황, 장단점, 시장 점유율 등의 정보를 포함하고 있어야 한다. 이때 시장 조사기간 동안 수집한 자료(자료 샘플, 사진 등)도 보고서에 포함되어 있어야 한다.

결론에서는 내용을 요약하고 해결책과 전망을 제시한다. 문헌 조사보고서의 경우에는 현재까지 연구된 결과에 근거하여, 향후 수행하여야 할 연구방향과 새로이 알아내야 할 내용에 대하여 설명하여야 한다. 현장 사고 조사보고서의 경우에는 향후 이러한 사고가 재발하지 않도록 방지대책을 설명한다. 시장 조사보고서의 경우 현재의 시장현황에 근거하여, 미래의 제품개발 및 투자방향에 대한 안을 제시하여야 한다. 이러한 모든 조사보고서는 결론에서 조사보고자의 상사 혹은 경영자가 미래에 대해 정확한 결정을 내릴 수 있는 정보를 포함하여야 한다.

참고자료는 반드시 적어두어야 한다. 참고자료에는 책 뿐 아니라 비디오, 오디오, 사진 등의 자료가 있다. 이러한 참고자료들은 보다 객관적인 결론을 도출할 수 있도록 도움을 준다. 참고한 책을 인용할 때에는 저자이름, 책이름, 출판사명, 출판년도를 기록하고, 웹사이트를 참고하였다면 홈페이지의 인터넷 주소와 사이트 명을 정확하게 기록하여 독자들이 향후에 참고할 수 있도록 한다.

7·4 조사보고서 작성의 주의사항

조사보고서를 작성할 때 주의할 사항은 아래와 같다.

① 조사 목적, 기간, 대상, 방법, 결과와 결론이 포함되어야 한다.
② 조사 대상에 대해 철저한 사전 조사를 해야 한다.
③ 주제를 정확히 파악하고, 주제를 보는 다양한 관점에서 비교 설명한다.
④ 많은 자료를 나열하기보다 중심내용을 간추려 쓴다.
⑤ 도표, 사진, 삽화 등 다양한 참고자료를 첨부하여 보고서에 생동감을 준다.
⑥ 알아보기 쉽고, 깔끔하게 작성한다.
⑦ 보고서를 마감기한 내에 제출한다.

7·5 조사보고서 작성 예

표지

그림 7·1은 '2010 CLIMATIZACION'에 참가한 냉조공조업체와 제품들에 관한 조사보고서의 표지이고, 간단하게 목차도 제시하고 있다. 표지에는 보고서의 제목, 작성일자, 작성자의 소속과 이름 등을 표기한다. 보고서의 제목은 조사보고서의 전체 내용을 잘 나타내도록 정하고, 목차는 보고서의 핵심내용을 미리 알 수 있도록 간략하게 작성한다. 가능하면 출장지나 전시회의 장면을 나타내는 대표적인 사진을 포함하는 것도 좋다.

2010 CLIMATIZACION 참관 보고

Exhibition overview

Product / Application

2010. 03. 12

작성자 : 상품기획그룹 ooo 대리

그림 7·1 조사보고서 표지

개요

조사보고서의 개요는 보고를 받는 사람이 조사 대상인 전시회를 전체적으로 파악하기 쉽도록 그림 7.2와 같이 다음과 같은 내용을 포함하여 작성한다.

- 전시회 명칭 : 전시회의 공식명칭을 나타낸다.
- 전시 기간 : 전시회가 진행된 기간을 나타낸다.
- 개최 장소 : 전시회가 개최된 장소를 나타낸다.
- 전시 내용 : 전시회의 목적 및 주요 전시품에 대하여 간단히 설명한다.
- 참가업체 : 전시회에 참가한 업체를 국가별로 구분하여 나타낸다.
- 조사 출장자 : 조사를 위하여 출장을 다녀온 사람들의 명단을 기록한다. 이렇게 함으로써 보고서를 읽는 사람이 전시회에 대해서 의문점이나 토의사항이 있을 때 문의할 수 있도록 한다.

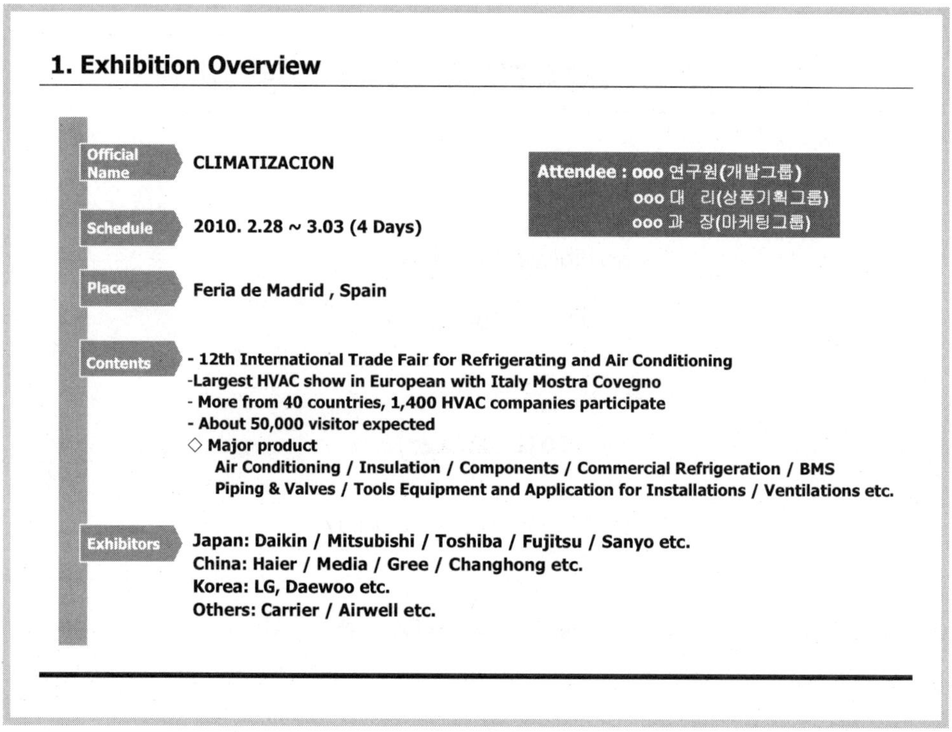

그림 7·2 전시회 개요

주요 전시동향

주요 전시동향에서는 출장자의 회사가 생산하는 주요 품목(여기서는 에어컨)에 대한 전시회 참가업체들의 전반적인 동향을 제시한다. 전시회의 전반적인 동향을 작성하기 위해서는 아래 사항들을 조사하여야 한다.

- 전시에 참여한 국내외 주요 경쟁업체
- 주요 경쟁사의 주요 제품에 대한 전시동향 및 개발동향

이러한 조사와 분석을 통하여 해당 제품(에어컨)에서 자사 제품의 전반적인 강점 및 약점을 파악하고, 자사의 개발된 제품의 경쟁력 향상 및 미래 개발제품에 대한 개발방향을 설정하도록 한다.

그림 7·3은 가정용 에어컨(Residential Air-Conditioner: RAC)과 업무용 에어컨(Commercial Air-Conditioner: CAC)의 주요 전시동향을 제시하고 있다. 가정용 에어컨의 전시품목은 줄어들었고, 새로운 기술이 보이지 않았다. 다만 인버터 기술을 주로 하여 성능지수를 높이는 설계를 하고, 사용자에게 편리한 부가기능을 가시화하는 데 역

점을 두고 있다. 업무용 에어컨은 적용영역의 확장되는 것이 특징이고, 제품의 크기를 줄이면서 효율을 높이는 데 역점을 두고 있다.

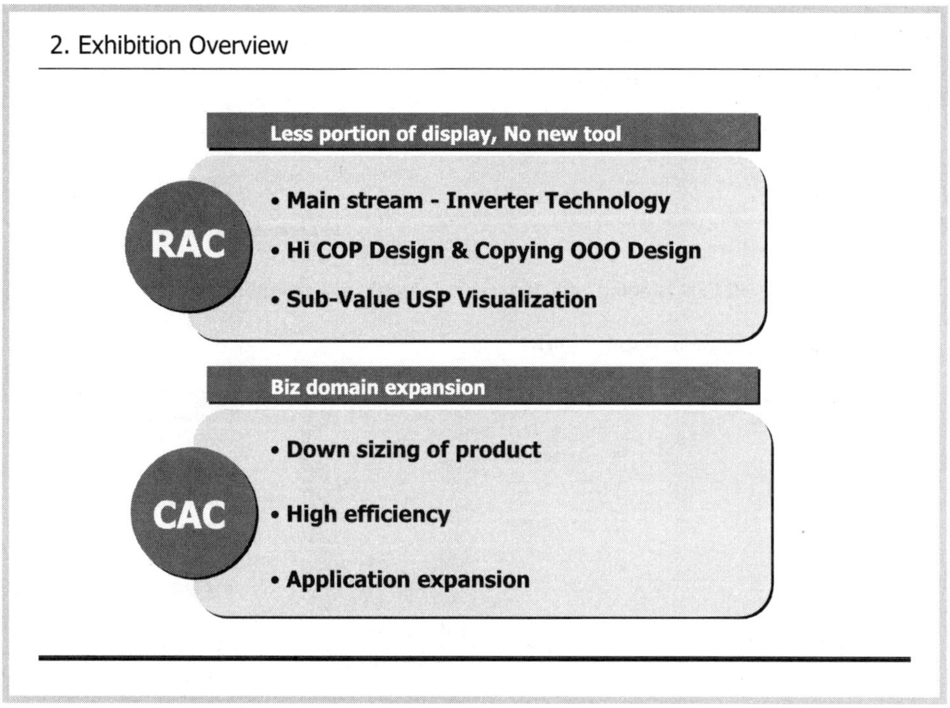

그림 7·3 주요 전시동향

제품별 동향

제품별 동향에서는 조사 대상제품을 기능이나 용도에 따라 분류하여 경쟁사들의 전시된 제품에 대한 주요 전시동향의 세부내용별로 그 특징을 파악하여 비교 분석한다. 일반적으로 제품별 특징분석에서는 아래 항목들을 조사하여 보고하여야 한다. 전시된 제품을 조사할 때는 우선 제품의 종류와 출품한 국가별로 분류하고, 출품업체의 이름, 제품의 브랜드명, 주요성능과 특징을 기록하고, 제품의 주요부분을 촬영한 사진을 붙여서 독자의 이해를 돕는다.

· 각 제품에 대한 경쟁사의 개발동향 및 특징
· 경쟁사 제품의 장점과 단점 분석
· 현재 시장 점유율 분석 및 미래 시장 점유율 예측

이러한 조사와 분석을 통하여 경쟁사 대비 자사 제품의 장단점 및 경쟁력을 파악하고 향후 제품의 개발방향 및 시장성을 알 수 있도록 보고서를 작성하여야 한다.

그림 7·4 ~ 7.6은 전시회에 출품된 가정용 에어컨(RAC)의 특징인 인버터기술, 설계경향과 부가기능 가시화의 관점에서 제품들의 특징을 비교 분석하여 자사의 제품 개발방향과 시장 확대방안을 제시하고 있다.

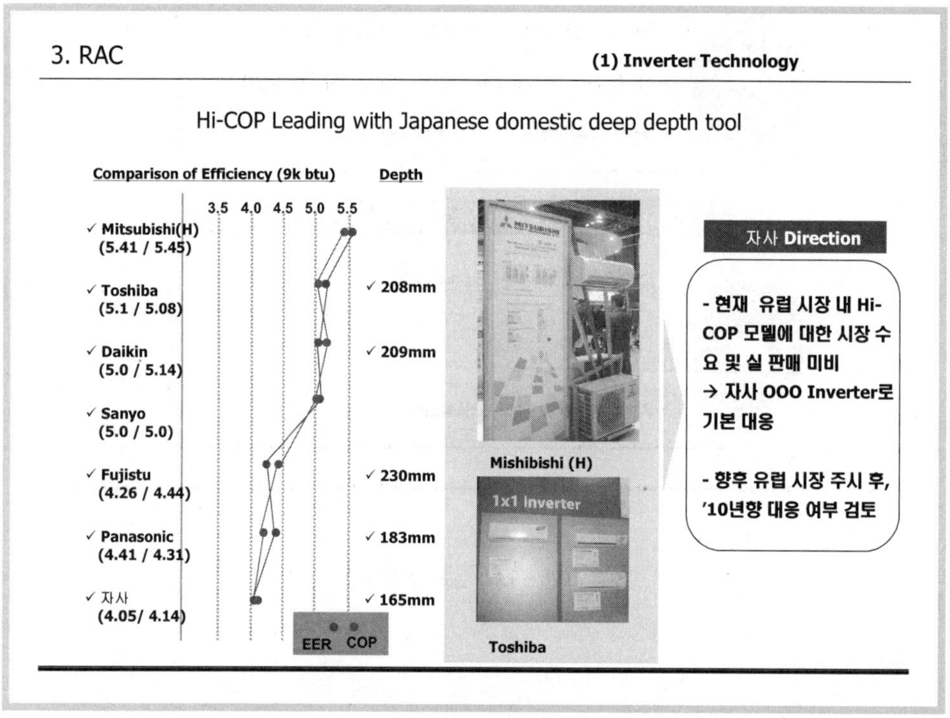

그림 7·4 제품별 동향(가정용) - 인버터 기술

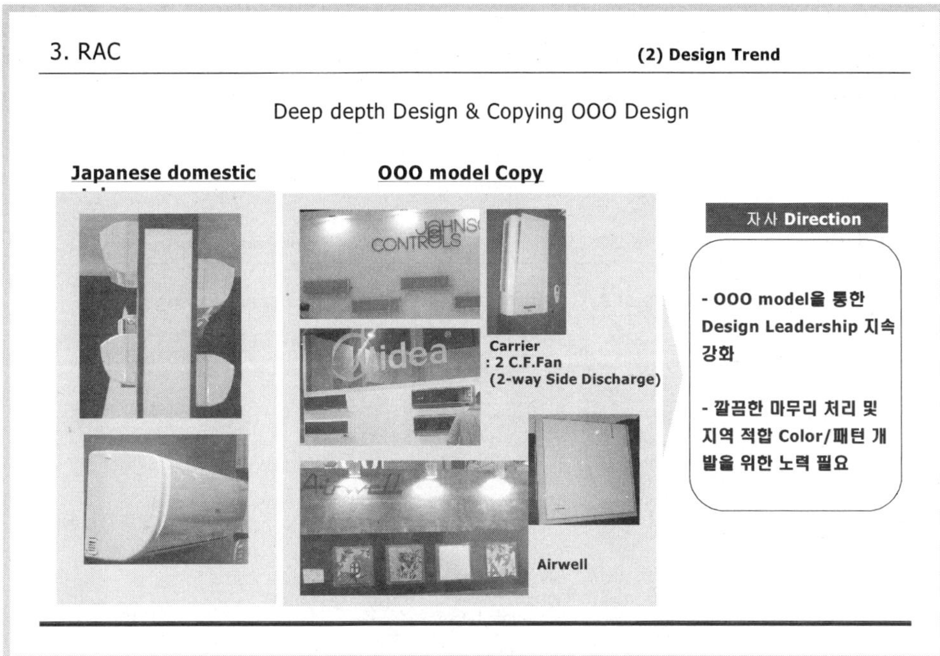

그림 7·5 제품별 동향(가정용) - 설계 경향

그림 7·6 제품별 동향(가정용) - 부가기능 가시화

또한 그림 7·7 ~ 7.9는 전시회에 출품된 업무용 에어컨(CAC)의 특징인 제품 크기 축소, 효율 향상과 적용영역 확대 측면에서 제품들의 특징을 비교 분석하여 자사의 제품 개발방향과 시장 확대방안을 제시하고 있다.

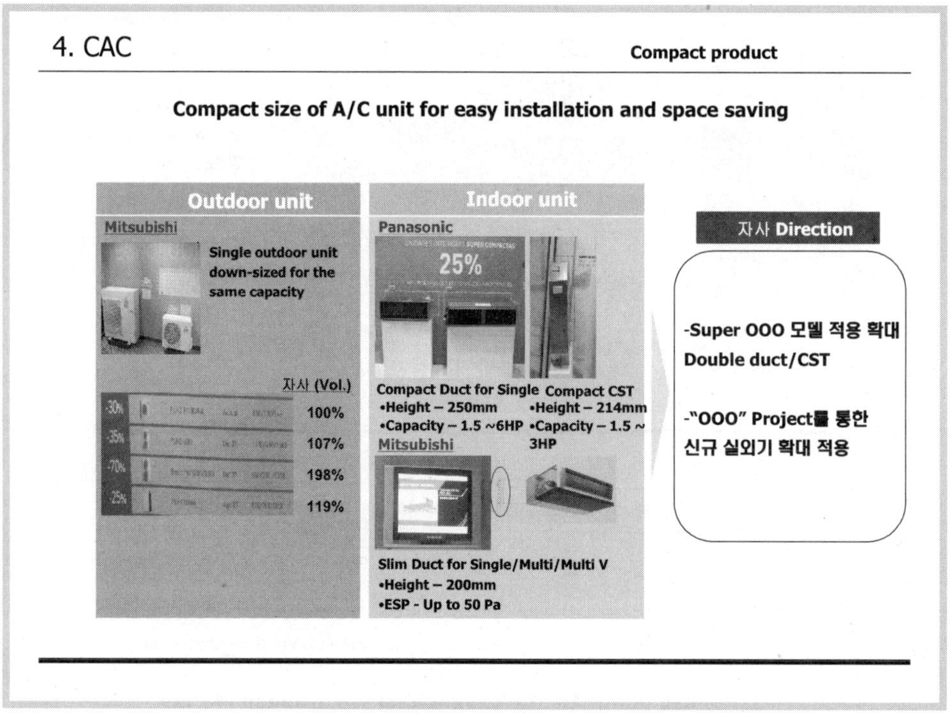

그림 7·7 제품별 동향(업무용) - 콤팩트 사이즈

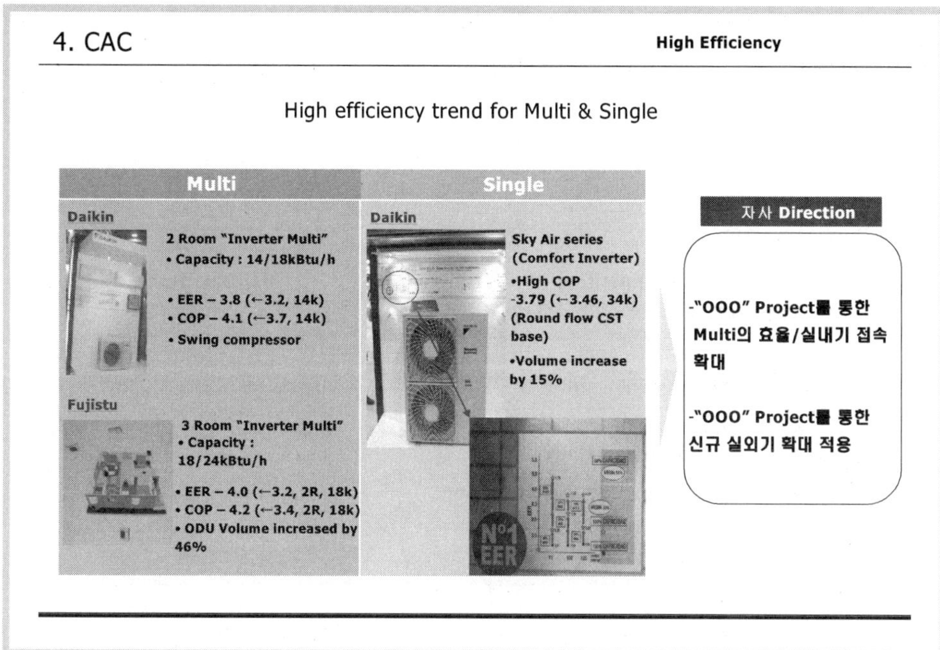

그림 7·8 제품별 동향(업무용) - 고효율

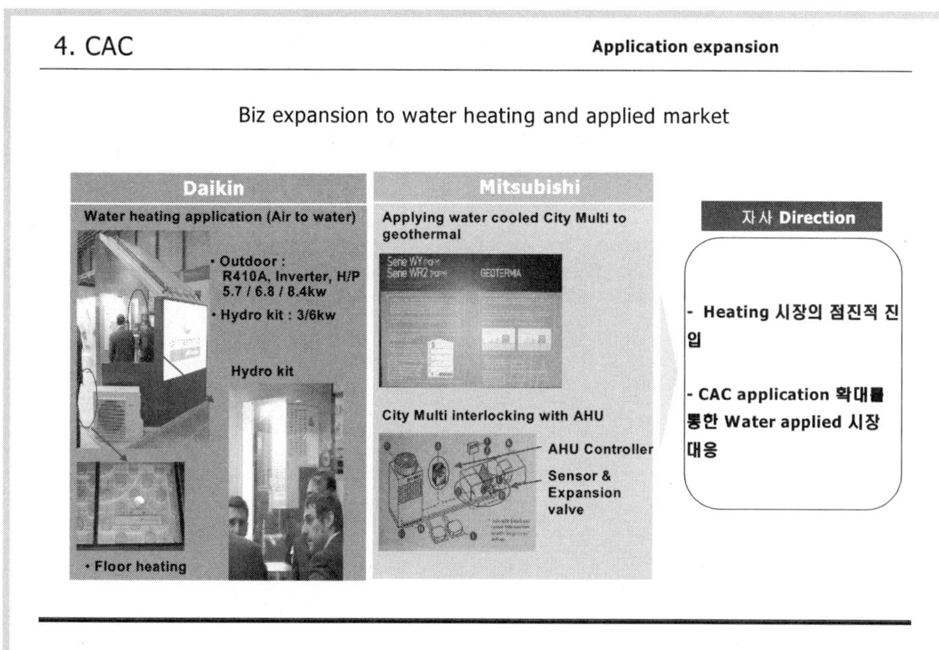

그림 7·9 제품별 동향(업무용) - 적용영역 확대

마지막으로 전시회에 참관하여 조사한 제품들의 전반적인 개발동향과 그에 따른 자사의 개발방향과 시장 확대방안을 요약하여 그림 7.10과 같이 나타낸다.

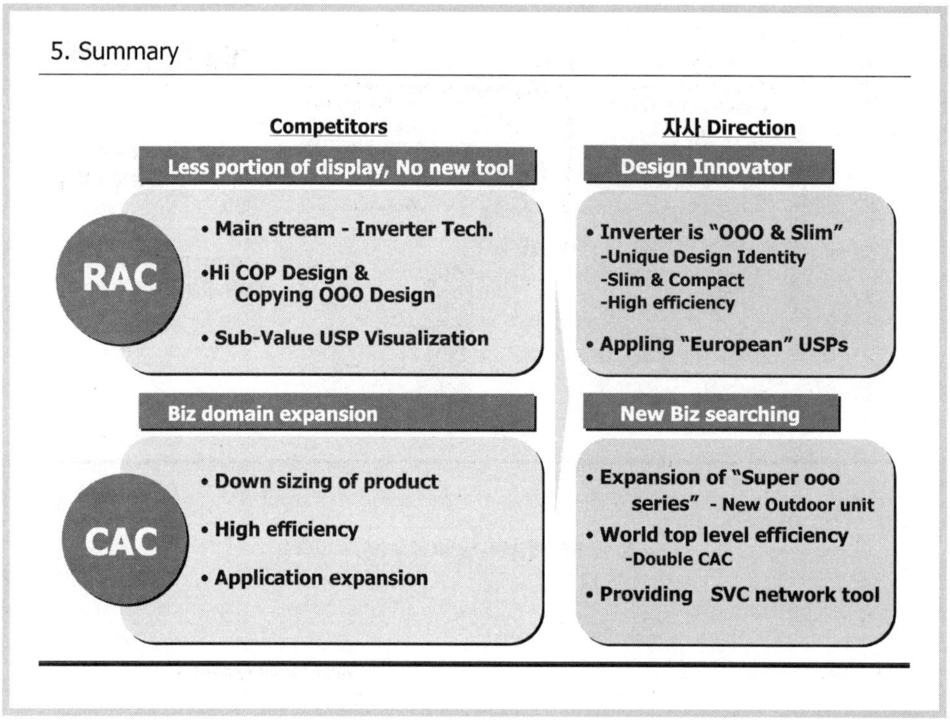

그림 7·10 전시회 보고 요약

8장 발표 및 청중 분석

우리들은 이공계에서 어떤 주제에 대해 과제나 연구를 수행하면서 자기 분야에서 전문가로 인정받기 위해 경력을 쌓아가고 있다. 전문가는 생각과 정보를 조직하는 독창적인 방법을 터득하여 자신의 지위를 얻은 사람이고, 자신의 전문영역에서 자료 분석능력을 갖추고 있으므로 전문적인 내용에 대한 발표를 부탁받게 된다. 따라서 전문가는 종종 학술회의, 지역사회와 산업체의 자문회의 등에서 여러 사람을 대상으로 시각자료(visualaid)로 발표해야 할 기회를 많이 가진다. 이 때 전문가의 구두 발표가 지루하게 진행되면 참석자 모두는 귀중한 시간을 낭비하고 있다는 생각을 갖게 될 것이다. 그러므로 전문가가 되기 위한 교육과정을 밟는 과학도나 공학도가 주로 시각적인 자료를 사용하는 구두 발표에서도 문서로 발표하는 것 못지않게 실력을 갖추는 것이 매우 중요하다.

8·1 구두 발표 요령[1]

훌륭한 구두 발표를 위한 요령들을 살펴보면 다음과 같다.

첫째, 청중이 누구이며, 그들에게 무엇을 이야기할 것인가에 대해서 생각해야 한다. 효과적으로 전문적인 의사전달을 시도할 때 가장 중요한 것은 청중이 어느 정도 흥미를 느끼고 있으며 열중해 있는지를 정확하게 알아내는 것이다. 청중의 흥미를 사로잡으려면, 청중이 이미 알고 있는 것과 흥미를 갖고 있는 것을 중심으로 발표를 구성해야 하고, 이를 위해서 청중에 대해서 다음과 같은 질문을 스스로 해 보아야 한다. 그들은 어떠한 배경을 가진 사람들인가? 그들의 학식, 경험, 훈련, 환경, 태도, 선입견은 어떠한가? 그것이 어떤 의미를 지니는가? 청중은 왜 이 주제에 관한 발표를 들으려 하는가? 청중은 일반적으로 새로운 것을 알기 위해서, 무엇을 구입하기 위해서, 또는 그들의 방법이나 생각을 고치고 보완하기 위해서 참석한다. 따라서 청중을 머리 속에 두고 이야기의 목적과 주제를 결정하며, 자기의 개성과 능력을 고려하여 발표 시간을 구상하고 청중에 미치는 영향을 추정한다.

둘째, 발표자는 이야기를 시작하기 전에 청중으로부터 받을 중압감을 이길 준비를 해야 한다. 발표할 내용의 연습도 중요하지만, 발표자는 우선 심리적으로 편안한 상태에서 본인의 이야기에 대해 열정적임을 보일 필요가 있다. 충분한 수면을 취하지 못했거나 발표 직전까지 전체 내용을 거의 다 암기할 정도로 준비하느라고 마음의 여유가 없었다면, 자칫 전체 발표가 맥이 빠지거나 지루하게 진행될 수도 있다. 그러므로 발표 자료는 며칠 전까지 준비하고, 다른 사람에게 검토를 부탁하여 수정한 다음, 발표 전까지는 옆으로 제쳐놓는 것이 바람직하다. 전날 밤에 숙면을 취하고, 행사에 맞는 복장을 차린 후, 자신감과 열정을 가지고 이야기를 시작한다.

셋째, 발표할 내용을 미리 원고로 작성하여 볼 수 있지만, 원고를 암기하거나 청중 앞에서 읽으려고 해서는 안 된다. 대부분의 사람들은 원고를 보고 이야기하는 것보다 발표의 요점을 정리한 쪽지를 바탕으로 이야기하는 것을 더 수월하게 여긴다. 그러므로 시각자료나 발표자료의 핵심 내용을 적은 쪽지를 참조하여 구두 발표가 원활히 진행되도록 준비하는 것이 좋다. 평상시에 대화하는 어조로 자연스럽게 발표하고, 청중과 눈을 맞추어 일체감을 주며, 가급적이면 쪽지를 보는 횟수를 줄이도록 발표를 진행한다. 가장 중요한 것은 시간적인 여유를 갖고, 자기에게 주어진 자원을 충분히 활용하여 만족할 만한 시각자료를 준비하며, 사람들 앞에서 미리 예행 연습을 해 보는 것이다.

넷째, 발표내용을 분명하게 설명하려고 노력한다. 천천히 말하기를 힘쓰며, 제일 뒤에 있는 청중도 들을 수 있도록 큰 소리로 발표한다. 발표할 내용 중에 의문이 있거나 불분명한 부분이 있다면, 발표 전에 도움을 받을 수 있는 지도교수나 동료들과 상의한다. 발표자가 이해하지 못하는 주제를 청중에게 이해하기를 기대할 수는 없기 때문이다.

다섯째, 가능한 한 자주 청중을 바라본다. 발표자가 청중과 눈을 마주 치는 것은 발표에 대한 청중의 관심을 불러일으키는 데 매우 중요하다. 그렇지만 발표자가 불안정한 심리를 나타내는 동작을 하지 않도록 주의해야 한다. 예를 들어 손을 주머니 속에 집어넣는다든가, 손으로 어떤 물체를 만지작거린다든가, 불필요하게 지시봉이나 포인터를 흔드는 것은 청중의 주의를 산만하게 만든다.

8·2 청중 분석

특별한 기술이나 지식을 가진 전문가들이 생활 속에서 당하는 어려움 중의 하나는 그들의 전공에 대해 지식이 거의 없는 사람들과도 교류해야 된다는 것이다. 의사나 과학교사에게도 이러한 책임이 항상 따라 다닌다. 기술자들은 때때로 대중의 공학적 무지에 대해 불평하기도 한다. 그러나 이와 같은 상황이 벌어진 배경은 공학적 지식을 습득할 기회를 대중이 놓쳤기 때문이지만, 다른 한편으로는 전문가들이 기회 있을 때마다 그들에게 제대로 설명을 해주지 못했기 때문이기도 하다. 과학이나 공학 기술을 마치 비밀인 것처럼 공개하지 않는 것은 바람직하지 못하다. 이는 대중이 과학이나 공학기술에 관심을 가지도록 유도하기보다는 두려워하게 하거나 조바심이 나게 할 수 있기 때문이다. 과학이나 공학에 대한 문외한들에게도 호기심을 불러 일으키고 충분한 정보를 제공하는 것이 기술 전문가가 담당해야 할 일이다.

청중에게 호기심을 불러일으키는 좋은 발표를 하기 위해서는 목표로 하는 청중에 대한 분석이 필요하다. 청중 분석의 목적은 청중의 분위기에 적응하면서 발표 주제에 대해 논하는 데 필요한 권위를 그들로부터 인정받는 것이다. 따라서 발표 내용을 준비할 때에는 발표에 참석할 청중을 분석하여 청중의 규모, 특성, 참석 동기 등을 충분히 파악해야 한다. 또한 청중의 규모에 적합한 발표방법, 관심 유발방안, 동질성 확보방안, 반응예측, 언어 수준 등을 염두에 두어 다음과 같은 질문에 대한 답을 찾아야 한다.

① 예상되는 청중의 규모에 가장 적합한 방법은 무엇인가?

② 구두 발표가 청중의 공통 관심사를 불러일으킬 수 있는가?
- 주제의 어느 부분이 특별한 관심을 유발하는가?
- 청중의 흥미와 관심을 어떻게 하면 최대로 유발시킬 수 있는가?

③ 중심이 되는 청중과 동질성을 느끼게 하는가?
- 경청하는 사람들과 무엇을 공유할 수 있는가?
- 발표자가 청중과 하나가 되기 위해 어떻게 접근할 것인가?

④ 청중의 반응을 예측했는가?
- 청중은 발표 내용에 대해 사전에 알고 있는 것은 무엇인가?
- 청중이 알거나 얻고자 하는 것이 무엇인가?

⑤ 정보는 청중의 언어 수준에 맞춰져 있는가?

- 언어가 청중에게 적절한가, 또는 너무 전문적인가?
- 친숙하지 않은 전문 용어를 설명하고 있는가?
- 이해하기 쉬운 언어로 표현되고 있는가?

⑥ 어떤 상황에서 구두 발표를 하는가?

⑦ 어디서 구두 발표를 하는가?

- 발표장의 배치는 적절한가?
- 사용하고자 하는 도구나 장치가 모두 구비되어 있는가?

⑧ 언제 구두 발표를 하는가?

- 아침에 하는가? 아침에는 청중이 피곤할 수 있으므로 정신이 번쩍 들도록 생생하거나 놀랄만한 예를 준비한다.
- 월요일에 하는가? 사람들에게 한 주가 다시 시작되는 날인 것을 일깨워준다.
- 금요일에 하는가? 청중이 주말을 보낼 생각으로 산만해지지 않도록 더 직접적이고 핵심적인 표현을 사용한다.

청중 그룹에 대한 통계 정보는 효과적인 구두 발표를 위해 알아야 할 사항이다. 이는 청중 개개인보다는 청중 그룹에 대한 정보로 구성원의 성향을 파악하는 데 사용된다. 청중 그룹을 보다 세분화 시켜 분류할 수도 있겠지만 대략적으로 나이, 성별, 직업, 종교, 교육, 국적 또는 민족, 문화, 사회적 또는 경제적 지위, 정치적 배경 등으로 분류한다. 일례로 특정 분야의 학술대회에 참석하여 발표를 하는 경우라면 나이는 대학원생으로부터 연구직에서 은퇴하기 전까지의 연령층인 23세~65세에 해당하고, 직업은 그 분야의 교수, 석사 또는 박사과정 학생, 정부 관리, 연구소의 연구원, 회사의 연구직 종사자들이 대부분일 것이며, 교육정도는 전문대학 졸업부터 박사학위 소지자까지로 예상할 수 있고, 참석자의 국적에 따라 국어 또는 영어나 기타 공통어를 채택하는 문제가 있을 것이며, 그 이외의 사항은 별로 관련이 없을 것이다.

청중은 전문가로부터 새로운 동기를 부여받기를 원하고, 그들을 특정 목표로 끄는 힘을 기대한다. 구두 발표에 관심을 갖는 동기로는 위로, 안전, 친교, 인식, 다양성, 제어, 독립, 호기심, 전통, 성공, 교육, 여흥 등을 들 수 있다. 의사가 환자들을 대상으로 하는 발표라면 그들이 받는 위로가 중요한 동기이다. 차량안전을 다루는 기관에 종사하는 전문가가 운전자들을 대상으로 하는 발표에는 자동차의 운전 및 사고와 관련된 안전의 확보, 리셉션과 같은 모임에서의 발표는 사귐, 여가 시간을 위한 발표라면 대부분이 동참하면서 얻는 여흥이 그 동기가 될 것이다.

청중에 맞는 메시지의 작성이 성공적인 발표로 이끈다. 발표자의 생각을 충분히 표현하는 15개 내지 20개 정도의 낱말로 구성된 짧은 문장을 만드는 것이 바람직하다. 현재 참석하는 행사에 대한 바른 이해를 위하여 발표하고 있는 지역에서 발행되는 신문이나 잡지를 구독하거나, 현재 또는 다가올 행사에 대한 현지 뉴스에 관심을 갖거나, 발표에 참여하는 그룹들에 대해 연구한다. 좋은 반응을 보이는 청중에게는 결론과 제안에 대해 초점을 맞춘다. 회의적인 반응을 보이는 청중에게는 논리적인 발표에 초점을 맞춘다. 서론, 근거 1, 근거 2, 제안 사항 및 적용 방법, 요약 등의 순서로 메시지를 작성한다. 과학적 방법을 취하여 단계적으로 논리적인 절차를 거친다. 그리고 행사마다 정해진 기준에 따라 논해야 한다.

8·3 목적 설정[2]

발표자의 의도에 따라서 여러 가지 형태의 전달 방법이 있을 수 있다.명확하게 발표 내용을 기술하는 것은 명확한 의사 전달을 제공한다. 보고나 발표는 특정한 조치를 취하기 위해 필요한 기본 근거를 마련해 주는 데 그 목적이 있다. 따라서 조치를 취하는 사람이나 기관에 정확한 정보가 전달되도록 발표자는 목적을 설정해야 한다.

(1) SPAM 모델

- 상황(situation) : 발표해야 할 시간과 장소를 고려한다.
- 목적(purpose) : 발표를 통해 얻고자 하는 최종 목표를 정한다.
- 청중(audience) : 누구를 대상으로 발표할 것인지를 고려한다.
- 방법(method) : 목적을 달성하기 위한 최적의 방법을 모색한다.

(2) 3가지 형태의 구두 발표

- 정보제공(informative) : 청중은 친숙한 주제에 대해 새로운 정보를 얻는다. 이 경우는 청중의 지식과 능력을 강조하여 발표 내용을 작성하는 것이 보통이다. 정보제공을 위한 구두발표에는 형식, 내용, 그리고 목적을 근거로 한 3가지 유형이 있다. 형식적으로는 브리핑과 보고로 분류되며, 내용 면에서는 제품, 과정, 사건, 개념 등으로 분류되고, 목적에 따라 기술, 설명, 교육 등으로 나뉠 수 있다.
- 설득(persuasive) : 청중의 태도나 행동을 바꾸기 위해 행해진다. 설득용 발표의 주제는 사실, 가치, 정책 등의 제안으로 분류된다. 사실의 제안은 마찰을 빚고

있는 여러 그룹들이 다루고 있는 현안을 내어놓고 그들 스스로가 가장 좋은 것을 선택하도록 진행한다.

- 여흥(entertaining) : 단순히 청중의 주의력을 얻거나 집중시키도록 유도한다. 가능하면 보다 많은 청중이 능동적으로 참여할 수 있는 방향으로 발표 내용을 준비한다. 참석자들이 구두 발표를 통해 즐거워하거나 그들에게 유익한 시간이 되도록 진행한다.

(3) 발표 내용 선정 후 점검 사항

- 발표자는 내용에 대해 관심을 가지고 있는가?
- 발표자는 내용에 대해 열의를 갖고 이야기할 수 있는가?
- 정보의 제공, 설득, 여흥 돋우기 중 어느 발표 형태를 취하는 것이 가장 적합한가?
- 청중이 내용에 대해 흥미를 가질 것인가?
- 발표를 통해 청중의 일부에게 상처를 주지는 않는가?
- 특별한 목적에 의해 발표의 기회가 주어진 것이 아닌가?
- 발표자는 내용에 관해 모든 것을 알고 있는가?

8·4 시간 계획

발표물의 준비와 구두 발표에서 시간을 잘 맞추는 것이 중요하다. 주어진 시간 내에 전해야 할 모든 중요 사항을 제시하고, 필요한 경우에는 그것에 대한 부가설명을 넣되, 강조할 것이 누락되지 않도록 한다. 바람직한 방법 중의 하나는 먼저 발표 내용을 요약해서 소개한 후, 하나씩 구체적으로 예를 들어 설명하면서 전개를 점차 확대하는 것이다. 발표 내용과 시각자료의 준비는 적어도 4~6주 이전부터 시작하는 것이 바람직하다. 실제로는 연구를 수행하고 자료를 해석하는 과정에서 발표할 거리를 준비해 두는 것이 좋다. 연구의 전 과정에 거쳐 시각자료를 마련하고 사진을 찍어 두면 나중에 매우 유용하게 쓰인다. 최신 기법을 이용하여 시각자료를 준비한다하더라도 적어도 일주일 전에는 최종 형태로 마무리되어야 한다. 신선하고 열정적인 발표를 위해서는 시각자료의 잘못된 부분을 수정하고 의사 전달 방법을 개선하는 데 시간적 여유가 요구되기 때문이다.

발표 시간을 효율적으로 활용하는 것이 중요하다. 자문이나 개인 면접에서는 시간제한이 느슨한 편이나, 학회 발표와 같이 정해진 순서에 따라 진행되는 경우에는 주어진 시간을 정확하게 맞추어야 한다. 만약 면접관이 30분 내지 40분의 시간을 주는 경우에는 35분 정도의 발표시간을 계획하는 것이 현명하다. 발표 후 질문에 대답해야 할 시간을 포함해서 40분이 넘지 않도록 주의한다. 학술회의의 발표는 시간제한이 엄격한 경우에 해당된다. 총 20분 중에서 처음 15분은 발표, 나머지 5분은 질문을 위한 시간으로 제한을 두는 경우라면 다른 발표자도 자기와 같이 시간제한이 있는 것을 생각하고 그 상황에 올바르게 대처해야 한다. 주요한 쟁점에 많은 시간을 할애하며, 이야기가 곁길로 빠지지 않도록 주의한다. 사람들 앞에서 이야기할 때에는 일반적으로 말이 빨라지는 경향이 있으므로 청중이 발표 내용을 이해하기가 어렵게 된다. 따라서 발표자는 언제나 말이 빠르지 않도록 주의해야 한다. 전체 발표를 너무 빨리 끝내거나, 그 다음 발표자의 시간을 침범할 정도로 길게 끄는 것은 예의에 어긋나는 태도이다. 프로그램의 사회자는 모든 발표자가 그들에게 할당한 시간을 정확히 지킴으로써 전체 진행이 원활하게 되기를 기대하기 때문이다.

유능한 발표자의 특징 중 하나는 발표에서 시간 조절을 잘하는 것이다. 시간 조절은 부단한 연습을 통해 이루어진다. 우리는 학회에서 발표자가 시간을 너무 오래 끌어서 다음 발표자에게 피해를 주거나, 발표자가 허용된 시간을 발표내용을 설명하는 데에 다 써버려 청중이 질문할 시간이 매우 짧았던 것을 본 적이 있다. 이렇게 발표시간을 제대로 조절하지 못한 원인을 살펴보면 다음과 같다.

첫째, 1분 당 말할 수 있는 적절한 단어의 수를 알지 못하고 있었다.
둘째, 가장 중요한 것이 무엇인지를 몰라서 모든 것을 다 이야기하려고 하였다.

그동안 발표한 경험이 별로 없었다면, 발표 원고 전체를 글로 써서 가장 적당한 속도로 말할 때의 단어 수를 세어보는 것도 한 가지 방법일 수 있다. 그렇지만 말하는 적절한 속도를 파악한 후에는 원고를 없애는 것이 바람직하다. 왜냐하면 원고를 보고 말을 하게 되면, 말의 속도조절이 어려워서 청중이 알아 듣기가 더 힘들게 되기 때문이다. 발표 속도는 대개 분당 60개에서 70개의 단어로 잡으나, 속도 조절은 발표 내용의 구조에 좌우되기 때문에 일분 당 발음하는 단어의 수와는 별로 상관이 없다. 한 가지 예로서 경마 해설자는 분당 120개 이상의 단어를 기관총 같은 속도로 쏟아내겠지만, 그 이야기 속에는 담겨있는 정보란 고작 말의 순서와 위치뿐이다. 따라서 제목, 세부 제목, 강조사항을 확실하게 하여 청중이 이해하기에 적합한 구조를 갖춘다. 적합한 구조를 갖추지 못하면 전문 분야의 발표는 느리게 전달된다 할지라도 그 내용을 전혀 이해할 수 없게 된다.

8·5 시각자료 준비 요령

같은 주제를 다루는 시각자료라 할지라도 청중에 따라 그 준비는 달라져야 한다. 복잡한 그래프가 과학자나 공학자의 모임에서는 쉽게 이해되지만, 그 그래프를 일반적인 시민을 대상으로 하는 발표에 사용하기는 적절하지 못하다. 일반인들은 어려운 그래프보다는 연구에 사용된 기자재의 그림이나 사진을 보는 데 더 관심을 기울인다. 그러나 전문가들은 관련 자료 없이 이름만 들어도 머리 속에서 기자재를 상상해 낼 수 있다. 그러므로 대상 청중과 발표 목적을 충분히 고려하여 시각자료의 내용을 준비해야 한다.

시각자료를 이용한 발표에서 청중은 매순간 무슨 내용인지를 이해해야 한다. 청중은 책을 읽는 사람처럼 앞뒤로 이동할 수 없기 때문에 전문가가 시각자료 내용의 전체적인 구조를 미리 알려주는 것이 필요하다. 사람들의 주의를 집중시키는 기법은 제공되는 정보와 생각을 수동적으로 받아들이게 하는 것이 아니라 적극적으로 그것들을 원하도록 만드는 것이다. 기술의 진보는 고질적인 문제의 해결과 그 결과의 활용가능성을 밝힘으로써 이루어졌다. 따라서 공학이나 과학 분야에서의 발표는 대부분 방법, 절차, 체계 또는 장치들을 고안하여 문제를 해결하는 것을 다룬다. 그러므로 많은 상황에서 청중의 주의를 집중시킬 수 있는 요령은 문제가 무엇인지를 분명히 밝히고, 그것을 구체적으로 어떻게 해결했는지를 보이며, 결과의 중요성을 상기시키는 것이다. 무엇보다도 주장하고자 하는 개념이 명확하게 전달되도록 신경을 써야 한다.

전문가 발표의 가장 중요한 점은 아이디어의 배열 순서를 청중의 흥미 중심으로 구성하는 것이다. 발표에서 흔히 보게 되는 배열 순서나 구조의 네 가지 유형은 시간, 공간, 과정, 연상 등이다. 시간은 그 다음에는, 그리고, 그 후에는 등의 서술형 구조이다. 공간은 왼쪽에서 오른쪽으로, 위에서 아래로, 앞에서 뒤로 등의 위치형 구조이다. 과정은 일련의 행동 연쇄, 시간 연쇄, 또는 나무 가지처럼 펼쳐지는 기능적 구조이고, 연상은 아이디어간의 유사성에 의해 고리로 이어진 사슬형 구조이다. 이 모두는 본질상 아이디어를 배열하는 예술적인 형식이다. 그러나 청중의 관심을 불러일으키는 면에서는 지적 또는 물질적 삶에 영향을 미치는 원인-결과 관계가 더 효과적이다. 예를 들면 연구 발표라면 세부 사항은 아마도 개념적으로 더 풍성한 이론의 타당성을 입증하는 것이고, 필요한 유형의 정보에 초점을 맞춘 것이라면 접근 방법의 탁월성과 경제성을 보이고자 하는 것이어야 한다. 구입이나 수정보완을 위해 발표가 계획된 경우라면 세부 사항은 효율성, 안정성, 보안성 또는 신뢰성에 집중되어야 한다. 이러한 핵심 메시지를 발표의 마지막 부분에 배치해서는 안 된다.

시각자료에 쓰여진 글을 추가설명 없이 그대로 읽어서는 안 된다. 청중에게 스크린에 투사된 글을 읽어주려고 해서는 안 된다. 그러나 연구 제목, 목적, 결론의 경우에는 예외적으로 그대로 읽어도 무방하다. 중요한 부분을 강조할 때에는 시각적 제시와 언어적 표현을 반복하여 사용하면 매우 효과적이다. 그러나 반복해야 할 내용을 주의 깊게 선정해야 한다. 발표자는 발표의 전체 과정을 통해 청중이 지루하지 않도록 진행 방법에 신경을 써야 한다. 스크린을 한번 보기만 하면 쉽게 이해할 수 있도록 시각자료를 준비함으로써 청중의 시선이 발표하는 사람의 목소리와 몸짓에 집중되도록 진행한다. 시각자료를 준비하기 전에 시각적 효과를 얻는 원리를 습득해 놓으면 더 좋은 발표 자료가 될 것이다.

8·6 내용 구성

발표 내용을 구성할 때에는 청중과 각 부분에 할애할 시간을 고려한다. 일반적으로 서론에 10%, 본론에 80%, 결론에 10%를 배정하는 것이 바람직하다고 알려져 있다. 그러나 청중의 이해 수준에 따라서 서론과 결론에 더 많은 비율을 부여할 수도 있다. 학술 회의에서는 전통적으로 서론, 본론, 결론의 3단계 구성을 따르지만, 연구 보고의 경우에는 서론, 방법, 결과 및 토의 등의 구성이 더 적합하다.

청중에게 연구 주제와 접근 방법을 알리기 위해서 발표자를 소개하게 된다. 발표를 시작하여 그 주제와 가설의 정당성이 제시되었으면, 바람직한 진행은 발표될 내용의 개요를 미리 알려주는 것이다. "오늘은 두 가지 주제에 대하여 논의할 예정인데…… 첫째는…… 둘째는……" 또는 "이러한 이론의 전개는 3단계에 걸쳐 이루어지는데, 일…… 이…… 삼……"과 같이 발표 내용을 간략하게 소개한다. 그 뒤에 순서에 따라 발표를 진행하면서 중요한 점을 특별히 강조하고, 결론에서 최종적으로 정리하면서 마무리를 짓는다. 따라서 청중에게 무엇을 전하며, 어떤 연구 목적을 설정하고, 결론을 어떻게 내릴 것인가를 사전에 결정해야 한다. 예행연습을 통해 바르게 발표하는지와 발표 순서를 바꿀 것은 없는지에 대한 조언도 구한다.

제목을 제시하는 시각자료에는 이야기할 대상에 초점을 맞춰야한다. 이 시각자료는 청중에게 발표자의 용모 다음으로 좋은 인상을 심어주는 데 중요하므로 그 내용이 분명하고 보기에도 좋아야 한다. 제목뿐만 아니라 발표자의 성명과 소속도 함께 소개되어야 한다. 어떤 발표자들은 사회자가 연구 제목과 동시에 발표자의 성명도 소개하기 때문에 시각자료에 발표자의 성명과 소속을 포함시키는 것이 중복이라고 지적하지만, 성명과 소속 같은 정보는 청중에게 반복해서 알려줄 가치가 있다. 시각적으로 발표자의 정보를 제공하는 것은 사회자의 소개를 놓친 사람들에게 다시 알려줄 수 있는 좋은 효과가 있기 때문이다.

연구목적 시각자료는 토의할 연구목적이나 발표 내용을 개략적으로 소개하기 위한 것이다. 상대적으로 긴 발표라 하더라도 연구목적이 세 가지를 초과하지 않도록 주의한다. 목적은 명확성을 잃지 않는 범위에서 가급적이면 간략한 문장으로 기술한다. 하나의 연구목적을 시각자료에서 읽은 후 잠깐 쉬고, 그 의미와 선택한 이유에 대해 설명하는 것이 좋다. 의식적으로 발표 속도를 늦추기 위해서 한 장의 시각자료에 하나의 연구목적만을 기재할 수도 있다. 연구목적은 발표의 핵심을 이루기 때문에 발표자는 그것에 초점을 맞추고 그것을 강조해야 한다.

결론 시각자료의 중요성은 아무리 강조해도 지나치지 않다. 비록 청중이 발표된 내용의 대부분을 잊어버렸다고 할지라도 역동적으로 결론을 제시하면 그들은 이야기의 요점을 잡을 수 있기 때문이다. 이 때 주의할 사항은 결론이 전체적으로 연구목적과 일체감을 이루어야 한다는 점이다. 목적은 연구할 최종 목표를 제시하고, 결론은 그 목표가 달성된 정도를 확인하는 것이다. 연구목적 시각자료에서와 같이 완전한 문장을 결론 시각자료에서도 기재할 수 있다. 열거한 결론을 하나씩 또박또박 발표하되, 개개의 결론을 내릴 때 그것과 관련된 발표 내용을 언급하면서 진행하는 것이 바람직하다. 무엇보다도 목소리를 생기 있고 열정적으로 유지하는 것이 중요하다. 듣기에 좋고 힘이 실려 있는 단어와 어조를 사용하고, 적절한 표정과 손짓과 몸짓을 이용하면서 여유를 가지고 진행한다.

제목, 연구목적, 결론에 대한 시각자료가 위와 같이 계획되었으면 그 다음에는 그것들 사이에 들어갈 시각자료를 구상한다. 제목에 걸맞도록 해야 할 일은 강조할 사항, 연구 주제와 가설, 연구의 당위성 및 아이디어의 제안 등을 명확하게 하는 것이다. 제목 시각자료 후에 한 두 장의 관련 사진을 먼저 보여줌으로써 시각적 효과를 이용하여 발표할 연구의 필요성을 청중이 공감하도록 유도할 수도 있다. 연구 주제와 가설을 제시하고, 발표하는 연구와 직접적으로 관련된 다른 연구자들의 문헌을 인용한다. 다른 사람들의 연구와 비교 또는 대조함으로써 연구의 당위성을 밝힌다. 연구목적을 제시하면서 이러한 서론 부분을 마무리 짓거나, 주제 다음에 연구목적을 놓고, 그 후에 당위성에 대해 발표하도록 내용을 구성할 수도 있다. 둘 중에 어떤 형식을 따를 것인지 대해서는 주제와 발표자의 취향에 따라 다르기 때문에 일정한 규칙이 없다.

앞에서 제시한 서론 부분이 명백하게 구성되면 나머지 시각자료는 일반적인 순서에 따라 준비하면 된다. 방법, 결과 및 토의 등의 구성 순서를 따르는 것이 보통이지만 주제에 따라서는 보다 효율적인 순서를 취할 수도 있다. 전통적인 순서에서 벗어나는 경우에는 발표의 진행상 내용의 도약이 있을 수 있으므로, 청중이 비록 질문을 하지 않았더라도 마음 속에 궁금한 것이 있다는 것을 염두에 두며, 순서에 관계없이 발표자가 목적하는 것으로부터 벗어나지 말아야 한다. 발표자의 의무는 주제와 관련된 질문에 답변하고 청중을 이야기의 핵심으로 인도하는 것이다. 청중의 관심이 연구의 결과에 있는 것이라면 방법을 설명하는 데 많은 시간을 소비해서는 안 된다. 실험을 위한 기본 계획, 수집된 자료, 사용된 통계 해석 등의 세 가지는 일반적인 경우에 제시된 연구목적이 과학적으로 설득력 있게 수행되었음을 보여주는 충분한 정보가 된다.

청중은 결과 및 토의를 처리하는 방법에 특별한 관심을 기울인다. 따라서 연구목적을 추구하는 과정에서 달성한 대표적이고도 선별된 자료를 제시한다. 연구로부터 추출된 특별한 의미나 암시에 대해서 토의한다. 발표하는 결과를 다른 사람의 연구 결과와 일치하는 것을 보임으로써 연구의 신뢰성을 증대시킨다. 특정한 문헌과 그 저자의 이름도 밝히는 것이 막연하게 인용하는 것보다 강한 설득력을 갖는다. 시각자료 전체를 글로 작성하거나, 모두 사진 또는 그래프로 구성하는 것보다는 글과 사진과 그래프를 섞어서 준비하는 것이 정보를 더 효율적으로 제공하며 청중에게도 즐거움을 줄 수 있다. 전체 발표를 통해서 강조할 쟁점을 고수해야 한다. 방법에서와 같이 결과 및 토의에서도 가설의 확증을 위해 자료에 어떠한 분석을 시도하든지 간에 그것이 연구목적에 부합해야 한다. 주요한 쟁점과 관련된 필요한 결과 및 토의를 명확하게 열거하였으면 결론에 들어갈 차비를 갖춘다.

일반적으로 구두 발표에는 질의 및 응답시간이 계획되어 있다. 질문을 받았을 경우에 청중을 위해 질문을 반복하는 것이 바람직하다. 그리고 질문한 사람과 청중이 모두 만족할 수 있는 간략한 답변을 제시하도록 한다. 그러나 반드시 그 자리에서 답변을 만들려고 해서는 안 된다. 만약 발표자가 대답할 수 없는 어려운 질문을 받았을 경우에는 그 세션이 끝난 후에 반드시 질문자와 토의한다. 그리고 항상 정직하고 요점만을 말하도록 한다.

발표 전체를 통해 이야기가 시각자료의 내용과 일치해야 한다. 이야기와 시각자료의 순서가 발표자에게 가장 편안하게 정해졌는지를 확인해 볼 필요가 있다. 처음부터 끝까지 발표가 매끄럽게 이루어지려면 시각자료가 바뀔 때마다 이야기를 부드럽게 전환시키는 요령을 갖추는 것이 필요하다.

8·7 보조 자료

발표자의 주장을 지원해주는 여러 가지 도구나 방안을 사용하면 청중이 발표자를 더욱 신뢰하게 된다. 항상 명심해야 할 것은 시각적 도구를 사용한다고 해서 발표 내용에 신뢰가 더해지는 것은 아니라는 점이다. 보조자료를 사용하는 목적은 내용을 명확하게 하고, 발표를 재미있고 기억에 남도록 만들며, 진실성을 증거하기 위함이다.

- 사진이나 그림 : 정보의 진실성을 나타낸다.
- 동영상 : 장치, 현상, 실험 및 시뮬레이션 결과 등을 설명하는 구체적인 자료로서 청중의 이해력을 증진시킨다. 움직이는 현상을 직접 제시함으로써 말이나 글로 표현하기에는 방대한 자료를 함축적으로 나타낼 때 매우 효과적이다.
- 기술적 통계자료 : 규모와 분포에 대해 설명하는 것으로서 과학적인 연구에 의한 결과라는 것을 강조해 주는 힘이 있다. 통계 분석에서는 정확한 출처, 완전한 통계 해석, 최신의 부합된 자료 등이 필수적이다.
- 전문가 : 전문가를 인용함으로써 그의 신뢰성을 빌릴 수도 있다.
- 예화 : 이야기 형태를 도입함으로써 발표 내용을 지원하는 것이다. 청중은 원치 않는 것을 들어야 할 수도 있으므로 항상 발표자의 강조점과 이야기 사이의 관계를 청중이 파악할 수 있도록 준비해야 한다. 예화에서는 서론, 본론, 결론이 명확하게 구별되어야 한다.
- 정의 : 사전적 정의와 어원적 정의가 있으므로 정의에 혼돈이 없도록 확실히 한다.
- 유머 : 신뢰성을 확보하기 위해서 유머를 사용할 수 있으나, 적절한 상황에서 유머를 사용해야 효과가 나타난다. 유머를 사용해서는 안 될 경우도 있으므로 사용에 특히 조심한다.
- 논리, 증거, 통계, 사건 : 이러한 것이 없으면 발표의 설득력이 떨어진다.

8·8 전환 요령

발표자가 진행 속도를 원활하게 조절하고 이야기의 전환이 부드러우면 훌륭한 발표를 이룰 수 있다. 전환을 통해 발표 속도를 늦출 수도 있고 청중으로 하여금 생각할 여유를 갖게 할 수도 있다. 전환의 효과는 청중을 이야기 속으로 또는 밖으로 유도하거나, 이 내용에서 저 내용으로 바꾸거나, 한 시각자료에서 다음 시각자료로 관심을 돌릴 때 부드러운 연결을 제공한다.

사람들이 놓치기 쉬운 첫 번째 전환은 발표를 시작할 때이다. 발표자를 소개하는 사회자가 없는 경우에는 청중으로 하여금 발표자의 이야기에 관심을 기울이도록 유도해야 한다. 일부 청중은 주제와 관련이 없는 이야기를 하고, 어떤 이들은 그들의 일정과 발표에 대해 생각하며, 다른 이들은 날씨나 다른 관심사에 대해 대화를 나눌 수도 있다. 이 경우에 할 수 있는 전환 요령은 출입문을 닫거나, 청중 앞에 나타나거나, 청중에게 더 가까이 다가서거나, 실내 조명을 바꾼다거나, "제게 주목해 주세요." 등을 통해 그들의 주의를 환기시키는 것이다.

세계적으로 통용되는 전통적인 전환 기법 중 효과적인 방법은 잠시 침묵을 갖는 것이다. 언급을 마친 후, 문을 닫거나, 청중 쪽으로 움직이면서 침묵이 흐르게 되면 청중은 "지금 어떻게 진행되고 있지?" 또는 "연사는 무엇을 기다릴까?" 같은 질문을 스스로 던지면서 그들의 생각을 정리하게 된다. 침묵의 핵심은 주의를 집중시킬 수 있도록 충분히 길어야 되지만 너무 길면 연결이 부자연스럽게 느껴져 곤란하다.

발표를 마칠 때에 갖추어야 할 예의도 역시 중요하다. 전환이 없으면 발표자가 준비한 마지막 단어를 말한 후나, 질문을 받을 준비를 하고 있을 때나, 청중 앞을 떠나기 직전에 어색한 순간이 발생할 수 있다. 사회자의 역할은 어색한 순간이 발생하지 않도록 진행을 부드럽게 연결시켜 주는 것이다. 사회자가 청중에게 질문이나 의견을 요구하거나, 조명 강도를 조절하거나, 청중을 해산시킬 때 발표자는 우선 마음을 진정시키고, 마지막 시각자료가 보이지 않도록 전원을 끄고, 질문에 대답할 준비를 해야 한다. 만일 사회자가 없다면 발표자가 사회자가 담당해야 할 몫까지 동시에 수행해야 한다. 이 마지막 순간에 주어진 시간이 얼마나 남아있는지에 대해 신경을 쓰며, 전문가적인 자세를 계속 유지한 채, 그 다음에 나올 것이 무엇인지를 청중에게 알려야 한다. 이 때 넥타이를 느슨하게 푼다던가, 소매를 걷어 올린다던가, 손을 주머니에 넣는 것은 피해야 할 행동이다. 질문 시간이 계속될 때에는 옷깃이나 타이에 부착된 마이크를 떼어서는 안 된다. 최종 시각자료를 보여서는 안 되고 청중을 위해서 조명을 밝혀야 한다. 질문을 받을 때에 바람직한 태도는 청중 쪽으로 다가가서 답하는 것이다. 이것은 청중을 발표자에게로 초대하는 것을 의미하는 적극적인 몸짓이다.

8·9 발표 상황[3]

전문가다운 발표에 관한 전략들은 자료, 주제 그리고 접근법의 관점에서 청중의 흥미와 필요를 충족시키기 위한 지침이 된다. 8 · 6절에서 논의한 내용 구성은 대부분의 경우에 긴요하게 사용되는 전략이지만, 발표하게 될 어떤 특정한 상황과 관련하여 고려해야 할 몇 가지 전략적인 과제들이 남아 있다. 어느 경우에나 그 상황의 근본적인 목적을 분명히 해야 한다. 전문 분야의 발표에서 성취하고자 하는 목적은 다양하기 때문에 몇몇 사항들을 고려함으로써 모든 것을 망라할 수는 없다. 다만 몇몇 상황에 대해 전형적인 목적을 고찰함으로써 발표의 정밀한 부분까지 조율하는 데 도움을 주고자 한다.

(1) 학술대회에서의 발표

학술대회는 전문가들이 같은 분야에서 종사하는 사람들과 상세한 논의를 할 수 있는 기회를 제공한다. 학회에서는 짧은 시간에 청중에게 도움이 되는 내용을 전달해야 하기 때문에 명확하고 간결하게 발표한다. 어떤 연구가, 누구에 의해, 언제, 어디서, 왜, 어떻게 수행되어, 어떤 유용한 결과를 얻었으며, 그 파급효과는 어떠한지를 간결하게 기술한다. 발표할 때 좋은 조언이 나오거나 토론이 되었으면 하는 문제에 초점을 맞춘다. 그렇게하여 참석자들이 함께 토론하면서 보다 좋은 해결책을 찾을 수 있도록 발표 분위기를 조성한다.

(2) 연회석상에서의 연설

연회에서의 연설은 그 단체를 격려하고 칭찬하는 데 목적이 있다. 파티석상에서의 연설은 어떤 조직이나 단체의 일원이 되었음을 함께 축하하는 의식 중에서 핵심 부분을 차지한다. 연회 그 자체가 모든 참석자가 하나 되었음을 확인하고 즐기는 의식이므로 만찬 전후의 연설은 모인 청중에게 지적인 윤택함을 제공한다. 연설 중에 재치 있는 유머는 구성원들이 공유하는 경험을 부각시킴으로써 연회 분위기를 고무시키는 효과를 낼 수가 있다. 그러나 공식석상의 유머는 신중히 선택하지 않으면 때에 따라서는 전체 분위기를 침체시킬 수 있으므로 각별히 유의해야 한다.

연회에서의 연설은 그 단체나 구성원들의 업적, 행사, 일화 등을 주요 소재로 한다. 그 내용에 앞으로의 계획과 전망을 추가하여 회원들의 지속적인 참여를 독려할 수 있다. 특별히 학술대회 기간 중에 열리는 연회에서는 차기 학술대회를 소개하는 순서가 있기 마련이다. 이러한 순서를 맡을 대표는 정성껏 준비된 시각자료를 통해 참석자들에게 다음 학술회의가 열리게 될 도시, 회의장, 일정, 기후, 풍물 등을 알림으로써 참석하고 싶어 하는 기대감을 주도록 한다.

(3) 취임 연설

정부나 사회 또는 학술 단체에서는 새로 부임한 단체장마다 취임 연설을 하는 것이 보통이다. 취임 연설은 한 개인이 어떤 단체를 맡았음을 축하하는 공식적인 의례이다. 따라서 취임자의 새로운 각오와 책임뿐만 아니라 그 단체를 통한 비전을 제시하는 것이 연설의 주요 내용이 된다. 단체가 수행하는 기능의 중요성을 강조하여 청중에게 자긍심을 고취시키고, 과거의 뛰어난 업적을 상기시키는 동시에 현재의 상태를 정확하게 인식시키며, 그 기관의 지적 수준에 맞도록 발전적인 미래를 위한 구체적인 정책을 제시하는 연설은 단체장을 맞이하는 구성원들에게 신선한 충격을 줄 수 있다.

(4) 방문객 맞기

전문가들이 빈번히 담당하는 업무 중의 하나는 연구소나 실험실 방문객들에게 현재 수행하고 있는 연구를 소개하는 일이다. 이러한 소개는 특별한 형식을 따르지 않고 이루어지기 때문에 언뜻 보기에는 쉬운 것 같지만 사실은 그렇지가 않다. 방문객을 대할 때에는 그들에게 모든 것을 다 보여 주려고 시도하지 않는다. 방문객을 맞이하도록 요청을 받으면 먼저 그들이 누구며 그들의 주요 관심사가 무엇인지를 확인한다.

방문객들을 여러 장소로 안내할 경우에는 출발 전에 브리핑 시간을 갖는다. 방문장소가 시끄럽고, 덥거나 또는 다른 불편한 점이 있다면, 조용하고 편안한 곳에서 브리핑을 한다. 어디서 이동을 멈추고 어디서 설명할 것인지를 미리 정해둔다. 흥미를 끌 만한 곳이 있으면 거기에 도달하기 전에 미리 이야기해 준다. 이동 중에는 설명을 삼가고 다만 방문자의 질문에 답한다. 통역이 필요한 경우에는 통역에 소요되는 추가 시간을 고려한다. 일반적으로 통역이 동반되면 두 배의 시간이 요구된다. 통역이 있으면 통역을 향해 말하며, 통역하는 동안에는 방문객을 바라본다.

(5) 산업체 시찰

산업체 시찰은 회사에 대해 신선한 이미지를 갖도록 간단하게 계획한다. 산업체 시찰은 자사의 탁월성을 보여주거나 전반적인 홍보를 증진시키려는 목적에서 이루어진다. 유능한 젊은 인력을 확보하기 위해서도 이용되며, 고가의 소형 물건을 만드는 회사에서는 자사 제품을 직접 판매를 할 수 있는 방편으로 삼기도 한다. 짧은 시간에 과다한 정보를 제공하면 일반적으로 비전문가인 방문객들에게 부담을 주게 되어 홍보에 역효과를 얻을 수도 있다. 시찰을 위한 홍보용 발표는 간단하게 하는 것이 요령이다. 회사의 대표적인 제품을 주제로 하여 한 가지 핵심 아이디어를 강조하면서 발표를 진행시킨다. 공장이나 생산 공정 중에서 특별히 관심을 갖고 관찰해야 할 대상을 선정하여, 집합 장소에서 안내 발표를 하는 동안에 그 우수성을 강조하면서 설명하고, 발표 도중에 주의를 집중할 수 있도록 시각자료를 준비한다. 발표자는 전문가로 구성된 방문객들에게는 실제로 도움이 되는 지식을 제공하고, 일반 방문객들에게는 기본적인 안내의 구실을 한다. 관심을 기울이는 방문객이라면 적어도 한 가지 핵심 아이디어를 갖고 그 시찰업체를 떠날 수 있도록 발표를 준비한다.

(6) 산업체 방문 발표

산업체 방문 발표는 그 산업체의 핵심 기술과 관련된 전문가가 그 산업체의 고객들이 요구하는 혁신적인 아이디어나 기법을 소개함으로써 연구비의 지원을 받기 위한 것이다. 이러한 방문 발표에서는 전문가가 그 기업의 제품의 개발 및 향상에 필요한 충분한 지식과 경험과 정보를 갖고 있다는 것을 확신시켜야 한다. 이를 위해 새로운 체계, 장치, 절차, 방법, 해석 등 이전의 것과는 차별되는 요인들을 중점적으로 다루면서 기대되는 효과가 크다는 점을 강조해야 한다. 미리 준비한 인쇄물이나 파일에 주요 요인들을 이해하기 쉽게 열거하여 이전의 체계, 장치, 절차에 비해 차이점이 명백하게 드러나도록 준비한다. 활자체, 색상 등 시각 효과에도 주의를 기울여 강조하려고 부분이 두드러지도록 한다.

(7) 산학협동 연구제안서 발표

산업체의 방문 발표에서 연구지원을 요청하는 요령은 산학협동 연구제안서 발표에도 똑같이 적용된다. 그러나 특별히 인식해야 할 사항은 연구비 지원 결정에 참여하는 평가자가 비록 그 분야에서 저명한 전문가일지라도 그들이 심사하는 모든 부분에 대해 상세한 사항들을 다 알 수는 없다. 전문가들조차도 내용의 중요성을 파악하기 위한 개요를 필요로 한다. 일반적으로 평가자는 제출된 서류를 근거로 하여 대강의 점수를 산정하고, 구두 발표를 통해 점수를 확정하여 기입한다. 따라서 무엇보다도 제안서를 충실하게 작성하는 것이 좋은 평가를 받는 데 중요하며, 훌륭한 구두 발표는 추가의 점수를 받는 데 도움이 된다. 경우에 따라서 구두 발표가 단지 형식적인 절차에 그칠 수도 있지만, 구두 발표를 위해 연구의 핵심에 초점을 맞추어 성심껏 준비하는 것이 바람직하다.

(8) 수업 강의

강의의 목적은 수강생들의 학습을 용이하게 해 주는 것이다. 고등교육은 자료, 교육, 그리고 평가로 이루어진다. 자료는 인쇄물, 책, 논문 등에 의해 구체화된다. 교육은 이러한 자료의 전달이 일차적인 목적이 아니라, 수강생들에게 제시된 자료에 대한 흥미와 동기를 유발시키고, 다루는 분야를 전체적으로 보게 하면서 동시에 부분적으로 어려운 개념을 이해시키며, 학습을 통해 주제와 관련된 문제를 해결하는 능력을 배양하는 것이다. 수강생이 많은 대규모 강의일지라도 진행해 나아가면서 학생들의 이해정도에 대한 피드백을 얻는 것이 무엇보다도 중요하다.

(9) 과제 보고

학부나 대학원 강의에서 종종 수강생들에게 과제를 내어주면서 보고서 작성과 동시에 구두로 발표하는 것을 요구한다. 이러한 구두 발표의 훈련은 청중 앞에서 익숙지 않은 학생들에게 발표에 대한 두려움을 극복하고 발표 능력을 배양시키는 데 큰 도움을 준다. 과제 보고서가 단순히 평가를 받는 것이 목적이라면 의무적으로 평가를 받는 학생이나 평가를 맡는 교수에게 그리 탐탁한 일이 아닐 것이다. 그러나 과제물이 서로에게 도움이 되는 방향으로 진행되어, 연구 결과를 함께 논문에 투고하거나, 산업체 과제 수행의 일부가 되는 등 그 결과물이 가치가 있을 때 양편이 과제 보고서 작성에 상당한 노력을 기울이게 될 것이다. 보고서를 요약하는 시각자료의 주요 내용에는 중요한 발견 사항, 그것의 이론적 또는 실험적 중요성, 그리고 결과의 활용도 또는 공헌도가 포함되어야 한다.

(10) 부서별 모임

회사, 연구소, 학교, 정부기관 등에서 갖는 전문분야의 발표로 조직 내의 여러 부서에 속한 사람들이 모여 서로의 정보를 교환하는 형태이다. 주어진 업무나 과제를 처리하는 과정에서 부서별 진행 상황을 점검하고, 계획하며, 독려하는 목적에서 보통 정기적으로 이루어진다. 참석자들은 대개 오래된 사이이기 때문에 규칙적으로 만나는 그 회의의 목적도 명확한 것처럼 여겨질 수 있다. 그러나 이 모임도 사전에 준비되지 않으면 진행에 과다한 시간이 소요되어 그 소득이 빈약해지기 쉽다. 따라서 부서별 모임을 효율적으로 진행하기 위해서는 새로운 사항을 미리 요약하여 참석자 모두가 전체적인 업무의 진척을 파악할 수 있도록 준비하는 것이 중요하다.

새로운 과제나 업무에 관한 세부사항으로 들어가기에 앞서 현재 어디까지 진척되었는가를 요약한다. 현 과제를 이전 모임의 결과와 연결시켜서 예상되는 새로운 공통사항의 윤곽을 확립한다. 구성원의 교체 또는 불참이 발생하는 경우에도 목적과 계획을 명확하게 진술하고 목표에 초점을 맞춘 도입부를 전개하면 진행상 어려움을 피할 수 있다. 부서별 모임은 짧은 시간 동안에 부서간의 주파수를 조율하고 서로의 관심을 고조시킬 수 있는 좋은 기회를 제공해준다.

참고문헌

1. M.Davis, *Scientific Papers and Presentations*, Academic Press, SanDiego, 1997, pp.157~200.
2. http://www.ukans.edu/cwis/units/coms2/vpa.
Virtual Presentation Assistant, Department of Communication, University of Kansas.
3. 한기선 역(S. Goodlad 원저), *전문인답게 말하기*, 시그마프레스, 서울, 2001, pp.77~91.

9장 발표자료 준비 및 연습

발표를 성공적으로 이끌기 위해서는 주어진 자원을 효율적으로 활용해야 한다. 자원 중에 가장 중요한 것은 바로 발표자 자신이다. 전문가는 자신의 시간과 연구능력을 잘 관리하는 것이 중요하다. 시각자료를 준비하기 위해 합리적인 일정표를 미리 작성해 둔다. 발표내용에 따라 시각자료를 준비하는 일정에 차이가 나기 마련이다. 학위논문이나 과제 보고의 경우와 같이 하나의 주제에 대해 발표해야 할 자료가 이미 풍부하게 확보된 상황에서는 주어진 방대한 자료에서 무엇을 선별하고, 그것을 어떠한 순서로 배열하며, 어디에 강조를 둘 것인가를 구상하고, 시각자료를 작성하는 데 대부분의 시간이 소요될 것이다. 초청강연과 같이 다양한 연구 자료 중에서 중심 주제와 관련된 내용을 선별하고, 그것을 논리적으로 구성하며, 이해하기 쉽게 제시하는 경우에는 자료의 수집, 획득, 편집, 정리 등에 상당한 시간이 요구된다. 8장에서 논의한 대로 시각자료를 충분히 준비할 수 있도록 사전에 면밀한 시간계획을 세운 후, 각 단계별로 목표를 정해서 하나씩 점검하면서 진행하면 효율적인 일정관리가 이루어질 수 있다.

9·1 자료 획득[1]

발표자의 연구 능력은 자료의 획득 능력에 달려있다고 해도 과언이 아니다. 따라서 관련 자료를 얻을 수 있는 출처와 방법, 그리고 습득된 자료를 효율적이고 안전하게 처리할 수 있는 방안에 대해 아는 것은 매우 중요하다. 어떤 자료는 다시 얻을 수 없는 것도 있고, 어떤 것은 다시 얻을 수는 있지만 그 과정이 어렵고 시간이 많이 걸리는 것도 있다. 연구를 시작할 때부터 자료와 참고문헌을 조직적으로 관리하는 원칙이 필요하다.

다음은 자료의 입수, 저장, 처리에 관한 여러 가지 방법을 제시한다.

필기구와 메모지

필기구와 메모지는 가장 기본적인 자원이며 항상 준비되어 있어야 한다. 시각자료 준비에 도움이 되는 정보의 출처를 발견하거나, 어떤 아이디어나 구상이 떠오를 때마다 간단히 메모해 둔다. 특히 붙이는 메모 용지는 학술지나 서적의 필요한 부분을 표시해 두고 메모해 두는 데 매우 유용하게 쓰인다.

아이디어 노트

시각자료를 준비하면서 문득 문득 떠오르는 기발한 발상들을 적어놓을 아이디어 노트를 준비한다. 참고가 될 만한 논문을 발견하면 노트에 그 요지를 적을 수 있고, 학술대회나 카탈로그에서 얻은 정보를 기록해 놓을 수도 있다. 기술자들과 과학자들은 항상 생각을 많이 하게 되므로 영감이 떠오를 때는 아이디어를 기록할 노트를 언제나 지니고 다니는 것이 바람직하다. 이것은 화가가 늘 스케치북을 옆에 끼고 다니면서 좋은 풍경을 마주치게 되면 그 펼쳐지는 광경을 즉시로 화폭에 담는 것과 같은 원리이다. 그래서 아이디어 노트와 필기구를 침대 머리맡에까지 놓아두라는 충고도 있을 정도다. 떠오르는 아이디어를 즉시 적어놓지 않으면 그 기발한 생각은 곧장 잊히거나, 그것이 꿈이나 여러 가지 다른 생각과 함께 엉켜져서 결국에는 다시 회생될 수 없기 때문이다. 아이디어 노트로 제본된 것을 사용하면 일부분이 떨어져 나갈 염려가 없어서 좋다. 그 노트는 필요할 경우마다 쉽게 찾을 수 있도록 안전하게 보관해 놓아야 한다.

필기는 추후에 아이디어를 쉽게 알아보도록 해야 한다. 다양한 색상의 필기구를 사용하여 내용을 분류하면서 기록할 수도 있다. 각자가 가장 편리하게 기록을 남길 수 있는 방법이라면 어느 것이든지 괜찮다. 어떤 식으로 기록하든지 자신의 표현을 사용하고 너무 세세한 것까지 적으려고 시도하지 않는다. 타인의 아이디어를 문자 그대로 옮기게 되면 나중에 표절 시비의 위험에 빠질 수 있으므로 각별히 주의해야 한다. 나중에 보다 자세한 정보의 획득을 위해서 그 자료의 출처를 정확하게 기록해 두는 것도 중요하다.

도서관

제공하는 기본 서비스는 도서관마다 거의 비슷하다. 도서관이 소속된 기관에서 발표되는 논문이나 책자를 보관하고, 강의와 관련된 교재와 부교재 및 참고문헌을 비치하며, 정기간행물을 구독하여 제공해주고, 소장하고 있지 않은 필요한 논문을 주문해 주며, 데이터베이스를 탐색하는 일을 도와주고, 다른 도서관에 있는 정보를 찾아 준다. 도서관은 백과사전, 전공사전, 도감, 지도 등과 같은 일반적인 정보뿐만 아니라 인용약어, 국제표준약어, 용어해설집 등과 같은 전문화된 정보를 찾을 수 있는 곳이기도 하다.

무엇보다도 도서관에서 접하는 가장 유용한 자원은 사서라고 할 수 있다. 사서들은 도서관의 구조, 소장도서 및 정보, 운영시스템에 대해 잘 알고 있기 때문에 이용자가 필요로 하는 정보를 직접 찾아 주거나, 이용자가 스스로 정보를 찾을 수 있는 방법을 가르쳐준다. 구체적인 정보를 찾으리라는 기대를 갖거나, 그 정보를 얻었으면 좋겠다는 생각이 드는 경우에는 즉시 사서에게 문의하는 것이 시간 절약에 도움이 된다. 이용자의 문의 사항이 명확할수록 사서를 통해 더 쉽게 원하는 정보를 얻을 수 있다.

인터넷의 보급으로 인해 도서관의 기능을 지원하거나 담당하는 웹사이트가 많이 제작되었다. 해외 및 국내 주요 도서관과 자료실의 웹사이트는 표 9·1과 표 9·2와 같다.

표 9·1 해외 주요 도서관과 자료실의 웹사이트

해외 주요 도서관과 자료실	웹사이트
American Library Association (미국도서관협회)	http://www.ala.org/
Berkeley Digital Library SunSITE	http://sunsite.berkeley.edu/Libweb/
Bibliotheque nationale de France(프랑스도서관)	http://www.bnf.fr/
British Library(영국도서관)	http://portico.bl.uk/
Federal Statistical Office of Germany(독일통계청)	http://www.destatis.de/
Harvard University Library Resources	http://lib.harvard.edu/
IEEE Technical Societies/Councils	http://www.ieee.org/society.html/
National Diet Library(일본국립국회도서관)	http://www.ndl.go.jp/
National University of Singapore Library	http://www.lib.nus.edu.sg/digital/index.html
National Library of Australia	http://www.nla.gov.au/
National Library of China(중국국가도서관)	http://www.nlc.go.cn/
National Library of Malaysia	http://pnm.my/
National Library of Sweden	http://www.kb.se/eng/kbstart.htm
National Library of the Netherlands	http://www.kb.nl/index-en.html
Library of Congress (미국의회 도서관)	http://www.loc.gov/
Royal Danish Library (덴마크왕립도서관)	http://www.kb.dk/index-en.htm
State Libraries (미국 주립도서관)	http://www.dpi.state.wi.us/dpi/dlcl/pld/statelib.html
UCLA Library	http://www.library.ucla.edu/
University of Michigan Library	http://www.lib.umich.edu/
WWW Consortium (가상도서관)	http://www.w3.org/
Yale University Library	http://www.library.yale.edu/

표 9·2 국내 주요 도서관과 자료실의 웹사이트

국내 주요 도서관과 자료실	웹사이트
광주과학기술원 도서관	http://library.kjist.ac.kr/
국가전자도서관	http://www.dlibrary.go.kr/
국립중앙도서관	htp://www.dlibrary.go.kr/NCL/index.html
국립환경연구원 환경 웹 디렉토리	http://nier.go.kr/
국토연구원 전자도서관	http://sun.krihs.re.kr:8888/
국회도서관	http://www.nanet.go.kr/dl/
대외경제정책연구원 자료실	http://www.kiep.go.kr/main.nsf/main.htm
법원도서관	http://www.scourt.go.kr/kg/html/kg100__c.html
산업연구원(KIET) 자료검색시스템	http://211.250.128.195:9000/
삼성의학정보센터	http://www.smc.samsung.co.kr/library/
생명공학연구원 도서관	http://www.kribb.re.kr/
서울대 도서관	http://library.snu.ac.kr/
엘지 상남도서관	http://www.lg.or.kr/
전자도서관	http://www.lo.or.kr/digilib/
정보통신정책연구원	http://www.kisdi.re.kr/
통계정보시스템(통계청)	http://kosis.nso.go.kr/
특허청 정보검색	http://www.kipo.go.kr/
한국개발연구원(KDI) 도서관	http://www.kdi.re.kr/
한국과학기술원(KAIST) 과학도서관	http://library.kaist.ac.kr/
한국과학기술연구원(KIST) 전자도서관	http://www.kist.re.kr/
한국과학기술정보연구원(KISTI)	http://www.kisti.re.kr/kisti/index.jsp
한국과학재단(KOSEF)	http://www.kosef.re.kr/
한국교육개발원(KEDI) 자료실	http://www.kedi.re.kr/
한국국방연구원 (KIDA) 군사자료정보	http://www.kida.re.kr/new/loginsub.asp
한국기계연구원(KIMM) 도서관	http://library.kimm.re.kr/library.html
한국기초과학지원연구원(KBSI) 전자도서관	http://www.kbsi.re.kr/
한국보건사회연구원 도서관	http://ww.kihasa.re.kr/index.jsp
한국생명공학연구원 디지털 도서관	http://biowin.kribb.re.kr/
한국전기연구원(KERI) 자료서비스	http://www.keri.re.kr/index.jsp
한국전력연구원(KEPRI) 자료실	http://www.kepri.re.kr/index.htm
한국전자통신연구원(ETRI) 전자도서관	http://library.etri.re.kr/
한국정신문화연구원 장서각	http://www.aks.ac.kr/
한국한의학연구원 전자도서관	http://210.218.196.24/~kiom/elib/
한국항공우주연구원(KARI) 문헌정보시스템	http://www.kari.re.kr/lib/index.html
한국해양연구원 문헌정보서비스	http://library.kordi.re.kr/
한국형사정책연구원 문헌정보검색	http://www.kic.re.kr/
한국화학연구원 정보검색	http://www.krict.re.kr/

문헌조사

문헌조사는 현재 수행 중인 연구 과제가 해당 전문 분야에서 어떠한 위치를 차지하고 있는가를 파악하는 데 매우 중요하다. 문헌조사를 소홀히 하게 되면 다른 연구자에 의해 이미 발표된 내용을 뒤늦게 반복해서 연구하는 꼴이 되어 발표할 때에 낭패를 당하기가 쉽다. 따라서 과제와 관계가 있다고 생각되는 최신 발표문헌을 살펴보아야 하는데 이것이 문헌조사이다. 국내외 도서관, 연구정보센터, 전자학술지 등을 대상으로 정보검색도구를 이용하여 과제의 핵심단어를 갖고 문헌 데이터베이스를 탐색하거나 웹사이트를 훑어본다. 그 핵심단어가 포함된 참고문헌이 너무 많이 제시된다면 최신의 것으로 연구과제와 가장 가까운 것만을 선별한다. 일반적으로 참고문헌은 그 연구와 깊이 관련된 다른 참고문헌들을 인용하고 있기 때문에 좋은 참고문헌은 자동적으로 이전의 유용한 정보를 찾을 수 있는 발판을 마련해준다. 핵심단어로 많은 정보를 찾을 수 없는 경우에는 흔히 사용되는 약어나 그것의 유사 용어로도 탐색해야 한다.

참고문헌을 개인용 컴퓨터로 다운로드 받는다면 직접 전송되는 초록뿐만 아니라 그 참고문헌 전체도 습득해서 읽어야 한다. 초록은 그 논문의 요지만을 제공하기 때문에 실제로 필요한 구체적인 정보는 일반적으로 참고문헌의 본문 중에 있게 마련이다. 참고문헌은 서적과 정기학술지, 학술 논문, 타인의 학위 논문, 기술보고서, 기관의 정기간행물, 학술대회의 발표 초록, 신문기사 등을 비롯한 인쇄물의 형태로 얻어진다. 유용한 참고문헌을 얻게 되면 저자, 논문제목, 책명 또는 학술지명, 발행년도, 권호수, 페이지, 발행기관 또는 출판사, 출판도시, 학술대회 기간 및 장소 등 그 출처를 명확하게 기록해 놓아야 한다. 간혹 방송, 강연, 대담 또는 미공개 논문에서도 좋은 정보를 접할 수는 있지만 그 출처를 확실하게 표기하기가 곤란하여 인용에서 제외되는 경우가 많다.

특정 과학 및 공학 분야에 관한 최신 참고문헌을 조사하는 데 도움이 되는 과학재단 산하 연구정보센터는 표 9·3과 같다.

표 9·3 연구정보센터의 웹사이트

연구정보센터	웹사이트
건설 연구정보센터	http://cric.snu.ac.kr/
기계공학 연구정보센터	http://metric.pusan.ac.kr/
농생명과학 연구정보센터	http://aginfo.snu.ac.kr/
물리학 연구정보센터	http://icpr.snu.ac.kr/
보건 연구정보센터	http://www.richis.org/
산업공학 연구정보센터	http://cimerr.postech.ac.kr/
생물학 연구정보센터	http://bric.postech.ac.kr/
섬유의류 연구정보센터	http://www.ricta.or.kr/
수리과학 연구정보센터	http://mathnet.kaist.ac.kr/
의약품 연구정보센터	http://dric.sookmyung.ac.kr/2003/
의학 연구정보센터	http://www.medric.or.kr/scientificPDS/index.html
자동화기술 연구정보센터	http://icat.snu.ac.kr/
재료 연구정보센터	http://www.icm.re.kr/
컴퓨터 연구정보센터	http://www.cseric.org/
토목공학 연구정보센터	http://www.ceric.net/
항공우주 연구정보센터	http://aric.inha.ac.kr/
해양수산 연구정보센터	http://kosfic.yosu.ac.kr/
화학공학 연구정보센터	http://www.cheric.org/
화학 연구정보센터	http://168.188.64.20/
환경공학 연구정보센터	http://www.dicer.org/
환경지질 연구정보센터	http://ysgeo.yonsei.ac.kr/

판권

판권은 저자로부터 승낙을 받은 후에만 저자의 저작물을 재생산할 수 있다는 권리를 뜻한다. 판권은 저자의 지적 소유권을 보호하는 것으로 책, 정기간행물, 사진, 동영상, 캐릭터, 자료집, 컴퓨터 프로그램 등의 어느 형태에나 그 영향력이 있다. 판권에 저촉되지 않는 경우는 공정거래규정에 따라 개인적인 학습, 연구 그리고 비평을 위한 목적으로 다른 사람의 저작물의 일부를 재생산할 때이다. 개인적인 연구를 위해서 아래의 지침에 의거하여 타인의 저작물의 일부를 복사하여 사용하는 것은 가능하다.

(1) 인용

일반 출판물에서는 400단어가 넘지 않는 글의 한 부분이 인용 가능한 분량이다. 그러나 EU 공식 정기간행물과 같이 특정한 인쇄물에 대해서는 인용가능 제한이 없는 경우도 있다. 일반 출판물의 경우 같은 저작물 내에서 몇 개의 구절을 인용할 때에는 각각의 부분이 300단어가 넘으면 안 된다. 시의 경우에는 40행까지 인용할 수 있다. 그러나 한편이 40행이 채 안 되는 짧은 시를 인용할 경우에도 저자가 원하면 사용료를 지불해야 한다.

(2) 정기간행물

각 호에서 한 편의 논문만을 복사할 수 있다.

(3) 서적과 비정기간행물

한 권의 서적에서 한 장 전체 또는 그 책의 5% 중에서 더 많은 쪽을 한 부에 한해 복사할 수 있다.

(4) 문학작품

단편 소설, 수필, 시 등이 길이가 10장을 넘지 않으면 전체를 복사해도 되나 이 경우에도 서적 전체의 5%를 초과하면 안 된다.

(5) 삽화

개인적인 연구나 학습을 위해서 삽화나 사진 한 부를 복사할 수 있다.

(6) 지도

다섯 부까지 복사할 수 있으나 그 크기는 A4 용지의 크기를 넘을 수 없다.

정보의 저장

컴퓨터에서 글을 작성할 때에는 컴퓨터와 그 응용프로그램은 완전하지 않다는 것을 명심해야 한다. 키보드에서 손을 잠시 뗄 때마다 작업한 글을 저장하는 습관을 갖는 것이 좋다. 적어도 한 문단이나 한 장정도 분량의 글을 타이핑하면 무의식적으로 저장토록 한다. 반나절동안 타이핑과 씨름하여 작성한 글이 컴퓨터에 저장되지 않은 채로 순식간에 사라질 때 겪는 당혹함은 당해 본 사람들이라야 이해할 수 있을 것이다.

하드디스크를 절대적으로 안전한 저장 장소로 여겨서는 안 된다. 적어도 일주일에 한두 번씩은 하드디스크의 내용을 플로피디스크나 다른 저장 매체로 복사해두는 것이 바람직하다. 컴퓨터를 도난당하여 그 속에 내장된 정보를 모두 잃어버릴 수도 있다. 특정회사 제품의 하드디스크의 결함으로 인해 두어 달 분의 작업 내용을 한순간에 잃어버려 보름이 넘도록 여러 대학원생들이 고생하는 경우도 실험실 내에서 발생한다. 적어도 두 개 이상의 백업 파일을 마련해 두는 것이 안전하다. 백업 파일을 안전하게 보관하여 분실이나 도난의 위험을 사전에 대비하는 것도 현명한 일이다. 손상된 디스크를 복원할 수 있는 프로그램들을 통해 하드디스크의 내용을 재생시킬 수 있는 다행스런 경우도 있지만, 기록 장치의 기계적인 결함으로 인해 하드디스크 자체가 손상되는 경우에는 재생이 어렵다.

9·2 자료 제공 웹사이트

월드와이드웹(world wide web) 혹은 약어로 웹(web)이라 불리는 것은 인터넷을 대표하는 자료검색 서비스이다. 웹을 통해서 자료를 얻기 위해서는 그 정보가 실려 있는 웹 주소 또는 웹사이트를 알아야만 그곳으로 직접 들어갈 수 있다. 그러나 현실적으로 찾고자 하는 주제를 다루는 웹사이트를 모두 아는 것은 불가능하다. 하지만 웹사이트를 찾아주는 검색도구를 사용하면 짧은 시간 안에 원하는 웹사이트를 얻을 수 있다.

검색엔진이라고도 불리는 이러한 검색도구에 찾고자 하는 주제어를 입력하면 그 단어가 포함된 대부분의 웹사이트를 찾아낼 수 있다. 검색도구는 크게 국내용과 국제용으로 나눌 수가 있다. 국내용 검색도구는 국문 혹은 영어 주제어를 입력하여 검색하며 국내에 있는 웹사이트를 검색하는 데 적합하다. 국제용 검색도구는 영문 주제어를 입력하여야 하고 세계 곳곳에 산재한 웹사이트를 찾기에 적합하다. 각 나라마다 사용되는 검색도구가 있으나, 그것을 사용하려면 해당 언어를 사용해야만 하며 동시에 컴퓨터가 그 언어를 지원할 수 있어야 한다.

대표적인 국내용과 국제용 검색도구와 정보검색에 많이 사용되는 웹사이트는 표 9·4~9·13과 같은 것들이 있다.

표 9·4 국내용 검색도구

검색도구명	웹사이트
구글	http://www.google.com/intl/ko/
네이버	http://www.naver.com/
다음	http://www.daum.net/
드림위즈	http://www.dreamwiz.com/
라이코스코리아	http://www.lycos.co.kr/
심마니	http://www.simmani.co.kr/
야후코리아	http://kr.yahoo.com/
엠파스	http://www.empas.com/
한미르	http://www.hanmir.com/

표 9·5 국제용 검색도구

검색도구 명	웹사이트
AlltheWeb	http://www.alltheweb.com/
AltaVista	http://www.altavista.com/
AskJeeves	http://www.ask.com/
Dogpile	http://search.dogpile.com
Excite	http://www.excite.com/
Google	http://www.google.com/
Infoseek	http://infoseek.go.com/
Lycos	http://www.lycos.com/
Search.com	http://www.search.com/
WebCrawler	http://www.webcrawler.com/
Yahoo	http://www.yahoo.com/

표 9·6 국내 주요 정보 사이트

사이트 명	웹사이트
국가전자도서관	http://www.dlibrary.go.kr/
국내학회 홈페이지	http://dblab.changwon.ac.kr/bin/eureka/univ__dept/korean__society__list
기초과학지원연구소 학술정보실	http://biblio.kbsi.re.kr/
연구개발 정보센터 (KORDIC)	http://www.kordic.re.kr/
한국과학기술원 도서관	http://darwin.kaist.ac.kr/
한국과학기술정보연구원(KISTI)	http://www.kisti.re.kr/
한국교육학술정보원 (KERIS)	http://www.riss4u.net/

표 9·7 해외 주요 정보 사이트

사이트 명	웹사이트
Argus Clearinghouse	http://www.clearinghouse.net/
BUBL(Bulletin Board for Libraries)	http://bubl.ac.uk/
Cornell University	http://www.englib.cornell.edu/ice/
CyberStacks	http://www.public.iastate.edu./~CYBERSTACKS/
Informine (Scholarly Internet Resource Collections)	http://lib-www.ucr.edu/
Internet Catalog	http://calder.med.miami.edu/catalog/
The WWW Virtual Library	http://vlib.org/
Librarian's Index to the Internet	http://lii.org/
Web Virtual Library	http://www.w3.org/

표 9·8 해외 전자학술지

사이트 명	웹사이트
Association of Research Libraries	http://www.arl.org/scomm/edir/
Electronic Texts Journals Newsletters Magazines and Collections	http://www.library.ubc.ca/ejour/
Electronic Journal Miner (Colorado Alliance of Research Libraries)	http://www.coalliance.org/ejournal/
Engineering E-journal Search Engine	http://www.eevl.ac.uk/eese/
Engineering E-Library, Sweden	http://eels.lub.lu.se/
Harrassowitz Electronic Journals	http://www.harrassowitz.de/top_resources/ejresguide.html
MIT Libraries	http://river.mit.edu/mitlibweb/
New Jour	http://gort.ucsd.edu/newjour/
ScienceDirect-Journals	http://www.sciencedirect.com/science/journals/
Serials in Cyberspace	http://www.uvm.edu:80/~bmaclenn/

표 9·9 특허와 표준 관련 웹사이트

사이트 명	웹사이트
특허정보저널	http://www.geocities.com/Eureka/6648/
한국특허정보원(KIPRIS)	http://www.kipris.or.kr/
한국표준과학연구원	http://www.kriss.re.kr/
European Patent Office	http://www.european-patent-office.org/
IBM Patent Server	http://www.daewonspic.com/info/PatentSearch.html
International Organization for Standardization	http://www.iso.ch/
STO's Internet Patent Search System	http://www.bustpatents.com/
MicroPatent Web Services	http://www.micropat.com/
PATON	http://www.patent-inf.tu-ilmenau.de/
QPAT	http://plpatprd.questel.fr/
Regulatory Affairs Information Website	http://www.rainfo.org/
U. S. Patent and Trademark Office	http://uspto.gov/
World Intellectual Property Organization(WIPO)	http://www.wipo.org/

표 9·10 학술대회일정 웹사이트

사이트 명	웹사이트
Netlib DB	http://www.netlib.org/
CoILWeb	http://www.dcs.napier.ac.uk/coil/news/
Conference database	http://www.math.cuhk.edu.hk/conference/others.html
EvoWeb-Conferences	http://evonet.dcs.napier.ac.uk/evoweb/news_events/conferences/
Logic Journal of the IGPL	http://www.pms.informatik.uni-muenchen.de/conferences/conferences.html
SPIRES Conferences	http://www.slac.stanford.edu/spires/conf/

표 9·11 출판사 웹사이트

사이트 명	웹사이트
Academic Press	http://www.apnet.com/
UMI	http://www.umi.com/
Elsevier Science	http://www.elsevier.nl/
Institute for Scientific Information	http://www.isinet.com/
McGraw-Hill	http://books.mcgraw-hill.com/
MIT Press	http://www.mitpress.org/
Oxford University Press	http://www.oup.co.uk/
Ovid	http://www.ovid.com/
Prentice Hall	http://vig.prenhall.com/
Springer-Verlag	http://www.springer.de/
SilverPlatter	http://www.silverplatter.com/
Swets & Zetlinger	http://www.swets.nl/

표 9·12 서점 웹사이트

사이트 명	웹사이트
교보문고	http://www.kyobobook.co.kr/
두산동아	http://www.dong-a.com/
반즈앤노블	http://www.barnesandnoble.com/
북스코리아	http://www.bookskorea.com/
북스포유	http://www.books4u.co.kr/
북웹	http://www.ambook.org/
북풀	http://www.bookpool.com/
삼성크리센스	http://cresens.samsungmall.co.kr:13000/book/
아마존	http://www.amazon.com/
영풍문고	http://www.ypbooks.co.kr/
인터넷북숍	http://www.bookshop.co.uk/
투밀리언북스	http://www.2millionbooks.com/
티메카	http://www.tmecca.co.kr/

표 9·13 박물관 웹사이트

사이트 명	웹사이트
American Museum of Natural History	http://www.amnh.org/
Cyber Science & Technology Park	http://www.jria.or.jp/jria1/industry/museums.html
Dutch Meseum	http://www.arttrack.nl/ac/FSMuseaUK.htm
emTech-Meseum Links	http://www.emtech.net/links/museums.htm
Entomolgy Meseums	http://www.isis.vt.edu/~fanjun/text/muse.html
Koreavisuals	http://www.timespacen.com/museum-america.htm
Museum, Asia	http://www.pp.iij4u.or.jp/~murai/frame.as.text.html
Meseum of London	http://www.museum-london.org.uk/
Museums "USA"	http://www.netegories.com/usa/m-links/museums_usa.htm
Trasparenze	http://www.trasparenze.net/italiano/home%20ita/link.htm
WWW Virtual Library	http://www.museumca.org/usa/star.html

9·3 자료 표현법[2]

전문가들이 습득하거나 산출한 자료를 글로 작성할 때에는 그 표현이 간결하고 정확해야 한다. 이론과 관측 결과를 체계적이면서 간단명료하게 작성해야 한다. 전문적인 지식을 정확하게 전달해야 하기 때문에 불필요한 어구는 피한다. 글이나 구두로 발표할 때 수치, 수식, 그림, 표 등을 흔히 사용하게 되는데, 그 이유는 자료를 간결하고 정확하게 나타낼 수 있는 방법이기 때문이다. 특히 시각자료에는 많은 글자를 담을 수 없기 때문에 더욱 간결한 표현이 요구된다.

전문가의 발표에서는 과학이나 공학 이론, 실험결과, 객관적인 분석자료 등이 본론을 차지한다. 이러한 본론을 부각시키기 위한 서론 부분인 발표목차, 연구개요, 기존 연구 또는 문헌조사 등에는 주로 간략하게 글로 작성된 시각자료를 준비한다. 본론 부분은 시각적 자료를 활용하여 표현함으로써 청중들이 핵심 내용을 효과적으로 이해하도록 구성한다. 시각자료 자체를 보는 것만으로도 유익하고 흥미롭다고 느끼도록 구성하는 것이 청중의 관심을 집중시키는 요령이다. 결론 부분에서도 주로 간결하게 글로 정리한 시각자료를 마련한다. 서론과 결론 부분에서 많은 수식이나 도표를 사용하면 청중에게 연구 방향과 연구 가치를 인식시키는 데 효과가 떨어질 수도 있다.

수치자료를 효율적으로 제시하기 위하여 가장 적절한 시각적 표현법을 선택하는 것이 중요하다. 자료를 제시하는 대표적인 네 가지 방법으로 수식, 표, 그림, 그리고 동영상이 있다. 수식은 주어진 자료를 반영하는 식이며, 표는 수치 자료를 규칙적으로 배열하는 표현법이고, 그림은 이 외에 도형, 차트, 그래프, 사진, 지도 등으로 나타내는 것이며, 동영상은 수많은 그림을 움직이는 영상으로 제시하는 표현법이다. 수식은 여러 자료를 몇 개의 식으로 표현하여 변수 사이의 관계를 제공해줌으로써 학술적으로 중요한 가치를 지닌다. 그러나 복잡한 수식의 경우에는 그 수식이 의미하는 자료의 전반적인 추세를 알아보기가 어렵다. 표는 많은 자료를 질서정연하게 제시할 수 있다는 장점이 있으나, 그 표를 토대로 전체적인 자료의 경향을 파악하기 위해서는 추가의 노력을 요한다. 그림은 수치 자료를 사람이 한눈에 파악할 수 있게 도와주는 효과적인 표현법이다. 자료의 분포를 나타내는 그림에 유도한 수식의 그래프를 첨가하는 것이 일반적으로 선호하는 표현법이다. 하지만 자료의 종류에 따라 일관성이 결여된 경우에는 그 수치 자료를 대표하는 수식을 유도하기가 힘들다. 이러한 경우에는 그림으로만 나타내는 것이 더 바람직하다. 동영상은 방대한 자료를 시간에 따라 변화하는 영상으로 처리한 매우 효과적인 표현법이어서, 자료를 직관적으로 생생하게 살펴볼 수 있는 있지만 모니터 화면이나 프로젝터 스크린에서만 자료의 제시가 가능하다.

도표를 사용하면 글로 표현해야 하는 분량을 작은 공간으로 대신할 수 있다. 표나 그림은 그 자체로서 충분히 이해되도록 독립성을 가져야 한다. 도표는 글이 갖지 못하는 우수한 표현력을 갖고 있지만 불필요하게 너무 많이 만들어서도 안 된다. 글로서 충분히 설명할 수 있는 것을 구태여 표나 그림으로 작성할 필요가 없다. 도표를 작성할 때에는 발표자가 의도한 대로 바르게 표현되었는가를 면밀히 검토해야 한다. 표와 그림에는 반드시 제목을 붙이되, 그 내용을 쉽게 설명할 수 있도록 제목을 부여한다. 표나 그림에서 같은 내용이 반복되지 않도록 주의하고, 한 발표 자료 내에서는 표는 표대로 그림은 그림대로 통일성을 갖게 하며, 최소의 도표를 사용하여 최대의 시각적 효과를 내도록 계획한다.

수치 표현과 단위

과학과 공학 연구에서는 자료를 숫자로 나타내는 경우가 대부분이다. 숫자가 너무 크거나 너무 작을 때에는 십의 멱수를 나타내는 접두사를 사용한다. 예를 들어 일상생활에서 사용하는 길이의 단위로 행성 사이의 거리를 나타내면 숫자가 너무 커지며, 원자

표 9·14 십의 멱수를 나타내는 접두사와 그 기호

멱수	접두사	기호
10^{-18}	atto(아토)	a
10^{-15}	femto(펨토)	f
10^{-12}	pico(피코)	p
10^{-9}	nano(나노)	n
10^{-6}	micro(마이크로)	μ
10^{-3}	milli(밀리)	m
10^{-2}	centi(센티)	c
10^{-1}	deci(데시)	d
10^{1}	deca(데카)	da
10^{2}	hecto(헥토)	h
10^{3}	kilo(킬로)	k
10^{6}	mega(메가)	M
10^{9}	giga(기가)	G
10^{12}	tera(테라)	T
10^{15}	peta(페타)	P
10^{18}	exa(엑사)	E

사이의 거리를 나타내면 너무 작아지기 때문이다. 표 9·14에는 십의 배수를 멱수로 표시하는 접두사의 명칭과 그 기호를 나타낸다.

단위는 원칙적으로 국제단위계(SI)를 사용하나, 공학에서는 아직도 영국단위(British unit)를 병행하여 사용하기도 한다. 국제단위계는 길이, 질량, 시간, 전류, 온도, 물질량, 광도 등을 나타내는 일곱 개의 기본단위와 각도(rad)와 입체각(sr)을 나타내는 두 개의 보조단위로 구성되어 있다. 표 9·15에는 일곱 개의 기본 단위가 기재되어 있으며, 표 9·16에는 이러한 기본 단위로부터 유도되어 널리 사용되는 유도단위가 기재되어 있다. 각 단위를 나타내는 기호가 있어 원칙적으로 영어의 소문자를 쓰나, 사람의 이름에서 따온 경우에는 첫 문자를 대문자로 표시한다.

수치 자료와 단위를 사용할 때 지켜야 할 몇 가지 유의사항이 있다. 분수보다는 소수를 쓰며, 1 미만의 소수를 표기할 때에는 소수점 앞에 0을 반드시 붙인다. 백분율을 표시할 때에는 숫자와 % 사이를 띄지 않는다. 수치에 측정 단위가 붙을 때에는 수치자료를 숫자로만 표기한다. 숫자의 발음이 단위를 나타내는 뒷말과 맞아야 한다. 날짜는

표 9·15 국제단위계의 기본 단위

물리량	명칭	기호
길이	meter(미터)	m
질량	kilogram(킬로그램)	kg
시간	second(초)	s
전류	Ampere(암페어)	A
온도	Kelvin(켈빈)	K
분자량	mole(몰)	mol
광도	candela(칸델라)	cd

표 9·16 물리량의 유도단위

물리량	명칭	기호	SI 단위 표시
섭씨온도	Celsius(섭씨도)	°C	K
압력	Pascal(파스칼)	Pa	$m^{-1} \cdot kg \cdot s^{-2}$
에너지, 일	Joule(주울)	J	$m^{2} \cdot kg \cdot s^{-2}$
일률	Watt(와트)	W	$m^{2} \cdot kg \cdot s^{-3}$
힘	Newton(뉴턴)	N	$m \cdot kg \cdot s^{-2}$
자력선속	Weber(웨버)	Wb	$m^{2} \cdot kg \cdot s^{-2} \cdot A^{-1}$
전기용량	Farad(패럿)	F	$m^{-2} \cdot kg^{-1} \cdot s^{4} \cdot A^{2}$
전기저항	Ohm(오옴)	Ω	$m^{2} \cdot kg \cdot s^{-3} \cdot A^{-2}$
전자기유도	Henry(헨리)	H	$m^{2} \cdot kg \cdot s^{-2} \cdot A^{-2}$
전압	Volt(볼트)	V	$m^{2} \cdot kg \cdot s^{-3} \cdot A^{-1}$
전하	Coulomb(쿨롱)	C	$s \cdot A$
주파수	Hertz(헤르츠)	Hz	s^{-1}
광속	lumen(루멘)	lm	$cd \cdot sr$
조도	lux(럭스)	lx	$m^{-2} \cdot cd \cdot sr$

한글의 경우 년, 월, 일 순으로 쓰되 모두 숫자로 표기하며, 영문에서는 달, 일, 년의 순서로 쓰되 달은 문자로 표기한다.

수식

수식은 변수관계를 기술하는 표현법으로 이론을 정립하는 데 사용된다. 일반적으로 물리현상은 복잡하지만 과학이나 공학에서 사용하는 공식은 여러 가지 제한 조건 하에서 유도된 간략한 것이 대부분이다. 수식이 복잡해지면 그 의미를 쉽게 파악하기가 어렵고 사용하기도 힘들기 때문에 그 효용가치가 떨어진다. 따라서 수치자료를 반영하는 수식도 1차 또는 2차 다항식, 반비례 식, 지수 식 등을 기본으로 한다. 이것보다 다소 복잡한 경우라도 좌표축을 선형 눈금에서 로그 눈금으로 잡게 되면 위와 같은 기본 수식의 형태로 나타낼 수 있다.

수식은 보기 쉽게 작성한다. 연산기호와 논리기호를 표시하는 +, −, ×, /, 〉, 〈 , ≠, ∋, ∪ 등의 앞뒤에 빈 공간을 두면 수식이 답답하게 보이지 않는다. 식이 두 줄 이상으로 길어지면 가급적 등호 기호 '='부터 줄을 바꾼다. 이렇게 하기가 곤란한 경우에는 연산 기호부터 다음 줄을 시작한다. 수식이 여러 줄인 경우에는 등호 기호를 각 줄의 세로방향으로 일치하도록 정렬한다. 영문기호에 첨자를 붙일 때에는 위 첨자, 아래 첨자 또는 괄호를 사용하되 전체적으로 일관성 있게 사용한다.

표

표는 많은 자료를 작은 공간에서 체계적으로 제시할 수 있는 특징이 있다. 많은 수치자료를 서술형태의 문장으로 나열하면 글 자체가 지루할 뿐 아니라, 전체적인 자료의 경향을 파악하기도 힘들다. 일반적으로 표는 직사각형 테두리 안에 행과 열을 구분하여 자료를 기재한다. 행과 열의 순서를 생각하여 비교할만한 자료는 서로 가까이에 놓는다. 행과 열을 사용하는 표는 두 가지 변수에 따른 자료를 2차원적으로 처리할 때 가장 적합하다. 웹사이트를 기재한 표 9·1~9·13은 1차원 자료 처리로 단순한 나열이며, 표 9·14~9·16은 2차원 자료 처리의 예로 볼 수 있다. 표 9·14에서 행은 아래로 감에 따라 수가 커지고, 열에서는 그 수에 해당하는 접두사와 기호를 읽게 된다. 자료를 3차원 또는 그 이상으로 처리해야 할 경우도 발생하는데, 이때에는 표를 잘 이해할 수 있도록 구성하는 것이 매우 중요하다. 표를 보기 쉽게 하기 위하여 가로줄과 세로줄의 종류를 잘 선택하는 것도 하나의 요령이다. 줄이 너무 많으면 표 자체가 답답해 보이므로 줄을 효율적으로 없애는 것이 좋다.

표 속에 숫자를 기재할 때에도 몇 가지 주의를 요한다. 숫자가 너무 크거나 작을 때에는 단위에 적당한 접두사를 붙여서(표 9·14 참조), 숫자의 절대값을 1 부근의 수로 만드는 것이 바람직하다. 부득이 큰 숫자를 기재해야 할 때에는 왼쪽에서부터 세 자리마다 콤마를 붙여 읽기 쉽도록 한다. 특히 물성 값이나 통계 수치는 유효 숫자가 많지 않으므로 쓸데없이 숫자의 자리를 늘이지 않는다. 표 속의 숫자는 중앙정렬보다는 우측정렬을 택하여 끝자리의 위치를 맞추는 것이 그 크기를 비교하기가 용이하다.

그림

그림도 본문이나 표와 같이 계획을 잘 세워서 작성한다. 한 장의 좋은 그림은 많은 글에 해당하는 내용을 한 눈에 알아볼 수 있게 한다. 따라서 제시하고자 하는 정보를 명확하게 이해하도록 그림을 준비한다. 그림은 장치의 구조나 외형을 보여주는 스케치, 자료의 분포를 나타내는 그림, 관계를 표시하는 다이어그램, 연구 순서를 기술하는 흐름도, 현미경으로 본 재료조직의 사진 등을 망라한다. 그림을 그리는 방법도 손으로 그리거나, 스캐너를 통해 받거나, 프로그램을 이용하여 만들거나, 저장된 시각적 자료를 이용하거나, 사진을 찍는 등 다양하다. 연구를 수행하는 동안에 얻는 모든 자료를 다 그림으로 나타낼 필요는 없다. 그러나 전체를 나타내는 것이나 중심이 되는 자료들, 즉 결론으로 이끌거나 다음 단계로 나아가게 하는 것들은 그림으로 표시하는 것이 좋다. 비슷한 실험을 반복하거나 같은 종류의 자료가 많다면, 그것들을 예시해 줄 수 있는 대표적인 그림만을 제시하고 나머지는 표로 처리하는 것이 바람직하다.

그림을 작성할 때에는 어떤 그림이 주어진 자료를 가장 효과적으로 나타낼 것인가를 구상한다. 그림 역시 단순한 것이 효과적이다. 일반적으로 한 그래프에는 하나의 자료다발만을 그리도록 한다. 때때로 여러 자료를 비교해야 할 경우가 있는데, 이때에는 다발마다 서로 다른 표식을 사용하여 구별한다. 산포도는 수평축과 수직축으로 정의되는 평면에서 해당되는 좌표에 점을 찍어 두 변수 x와 y 사이의 관련성을 제시하는 것이다. 선 그래프는 자료의 여러 점을 직선이나 곡선으로 이어 두 변수 사이의 관계를 제시하는 것이다. 히스토그램은 연속적인 자료와 백분율을 나타내기에 유용한 방법이다. 막대그림은 두 가지 이상의 자료를 표시가 다른 막대로 나타내어 서로 비교할 때 편리하게 사용된다. 파이 그림은 백분율이나 비율을 나타낼 때 가장 많이 쓰이는 방법이다.

그림 9·1~9.4는 여러 가지 그림의 예를 도시한 것이다. 그림 9·1은 차량이 통과하는 노면의 형상(모양, 길이, 높이)을 그림으로 나타내어 차량이 어떠한 도로조건에서 달리는지를 설명하기 위한 것이다. 그림에 기재할 글자의 크기는 식별이 가능한 범위에서 전체그림과 균형이 맞도록 정한다. 그림 9·2는 시간에 따른 x축 방향의 가속도를 나타내는 그림이다. 수평축과 수직축의 눈금의 수가 너무 많지 않도록 눈금의 크기를 정하며, 눈금이 나타내는 수치도 충분히 식별할 수 있는 크기를 가져야 한다. 그림 9·3은 실험장면을 설명하기 위하여 사진을 찍은 것이다. 그림 9·4는 차량이 정면충돌을 할 때에 운전자의 거동이 시간에 따라 어떻게 변하는지를 40ms마다 나타낸 그림이다.

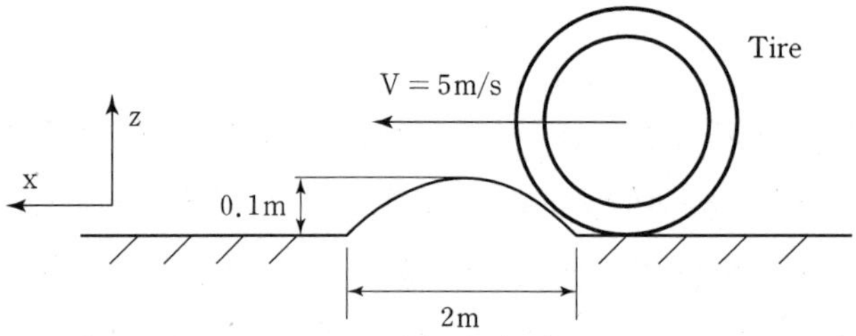

그림 9·1 차량이 통과하는 노면의 형상

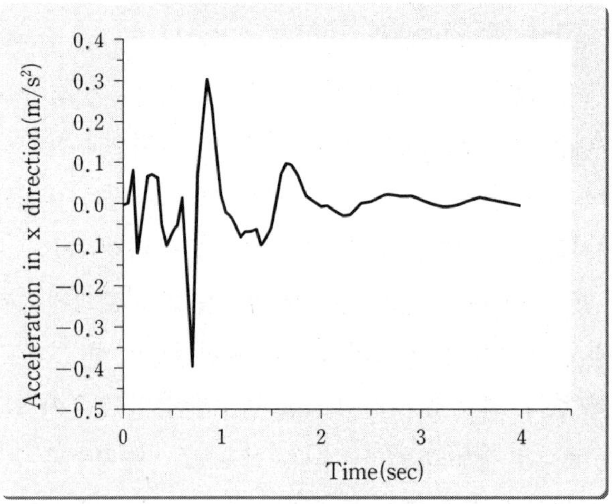

그림 9·2 시간에 따른 X축 방향의 가속도

그림 9·3 실험장면 사진

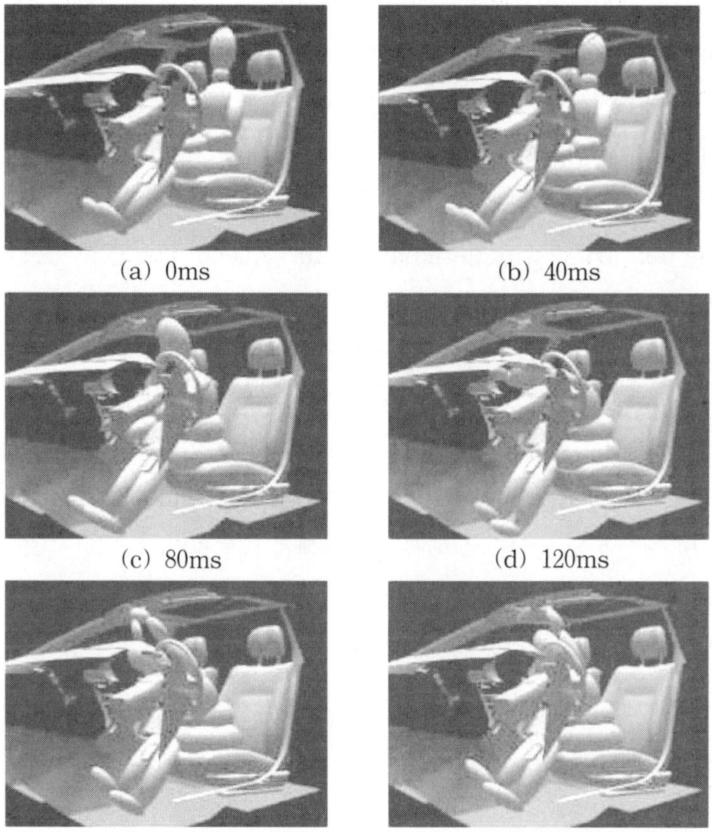

(a) 0ms (b) 40ms
(c) 80ms (d) 120ms
(e) 160ms (f) 200ms

그림 9·4 정면충돌할 때 운전자의 거동

그림 9·4는 여러 개의 정지된 화면을 이용하여 시간에 따른 운전자의 움직임을 나타내고 있다. 그러나 이것을 동영상으로 처리하면 훨씬 더 충돌상황을 생생하게 표현할 수 있다.

동영상

동영상이란 멀티미디어와 하이퍼미디어의 제어, 포맷, 동기, 다중화 방식 등을 표준화하는 ISO 위원회가 정한 국제표준을 일컫는다. MPEG(Moving Picture Expert Group)은 화상통신, 고화질TV, 시디, 멀티미디어 등에 응용되는 기술로 정지화상에 대한 압축 기술인 JPEG의 기능에 프레임 압축기능을 더하여 프레임 사이의 중복을 제거한 상태에서 동영상으로 압축하는 방법을 말한다. 따라서 MPEG 압축 영상은 복원 시에 거의 아날로그 영상을 보는 효과를 거둘 수 있다. 동영상은 MPEG 시스템의 상위 개념으로 멀티미디어 데이터의 표준화는 물론 정지 화면과 문자를 링크하는 하이퍼미디어의 표준화까지 대상으로 하고 있다. 하이퍼미디어란 하이퍼텍스트의 확장된 개념으로서 문자뿐만 아니라 소리, 애니메이션, 그래픽, 비디오, 정지화상, 동영상 등으로 혼합한 형태를 나타내기 위한 방법이다.

동영상을 처리하는 프로그램은 MPEG재생보드, VFW(Video For Windows), QTW(QuickTime for Windows), Animator Pro, Adobe Premier 등으로 다양하다. MPEG재생보드는 동영상 및 음성정보를 압축, 저장, 재생하는 국제표준규격인 MPEG I방식으로 압축된 비디오/오디오 압축데이터를 실시간 재생해주는 보드이다. VFW(Video For Windows)는 Microsoft사에서 순수한 소프트웨어 해결방법을 개발한 것으로 AVI(Audio Video Interleaved)라고 불리는데, 비디오 데이터의 재생과 녹화와 압축에 사용된다. AVI는 CD-ROM이나 하드 드라이브에서부터 직접 나오는 사운드를 가진 재생용 비디오필름을 옵션으로 해서 사용자에게 제공하며, 어떠한 부가장치 없이 모니터에 VGA카드를 가지고 그것들을 재생시켜 준다. QTW(QuickTime for Windows)는 애플사가 매킨토시 운영체계의 확장방법으로 이미지와 비디오의 압축대상에 따라 여러 가지 방법으로 동영상을 만든다. Animator Pro는 특별한 하드웨어 장비 없이도 일반 PC에서 복잡한 동영상을 창출하게 해주는 DOS용 8비트 2D 페이트 및 애니메이션 프로그램이다.

여기서는 영상편집 프로그램인 Adobe Premier를 이용하여 동영상을 만드는 법을 소개한다. 영상편집 프로그램 이외에 비디오 카메라(대중화된 6mm 디지털 비디오), 고성능 PC(펜티엄 4 1.4GHz 이상), 영상 수집/편집 보드가 필요하다. 순서는 다음과 같다.

① 비디오테이프를 캠코더에 넣고 비디오 모드로 바꾸어 동영상을 만들고자 하는 부분을 파악해 둔다.
② 컴퓨터 영상 편집보드에서 나오는 IEEE 1394(DV 입출력 규격) 단자를 캠코더의 1394단자에 연결한다(그림 9·5 참조).
③ 컴퓨터에서 Adobe Premier를 실행하며, 이때부터 컴퓨터에서 캠코더를 제어할 수 있다.
④ 실행한 Premier에서 파일을 가져와 영상수집(movie capture)을 실행하여 원하는 부분의 영상을 컴퓨터에 저장한다.
⑤ 저장한 여러 파일들을 Premier를 통하여 편집한다(그림 9·6 참조).
⑥ 편집된 동영상을 Premier 메뉴의 파일을 보내 무비(movie)를 통하여 출력하면 하나의 완성된 동영상이 저장된다.

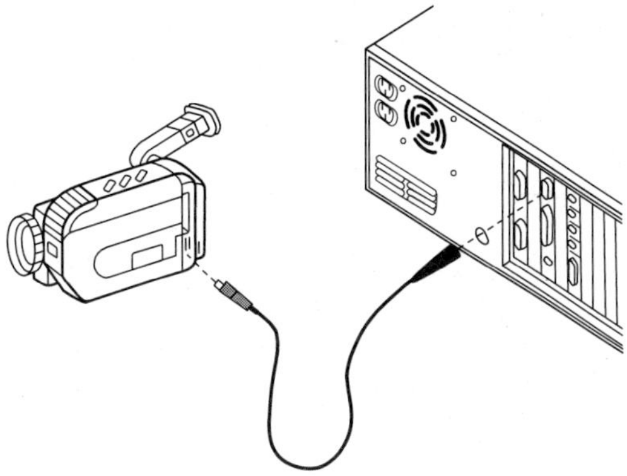

그림 9·5 캠코더와 컴퓨터의 연결

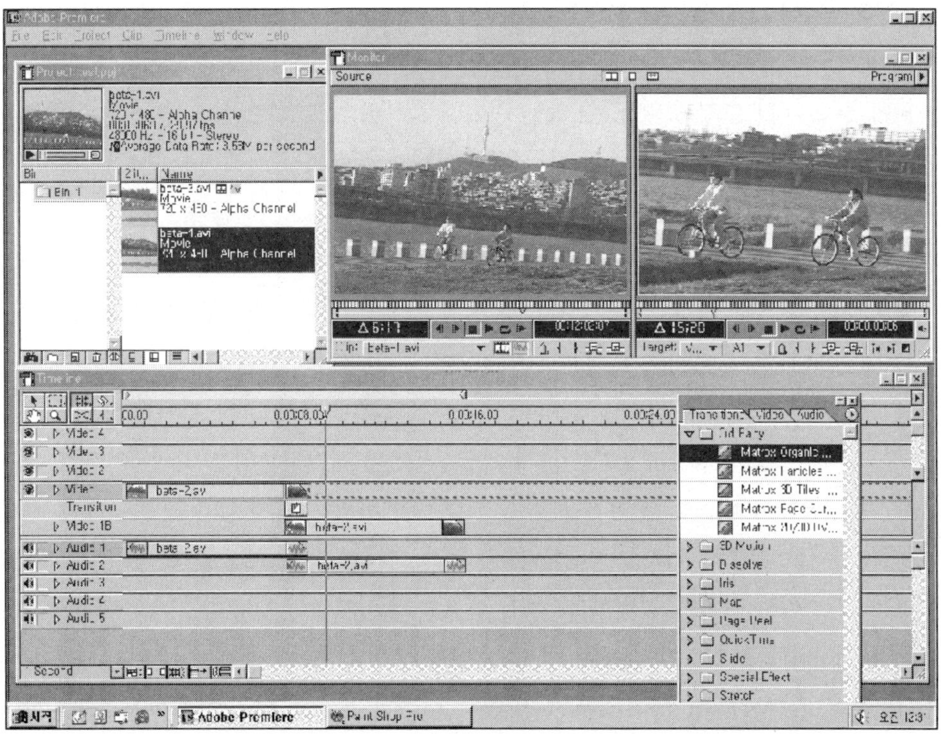

그림 9·6 Adobe Premier를 이용한 동영상 편집과 출력

9.4 시각자료 작성 요령

훌륭한 발표를 위해 바람직한 시각자료(혹은 슬라이드)를 작성할 때에도 요령이 있다. 시각적인 자료를 충분히 활용하지만, 한 장의 시각자료에 너무 많은 내용이 들어가지 않도록 주의한다. 연구의 전체 내용을 포함시키려 하지 않고 핵심이 되는 내용을 중심으로 발표 자료를 준비하고, 시각자료에는 많은 수식이 들어가지 않도록 조심한다. 시각자료에 들어가는 그림이나 수식에는 번호를 넣지 않으며, 발표 전체가 일관성을 가지도록 형식면에서도 통일성을 부여한다.

시각자료를 준비할 때에는 자료를 효율적으로 사용해야 한다. 도표, 그림, 직접 쓴 자료, 멀티미디어 자료 등을 활용하면 효과적이고 명확하게 발표자의 의사를 전달할 수 있다. 이러한 시각적인 자료가 먼 곳에서도 잘 보일 수 있도록 글자의 크기는 시각자료를 바닥에 놓고 서서 그것을 읽을 수 있을 정도면 충분하다. 그리고 중요한 내용에 색을 넣어 강조하는 것도 좋은 방법 중의 하나이다. 또한 노트북과 프로젝터를 이용한 시청각적 발표도 최근에 많이 이용되기 때문에 이 방법도 고려해 보아야 한다. 마지막으로 항상 추가 설명 등을 위한 예비용 시각자료를 준비하는 것을 잊어서는 안 된다.

너무 많은 내용을 한 장의 시각자료에 넣어서는 안 된다. 청중들이 시각자료 내용을 읽는 데 열중하면 발표자가 말하려는 것에 관심을 가지지 못한다. 따라서 한 장의 시각자료에는 하나의 주제를 다루는 것이 적절하다. 그러나 여러 장에 걸쳐서 설명을 해야 할 경우 "계속" 또는 "2/4(4장의 시각자료 중 두 번째 시각자료임을 의미)"와 같이 표시를 하여 청중들이 내용을 놓치거나 갑자기 내용이 바뀌는 것에 대비하도록 해야 한다.

논문 전체를 읽으려 해서는 안 된다. 논리적 순서에 따른 개요를 준비한다. 그리고 이것을 큰 소리로 말하며 연습한다. 논문 내용을 읽어가면서 발표하는 것은 청중들에게 발표가 지루하게 느껴지기 때문에 좋지 않은 인상을 남긴다. 따라서 개요는 가능한 한 명사형으로 간략하게 작성할 것을 추천한다. 준비된 개요를 이용하여 반복적으로 연습하고 논문의 내용에 익숙해지도록 하여 그것을 시각적으로 표현하도록 노력한다. 그러면 청중들은 논문을 훑어보아도 그 내용을 알 수 있게 된다.

발표가 정확하게 논문과 일치할 필요는 없다. 국내외 학술대회(conference)에서는 일반적으로 발표시간 15분과 질의 및 응답시간 5분이 주어진다. 15분 동안 논문에 수록되어 있는 모든 내용을 설명할 수는 없다. 따라서 구두 발표에서는 연구의 중요성을 설명하고 해를 찾는 방법, 이미 발표된 다른 방법과의 차이점 및 장점 등을 설명하는 것으로 충분하다. 청중들이 더 구체적인 관심이 있다면 논문집(conference proceedings)에서 직접 논문을 찾아 볼 것이기 때문이다. 발표자 자신의 논문이 해당분야에 얼마나 그리고 어떤 부분에서 기여했는지를 청중에게 명확하게 전달하는 것이 효과적이다. 그러나 논문의 내용에서 너무 많이 벗어나서는 안 된다. 예전의 결과를 설명한다거나 다른 논문의 내용을 자세히 전달하는 것은 학술대회 발표에서는 적절하지 못하다. 구두발표의 시간은 제한되어 있으므로 논문의 내용에서 벗어난 내용을 너무 많이 설명하게 되면 그 만큼 시간을 잃어버리기 때문이다.

시각자료에 너무 많은 수식을 넣어서는 안 된다. 15분 동안에 수학적인 유도과정을 이해시키는 것은 매우 어렵다. 시각자료 발표에서는 중요한 수식만을 표시하는 것으로 충분하다. 다시 말하면 발표는 결과 위주로 진행되어야 하고 요점은 수식이 아닌 그림 또는 그래프를 이용하여 정리하도록 한다. 그리고 시각자료에 기재된 문장 앞이나 수식에 번호를 넣어서는 안 된다. 문장 앞에 넣는 번호는 글머리 기호를 사용하도록 하고 수식번호는 빼도록 한다. 구두 발표에서는 이 번호들이 오히려 혼란을 줄 수 있기 때문이다. 시각자료 전체에 일관성을 유지시킨다. 시각자료를 이용한 도달하려는 목표를 가지고 그것을 해결하기 위한 과정을 설명하는 것이므로 논리적으로 일관성을 유지해야 청중들이 이해하기 쉽다. 또한 형식면에서도 일관성 있는 기호를 사용해야 청중들이 시각자료를 읽기에 편하고 좋은 인상을 가질 수 있다.

9·5 발표 점검 문항[3]

발표 준비가 끝나면 몇몇 사람 앞에서 가상 발표를 실시한다. 이때 발표의 최종 점검을 위해 발표 내용, 발표자, 시각자료의 사용 등에 관한 세부 문항에 대해 각각 답을 해본다. 발표 내용에서는 발표 목적과 청중과의 관계, 발표 자료의 양과 시간의 조절, 자료의 구성과 명확성, 발표의 극적 표현 여부, 요점의 강조 및 요약 등에 대해 점검한다. 발표자에 관해서는 알아듣기와 빠르기, 목소리, 발표 태도와 자세, 신체 이동과 몸짓, 눈맞춤 등을 점검한다. 그리고 시각자료의 적극적인 사용에 대해서는 가산점을 주고, 시각자료의 부적절한 사용에 대해서는 감점을 부여한다.

9·5·1 발표 내용

(1) 발표 목적과 청중과의 관계

청중이 지니고 있는 지식에 근거하여 그들의 관심사를 끌도록 발표 목적을 분명하게 밝히고 있는가?

(2) 발표 자료의 양과 시간의 조절

제시된 정보의 양은 주어진 발표 시간에 다루기에 적절한가? 정해진 시간 내에 발표를 원활하게 진행하는가? 시간을 초과하거나 남길 때에는 점검표에서 1분당 1점씩을 감한다.

(3) 자료의 구성과 명확성

발표 자료는 체계적이고 일관성 있게 구성되어 있으며, 발표의 주요 요지는 분명한가?

(4) 발표의 극적 표현

자료를 구성함에 있어 발표자는 효율적인 기법이나 표현을 사용하고 있는가? 특히 핵심 부분에 대해 두드러지게 표현하고 있는가?

(5) 요점의 강조 및 요약

발표 자료 중에서 중요한 것과 그렇지 않은 것에 대해 명확하게 구별하여 말하고 있는가? 요점을 강조하고 있고 동시에 청중에게 요점을 분명하게 이해시켰는가?

9·5·2 발표자

(1) 알아듣기와 빠르기

발표자의 목소리가 발표 전체를 통해 분명하게 들렸는가? 발표 도중에 어느 부분에서 너무 느리게 또는 너무 빠르게 말하지 않았는가?

(2) 목소리

발표자가 내용의 중요성에 따라 목소리의 고저와 크기를 알맞게 변화시켰는가?

(3) 발표 태도와 자세

발표자의 태도에서 훌륭했던 점과 불만족스러웠던 점은 무엇 때문인가? 자세가 지나치게 긴장했거나 어색했다면 어떻게 개선해야 하는가?

(4) 신체 이동과 몸짓

발표자가 너무 많이 움직였거나 거의 움직이지 않았다면 어떻게 개선해야 하는가? 발표자가 얼굴 표정이나 손, 팔, 어깨 등 신체를 효과적으로 사용하고 있는가?

(5) 눈맞춤

발표자가 원고를 보면서 읽었는지, 그리고 청중과의 눈맞춤이 적절했는가?

9·5·3 시각자료

(1) 시각자료의 적극적인 사용

핵심 부분을 강조하는 데 도움을 되었는가? 발표의 속도 조절에 도움이 되었는가? 청중들이 이해하기 쉽게 제시되었는가? 세부 사항의 분량은 적절했는가? 발표에 신선함과 흥미를 제공했는가? 충분한 시간 동안 제시되었는가?

(2) 시각자료의 부적절한 사용

청중의 주의를 분산시키지 않았는가? 이해하기가 힘들지 않았는가? 세부 사항이 너무 빽빽하게 들어가 있지는 않았는가? 발표의 진행을 너무 더디게 만들거나 발표를 지루하게 만들지 않았는가? 추가의 시각자료가 필요하지 않았는가?

가상 발표를 실시할 때 참관하는 사람 중에 지도교수, 상사, 선배 등 조언을 해줄만한 사람을 택하여 부록 D와 같은 점검표를 이용하여 평가하도록 부탁한다. 표의 문항마다 해당되는 곳에 표시를 하고, 그 점수를 오른쪽 끝의 점수 난에 적어서 합산하여 전반적인 평가를 실시하고, 특히 미흡한 부분에 대해서는 그 원인을 찾아 부족한 점을 보완한다.

9·6 시각자료 발표 사례

8장과 9장에서 구두 발표를 위한 시각자료의 준비, 자세, 말하기, 질의 및 응답에 대한 사항을 다루었다. 이것을 잘 습득하면 본인의 발표능력을 자기가 가진 최고의 역량 중의 하나로 만들 수 있다. 앞에서 제안했던 원칙들을 따르면 발표자가 발표 순서를 기다리면서 직면하게 될 많은 문제점들을 무난하게 해결할 수 있을 것이다. 무엇보다도 정성스럽게 시각자료를 작성한다. 그리고 청중들의 주의를 끌 수 있도록 열의를 가지고 연구내용을 명확하게 전달한다. 많은 발표자들이 구두발표를 시작하면서 처음 몇 분 동안에는 두려움을 느끼겠지만 곧 청중들에게 익숙해지면 그 두려움을 극복할 수 있다. 발표자가 난생 처음으로 하는 구두발표라면 발표의 첫머리를 암기하는 것을 강력하게 권한다. 첫머리를 진행하면서 발표 당사자는 충분한 자신감을 얻을 수 있을 것이다.

시각자료를 이용하여 연구 결과를 발표하는 사례를 부록 E에 수록된 시각자료를 통해 살펴본다. 모두 22장의 시각자료 중에서 처음의 세 장은 모두 발표주제와 발표자를 소개하는 시각자료이며, 그 중에 하나의 형식을 사용한다. 네 번째 시각자료는 전체 내용의 흐름을 미리 알려주는 목차 시각자료이다. 다섯 번째부터 끝에서 두 번째까지는 본론 부분에 해당한다. 그리고 마지막에는 결론 시각자료이다.

그림 E·1은 가장 간단한 형식의 소개 시각자료이다(파워포인트에 의한 시각자료(슬라이드)작성법은 부록 G참조). 발표 제목과 발표자의 이름과 소속을 소개한다. 그림 E·2는 발표자가 소속된 대학교와 실험실을 상징하는 로고를 아래쪽에 추가한 것이다. 두 로고 중에서 하나만을 선택하여 사용할 수도 있고, 로고의 위치를 위쪽에 잡아도 무방하다. 그림 E·3은 로고가 포함된 시각자료의 오른쪽 위쪽에 학술대회명과 기간까지 기재한 것이다. 학술대회에 관한 정보가 포함되어 있으면 추후에 여러 시각자료를 분류할 때 언제 어디서 발표한 것인지를 쉽게 알 수 있는 이점이 있다. 일반적으로 그림 E·3과 같이 다소 복잡한 형식을 소개 시각자료로 많이 사용하나, 취향에 따라 간단한 형식을 취할 수도 있다. 일단 로고나 학술대회 정보가 시각자료에 추가되면 처음부터 마지막 시각자료까지 그러한 형식을 취한다. 본 사례에서는 가장 기본적인 그림 E·1의 형식을 택하였다.

그림 E·4의 목차 시각자료는 청중들에게 발표 전체의 흐름을 이해시키는 데 효과적이다. 큰 제목과 그 아래에 관련된 몇 개의 작은 제목을 기재하여 발표자가 상세한 설명을 하는 데 참고하도록 구성하였다. 한 장의 시각자료에 아홉 줄 이상의 글을 넣는 것은 바람직하지 않으므로 전체적으로 답답하다고 생각 될 때에는 작은 제목을 생략하는 것이 좋다. 이후의 시각자료에서 큰 제목과 작은 제목의 폰트를 구별하여 사용함으로써 목차와 일관성 있게 자료를 준비한다.

그림 E·5의 연구목적 시각자료는 그림 대신에 문장으로 세 가지 목적까지 기재해도 무방하다. 여기서는 연구의 전반적인 진행을 설명하면서 연구목적을 제시하기 위해서 문장 대신에 그림을 사용하였다. 그림은 많은 내용을 함축적으로 담을 수 있기 때문에 하나의 그림으로 많은 문장에 해당하는 내용을 설명할 수 있다. 그림 E·5에 해당하는 연구목적을 굳이 문장으로 기술한다면 '주행 시뮬레이터에서 운동을 재현함에 있어 탑승자가 느끼는 감성이 다양할 뿐만 아니라 그 표현 역시 모호하다. 그러므로 감성공학적인 접근을 통해 감성데이터의 새로운 평가방법에 대한 연구가 요구된다'는 것이다.

그림 E·6에서 E·21까지는 연구 내용을 그림과 표와 보조 설명 문장으로 구성하였다. 발표내용을 그림으로 구성하면 청중들의 관심을 집중시킬 수 있다. 그러나 그림의 작성에는 많은 시간과 노력이 요구되기 때문에 충분한 시간을 갖고 준비해야 한다. 한 장의 시각자료에 여러 개의 그림을 포함시키면 그림 자체가 분명하지 못하고 전체적으로 복잡한 인상을 줄 수 있으므로 그 배치와 크기의 선정에 각별한 주의를 기울인다.

그림 E·6에서 수직으로 배치된 세 개의 작은 그림들은 그래픽, 동역학 해석, 운동 재현 등의 모듈에서 예시된 방법으로 자료를 처리한다는 것을 청중들에게 설명하기 위한 것이다. 그 각각에 대해서는 그림 E·7, E·10, E·13 등에서 다시 자세하게 설명될 예정이기 때문에 개략적으로 소개하기 위한 목적으로 제시한 것이다. 이 시각자료가 복잡하다고 여겨지면 세 개의 작은 그림들을 생략하고 각 모듈에 대한 보조 설명 문장만으로도 시각자료의 구성이 가능하다.

그림 E·7과 같이 그림을 설명하는 캡션은 모두 동일한 형식을 취함으로써 전체적으로 통일성을 유지시킨다. 그림 E·10의 아래 부분에 전체 그림을 싸는 바깥 틀은 제거할 수 있다. 그림은 일반적으로 박스로 싸여져 있기 때문에 그것을 다시 틀로 싸게 되면 여러 겹이 싸여 답답한 느낌을 주게 된다. 그림 E·11에서 박스 내에 기재된 글자는 그 크기를 충분히 확대해서 뒷자리에 앉은 청중도 식별할 수 있도록 한다. 그림 E·12에서 여러 그래프는 해석 결과의 시간에 따른 변화 양상을 보여주기 위한 것이므로 눈금을 나타내는 숫자가 비교적 덜 중요하다. 그러나 각각의 그래프에 대해 상세히 설명해야 되는 경우에는 눈금을 나타내는 숫자도 중요하므로 그 크기를 충분히 크게 한다.

그림 E·15의 표 속에는 너무 많은 어휘가 들어있어 식별에 어려움을 가져올 수 있다. 그 어휘 중에서 상대적으로 중요한 어휘는 왼쪽 표에서와 같이 굵은 글체를 사용하여 부각시킨다. 오른 쪽 표는 1차 어휘에서 선정된 2차 어휘를 나타내며, 그 어휘의 개수는 표로 처리하기에 적당하다. 표 속에 기재된 글자의 크기를 충분히 크게 하여 모든 청중들이 충분히 알아볼 수 있게 한다. 그림 E·20의 표는 그 크기의 선정에서는 적절하지만 행과 열을 설명하는 문자가 한글과 영어로 혼용되어 있다. 두 언어 중에 하나만을 사용해야 하며, 발표 전체에서 제시되는 표는 모두 형식면에서 통일성을 지니도록 정리한다. 그림 E·21과 같이 통계분석 결과를 나타내는 표에서는 수치의 유효숫자를 정할 때 통계학적으로 무의미한 자릿수를 갖지 않도록 주의한다. 그림 E·21의 표는 행의 수가 너무 많다는 느낌을 주며, 그림 E·20의 표는 다른 표들과 같이 열을 나타내는 부분을 한글로 표기해야 한다.

그림 E·22에서 모두 다섯 개의 결론을 내렸다. 각각의 결론을 완전한 문장이나 개조식 문구 중에서 어느 것을 택할지 결정한 후 결론 전체를 동일한 표현형식으로 기술한다. 주요 결론을 부각시켜 굵은 글체로 나타내었고, 그 외에 보조 설명이 필요한 경우에는 아래에 추가하였다. 한 장의 시각자료에 문구가 너무 많다고 느껴지면 두 장의 시각자료로 나누어 결론을 제시할 수도 있다.

참고문헌

1. 한기선, 이승복 역(D.Holtom & E.Fisher 원저), *자연과학도와 공학도를 위한 학위논문 즐겁게 쓰기*, 시그마프레스, 서울, 2000, pp.167~180.
2. 이동욱, 이명천, 장연수, 홍유표, *기술보고서 작성 및 발표법*, 인터비젼, 서울, 2000, pp.165~179.
3. 한기선 역(S. Goodlad 원저), *전문인답게 말하기*, 시그마프레스, 서울, 2001, pp.105~117.

10장 영어문서의 작성

이공계에서 명확한 의사를 전달하는 일은 실험, 제품의 설계와 개발 등 모든 면에서 필수적이다. 대부분의 경우 여러 종류의 시각적인 자료를 문서와 발표에 사용하여 설계 의도나 분석 결과와 같은 이공학적인 지식과 견해를 전달한다. 하지만 이러한 의사 전달 과정에서 때때로 의도한 뜻이 제대로 전달되지 못하는 경우가 있다. 더구나 사용해야하는 언어가 국어가 아니라 외국어라면 명확한 의사 전달이 더욱 어려워지리라는 것을 누구나 예상할 수 있다. 이러한 어려움을 덜기 위하여 이 장은 세계적인 공용어의 하나가 되어버린 영어로 문서를 작성할 때 명확한 의사를 전달할 수 있도록 도움을 주는 내용을 담고 있다. 이러한 내용은 크게 세 부분으로 나뉘어져 있는데 그 첫 번째는 올바른 문장의 구성에 관한 것이고, 두 번째는 효과적인 문단의 구성, 그리고 마지막은 몇 가지 흔히 사용되는 문서의 종류와 양식에 관한 것이다.

10·1 문장의 구성

이 절에서는 의사전달의 가장 기초적인 구성 요소인 문장의 구성에 있어서 우리 한국인이 흔히 실수하는 사례를 중심으로 설명한다.

10·1·1 정관사와 부정관사[1]

관사라는 품사는 우리말에 없기 때문에 많은 실수의 요인이 된다. 모든 독자가 이미 알다시피 관사에는 정관사(the)와 부정관사(a 또는 an)가 있는데, 명사 앞에 관사가 없거나 아니면 정관사 또는 부정관사가 붙는 세 가지 경우를 생각할 수 있다.

아무런 관사가 붙지 않는 경우는 여러 가지 사례가 있지만 일반적으로 특정한 것을 지칭하지 않을 때이며, 사용되는 명사가 셀 수 없는 명사(물질 명사, 추상 명사 등)이거나 셀 수 있는 명사의 복수형일 때이다. 다음의 문장이 이러한 예이다.

> Information is a key element for making a good decision.
> We need four computers in this office.

부정관사도 특정한 것을 지칭하지 않는 경우에 사용된다는 점에서 위의 경우와 같으나 뒤에 따라 오는 명사가 셀 수 있는 명사의 단수형이라는 점이 다르다.

> We need a computer in this office.
> He gave me an idea for solving the problem.

정관사는 앞의 두 경우와는 달리 특정한 또는 유일한 것을 지칭할 때 사용된다. 이러한 정관사의 사용은 다음과 같은 세부적인 경우로 구분될 수 있다.

특수한 형용사와 결합된 명사

최상급 형용사, 서수, 그리고 only, exact 등과 같이 한정적인 의미를 갖는 형용사와 결합된 명사에는 정관사를 사용한다.

> This is the strongest material we can use for this part.
> What does the first row (of this matrix) mean?
> Right now, simulation is the only way to verify our design.

고유한 의미를 갖는 명사

past, present, earth, sun, ground 등 고유한 의미를 갖는 명사에 정관사를 사용한다.

이미 언급된 항목

본문에서 이미 언급되었던 항목을 다시 지칭할 때에는 정관사를 사용한다.

> This robot has an end effector for grasping various objects.
> The end effector has two fingers actuated by an electric motor.

- of 또는 관계대명사로 수식된 명사
- 뒤에 명사가 없지만 same 앞에는 항상 the를 사용

> His opinion is the same as mine.
> The results from both experiments are the same.

10·1·2 단수와 복수[2]

단수와 복수는 역시 한국어에서는 특별히 다루어지지 않는 개념이어서 종종 실수를 일으키는 원인이 된다. 복수가 없는 형태의 명사를 복수형으로 쓰거나 문장에서 주변의 단어들과 조합이 맞지 않는 단수 또는 복수를 사용하는 것이 대부분의 오류를 차지하고 있다. 복수형이 없는 셀 수 없는 명사들과 집합의 의미를 내포한 명사들이 다음과 같은 혼동을 일으킨다.

> Have you got the equipments for our experiment? (X)
> → Have you got the equipment for our experiment? (O)
>
> There are a lot of peoples here. (X)
> There is a lot of people here. (X)
> → There are a lot of people here. (O)
>
> My families are here. (X)
> → My family is here. (O)

또한 아래와 같이 다른 단어들과 함께 사용될 때 단수 또는 복수 형태를 취한다.

- another + 단수, other + 복수
- each + 단수, every + 단수
- one of + 복수
- much, a little, little + 셀 수 없는 명사
- many, a few, few + 셀 수 있는 명사

10·1·3 자동사와 타동사[3]

문장을 구성함에 있어서 또 하나의 흔한 오류는 동사 때문에 발생한다. 대부분의 경우는 사용하는 동사가 자동사인지 타동사인지 구분하지 못하여 일어나는 것이다. 가장 흔히 볼 수 있는 실수는 자동사를 수동태의 형식에서 사용하는 것이다. 다음의 예문은 그러한 잘못과 수정된 문장을 보여주고 있다.

> The part <u>was appeared</u> to be damaged. (X)
> → The part <u>appeared</u> to be damaged. (O)
>
> A 2-cm gap <u>is existed</u> between two components. (X)
> → A 2-cm gap <u>exists</u> between two components. (O)
>
> The main board <u>is consisted of</u> a microprocessor, 256 MB RAM, and other semiconductor devices. (X)
> → The main board <u>consists of</u> a microprocessor, 256 MB RAM, and other semiconductor devices. (O)

널리 쓰이는 자동사는 다음과 같다.

> appear, become, belong, consist, correspond, depend, differ, exist, fall, go, happen, occur, remain, result, seem, succeed

위의 자동사 중에 몇몇은 전치사, 그리고 전치사의 목적어와 함께 쓰인다. 다음의 잘못된 예문과 수정된 예문이 그러한 예이다.

> I'd like to <u>comment</u> what this result means. (X)
> → I'd like to <u>comment on</u> what this result means. (O)
>
> Any improper procedures can <u>result</u> a serious accident. (X)
> → Any improper procedures can <u>result in</u> a serious accident. (O)

동사를 사용할 때 또 다른 주의점은 타동사는 전치사 없이 목적어를 바로 사용한다는 점이다. 다음의 예문에서 그러한 잘못과 수정된 문장을 보여주고 있다.

The experimental results didn't answer to our question. (X)
→ The experimental results didn't answer our question. (O)

The robot approached to the NC machine. (X)
→ The robot approached the NC machine. (O)

This section describes about the experimental procedure for measuring the temperature. (X)
→ This section describes the experimental procedure for measuring the temperature. (O)

앞의 예문에서 보인 것과 같이 answer, approach, describe는 타동사로서 전치사 없이 바로 목적어를 취한다. 이와 마찬가지로 discuss, enter, meet, reach 등도 혼동을 많이 일으키는 타동사이다.

마지막으로, 타동사가 목적어로서 동사+ing의 형태만 취하는 것들이 있는데 대표적인 예로 discuss, consider, recommend 등이 포함된다. 그러한 예문은 아래와 같다.

We recommend to select the final design from the following choices. (X)
→ We recommend selecting the final design from the following choices. (O)

The engineers consider to remove the faulty part. (X)
→ The engineers consider removing the faulty part. (O)

10·1·4 시제[4]

영어에서 사용되는 여러 시제 중에서 이공계 작문에 많이 사용되는 시제는 현재, 과거, 현재완료, 그리고 현재진행 시제이다. 현재 시제는 시간에 구속 받지 않는 사실을 기술하거나 수집된 정보의 종합적 분석을 통하여 얻어진 결론을 서술할 때 사용된다. 그러한 예문은 다음과 같다.

> The purpose of this paper <u>is</u> to present the experimental results on the dimensional accuracy of a vacuum casting process.
>
> It <u>is</u> recommended that the temperature should be maintained at its initial setting in order to guarantee the part accuracy.

과거 시제는 과거에는 있었지만 현재 존재하지 않는 특정한 사건이나 조건을 기술하는 데 흔히 사용된다. 보다 구체적으로, 다음의 예문에서와 같이 실험방법을 기술하거나 실험에서 얻어진 직접적인 결과를 언급할 때이다. 또한, 특정한 사람의 연구결과를 언급할 때 과거 시제가 사용된다.

> During the experiment, the voltage level <u>was maintained</u> at the prescribed value.
>
> The impact test <u>showed</u> that the strength of the part was greatly improved by the design change.
>
> Kim <u>reported</u> that the inlet temperature was irrelevant to the machine's efficiency.

현재 완료 시제는 과거에 시작되었고 현재에도 진행 중인, 또는 그 영향이 아직도 유효한 행동을 기술할 때 사용된다. 특히, 여러 사람의 연구 결과 및 진행에 대한 언급에 현재 완료 시제가 사용된다.

> The concept of concurrent engineering <u>has been applied to</u> various engineering fields in order to shorten the design process.
>
> Many scientists <u>have reported</u> that ……

현재 진행 시제는 아직 완료되지 않아서 현재에도 계속 진행 중인 사건을 기술하는 데 사용된다. 여기서 appear, consist of, constitute, contain, differ, involve, mean, need, represent, result in, satisfy, seem, suppose 등 상태를 나타내는 동사는 현재 진행 시제로 사용되지 않는다는 것을 주의하여야 한다.

Computers <u>are now taking care of</u> everything.

We <u>are currently developing</u> a program that can compute the stress of the engine parts.

10·1·5 동일 어근의 파생어

동일한 어근에서 파생된 단어의 품사를 혼동하여 사용하는 경우에 대한 예가 다음과 같다.

The controller has a Pentium as its <u>process</u>. (X)
→ The controller has a Pentium as its <u>processor</u>. (O)

A limit switch was used to <u>sensor</u> the part. (X)
→ A limit switch was used to <u>sense</u> the part. (O)

All the engineers did their work very <u>good</u>. (X)
→ All the engineers did their work very <u>well</u>. (O)

The temperature rose very <u>fastly</u> during the experiment. (X)
→ The temperature rose very <u>fast</u> during the experiment. (O)

10·1·6 중복 표현[5]

단어에 이미 포함되어 있는 의미가 있음에도 불구하고 불필요한 접속사나 적합하지 않은 형용사를 사용하는 예가 다음에 주어져 있다.

Although the machine speed was lower than its design, <u>but</u> it was fast enough to handle all the demands. (X)
→ Although the machine speed was lower than its design, it was fast enough to handle all the demands. (O)

Because the temperature becomes too high, <u>so</u> we need to install a cooling system. (X)
→ Because the temperature becomes too high, we need to install a cooling system. (O)

(다음 면에 계속)

> The temperature was hot. (X)
> → The temperature was high. (O)
>
> The cost of this part is very expensive. (X)
> → The cost of this part is very high. (O)
> → This part is very expensive. (O)
> → This is a very expensive part. (O)

10·1·7 구두점[6]

구두점은 문장의 구조를 보다 명확하게 알려주어 읽는 사람이 혼동을 일으키지 않도록 도와주는 역할을 한다. 이러한 구두점에는 comma(,), colon(:), semicolon(;), dash(-) 등이 있는데 이들의 일반적인 사용법을 이 절에서 다루고 있다.

문장을 구성함에 있어서 두 절을 연결하고자 할 때 두 번째 절이 and, but, or, so로 시작하는 경우에는 comma를 이용하여 두 절을 연결한다. 그 예는 다음과 같다.

> The machine is in good condition, and the operator is very skillful.
>
> The new design meets all the specifications, but its price is too high.

한편, 두 절이 접속사 없이 연결될 때는 semicolon을 다음과 같이 사용한다.

> The PSK technique is more noise resistant and efficient than FSK; on a voice-grade line, rates up to 9600 bps are achieved.

마지막으로, 두 번째 절이 앞의 절을 부연 설명할 때는 colon을 사용한다.

> A network database has a many-to-many relationship among its elements: elements can be connected to many other elements.

부수적인 내용을 문장에 포함하고자 할 때에는 일반적으로 comma를 사용하여 구분한다. 하지만, 약자나 정의와 같은 내용은 많은 경우에 괄호 안에 포함시키고 강조하고 싶은 내용은 dash를 이용한다. 다음의 예문이 그러한 사례를 보여준다.

> The temperature sensor, which can measure up to 300°C, is installed in the tank.
>
> The local area network (LAN) is widely used in the office environment.
>
> The new machine achieves 500 products/hour – an almost 30% increase from the current output.

이공계에서 사용되는 대부분의 글에서 여러 가지를 나열할 필요가 있는데, 이러한 나열이 줄바꿈 없이 문장 안에서 나열될 때 그 나열의 시작을 colon이나 dash를 이용하여 표시한다. 항목의 나열이 문장의 끝에 올 때는 colon을 사용하고, 문장의 중간에 나열할 때는 dash를 아래의 예문과 같이 사용한다.

> There are three types of media for networks: twisted pair, coaxial cable, and optical fiber.
>
> Three types of gears – spur, helical, and bevel gears – are widely used for various machines.

나열된 항목의 구분을 위하여 일반적으로 comma가 위의 예문과 같이 사용되는데, 나열된 항목이 길거나 항목 내부에 구두점이 포함되어 있으면 semicolon을 사용하여 구분한다.

> We have business offices in the following locations: Seoul and Pusan, Korea; Tokyo, Japan; and Los Angeles, Chicago, and New York, U.S.A.
>
> This research has the following objectives: (1) to investigate the relationship between the performance and the process parameters; (2) to identify the optimal settings of the process parameters; and (3) to develop a software program ……

항목을 줄바꿈하여 나열할 때에는 나열된 항목 사이에 구두점이 있거나 없어도 무방하다. 다음의 예문이 그러한 경우이다.

> The major parts include
> crank shaft
> connecting rod
> piston
> glow plug

> The potential problems of the current design are the following:
> excessive weight,
> difficulty in assembly, and
> lack of flexibility for future changes.

기타 구두점 중에서 흔히 발견되는 실수는 한 줄의 끝에서 한 단어를 끊어야 하는 hyphenation에서 발생한다. 많은 워드 프로세싱 프로그램이 자동으로 이를 처리하지만 수동으로 해야 할 때 hyphen은 음절 사이에만 넣을 수 있다는 사실을 모르고 한 음절 내부에 hyphen을 삽입하는 경우를 종종 발견한다. 마지막으로 참고 문헌을 포함할 때 논문이나 기사는 그 제목을 따옴표(" ") 안에 넣어야 하며 책의 제목은 밑줄을 하든가 기울임 꼴로 표시하여야 한다.

10·2 문단의 구성[1]

문법적인 오류가 없는 명확한 문장을 구성할 수 있게 되면 이러한 문장을 조합하고 배열하여 보다 종합적인 의사를 전달할 수 있는 문단을 구성할 수 있어야 한다. 이러한 문단에서는 하나의 주제를 다룸에 있어서 명확한 의미를 전달하고 독자를 설득할 수 있기 위해서 통일성(unity), 결합성(coherence), 내용의 충실성(content)의 세 가지 요소를 갖추어야 한다. 통일성은 한 문단 안에서 한 가지의 주제(main idea)에 초점을 맞추어서 이 주제에서 저 주제로 횡설수설해서는 안 된다는 것을 의미한다. 결합성은 문단을 구성하는 문장 사이의 관계가 서로 긴밀한 논리적 관계를 유지하여 글이 논리적인 연결성을 가짐을 의미한다. 여기서 논리적 관계에는 인과 관계, 시간적인 관계 등이 포함된다. 마지막으로 좋은 문단을 구성하는 요소 중의 하나인 내용의 충실성은 문단 내에서 다루어지는 주제를 뒷받침하는 적절한 내용과 양이 있어야 한다는 것을 의미한다.

10·2·1 주제문

주제문(topic sentence)은 독자에게 그 문단의 내용이 무엇인지 예고하여 내용을 보다 쉽게 받아들일 수 있도록 준비시키는 역할을 한다. 또한, 독자가 그 예고된 내용에 관심이 없다면 그 문단을 읽지 않고 다음 문단으로 진행할 수 있도록 해주는 역할을 한다. 대조적으로, 저자의 입장에 있어서는 이러한 주제문을 각각의 문단마다 하나 씩 배치함으로써 문단을 작성함에 있어서 문단의 주제가 흐려지지 않고 명확하게 유지할 수 있게 하는 역할을 수행한다.

일반적인 경우에 주제문의 위치는 문단의 어느 곳에도 있을 수 있지만 이공계 작문의 경우에는 주제문을 문단의 시작에 배치한다. 주제문은 하나 또는 두 개의 문장으로 구성되며 주제문에 문단의 주제와 직접적으로 관련된 주제어(key words)를 포함하여야 한다. 주제문의 길이는 너무 길지 않은 것이 바람직하며 문단의 주제를 최대한 완전하게 명기하는 것이 필요하다. 가능하다면 그 문단이 어떤 방식으로 구성될 것이라는 것에 대한 예고를 하는 것도 독자의 이해를 도울 수 있다. 다음의 예문은 명확한 주제문을 가진 문단의 구성을 보여준다.

> In its broader significance, the second law of thermodynamics involves the fact that processes proceed in a certain direction but not in the opposite direction. A cup of hot coffee cools by virtue of the cooler surroundings, but heat will not flow from the cooler surroundings to the hotter cup of coffee. Gasoline is used as a car drives up a hill, but on coasting down the hill, the fuel level in the gasoline tank cannot be restored to its original level.
>
> Adopted with some modifications from Fundamentals of Classical Thermodynamics by Wylen and Sonntag, 1976, p. 166

앞의 예문에서 첫 문장이 주제문의 역할을 하고 있으며 이 문단의 주제가 열역학의 제2법칙, 즉 프로세스의 진행 방향에 대한 설명이라는 것을 예고하고 있다. 또한, 이 문장이 the second law of thermodynamics와 direction이라는 핵심 주제어를 포함하고 있는 것을 알 수 있다. 이러한 주제문은 그 문단을 읽을 때 독자가 어떤 사항에 주의하면서 읽어야 하는지를 알려주고 이로써 독자가 내용을 쉽게 이해할 수 있도록 돕는 역할을 한다.

10·2·2 문단의 구성 방식

주제문으로 시작한 문단의 나머지 부분은 주제문에서 언급된 내용을 보다 자세히 설명하고, 주장하는 바를 뒷받침할 수 있는 근거를 제시하는 내용을 포함하는 것이 일반적이다. 많은 이공계 작문에서 문단을 구성하는 방식은 예시, 시간적 순서, 인과 관계,

비교 및 비유, 나열, 구체화, 분류 등과 이들의 조합으로 나눠질 수 있다. 이 절은 흔히 사용되는 예시, 시간적 순서, 인과 관계, 비교 및 비유, 그리고 나열에 대하여 예문과 함께 설명한다.

예시는 주제문에서 밝힌 추상적인 개념을 설명하기 위하여 실제적인 사례를 인용하는 방법이다. 효과적인 예시를 위해서는 인용된 사례가 다루고 있는 개념이나 주제에 밀접하여야 하고 충분히 구체적이어야 하지만 너무 장황한 것은 바람직하지 못 하다. 앞 절에서 인용된 열역학의 제 2 법칙에 관한 문단이 바로 이러한 예시를 이용하여 구성된 것이다. 그 예문에서 커피가 식는 것과 언덕을 내려올 때 휘발유가 저절로 생기지 않는다는 잘 알려진, 그리고 우리 생활과 밀접한 사례를 사용하고 있다.

시간적인 순서를 이용한 방법은 과거의 사건들을 정리하여 설명하거나 단계적인 절차를 설명하기 위하여 사용된다. 문단을 구성하는 구체적인 방법으로 시간을 나타내는 부사와 부사구 또는 절을 사용하는 방법이 있다. 예를 들자면,

In 1998, ...
... last week
Finally, ...
Soon after the project began, ...

등과 같은 표현을 사용하여 순차적으로 설명해 나가는 방법이다. 보다 간접적인 방법으로는 동사의 시제를 이용하여 시간적인 순서를 설명하는 방법이 있는데 그 예는 다음과 같다.

At the beginning, the engineers aimed to... Recently, they have tried to... Now, a new experiment is being carried out... After this experiment, it will be...

앞의 예문에서 동사의 시제가 과거에서부터 현재완료, 현재진행을 거쳐 미래 시제로 변화하면서 시간적인 진행을 서술하고 있다. 단계적인 절차를 설명하기 위해서는 아래와 같은 포맷된 나열을 많이 사용한다.

Step 1. Open the valve.
Step 2. Start the pump.
Step 3. Read the pressure gauge.

다음의 예문은 이러한 시간적 순서에 따라 구성된 문단을 보여준다.

> A key figure in the development of tractors was a Michigan farm boy who first became interested in technology when he saw a large steam traction engine. He started experimenting in 1900 and developed an experimental tractor in 1907. But Henry Ford suspended his tractor work to develop and produce the Model T. Finally, in 1916 the Fordson tractor was introduced. Being lightweight, mass-produced, and low-cost, it was a fierce competitor to the other tractors of its time. It eventually achieved 75 percent market share in the United States and 50 percent worldwide.
>
> John K. Schueller, "In the Service of Abundance," Mechanical Engineering, Vol. 122, No. 8, p. 60, August 2000

이공계 작문에 있어서 또 하나의 문단 구성 방식은 인과관계를 이용한 것이다. 이러한 구성방식은 논리의 전개, 공정 또는 과정의 설명, 관찰된 현상에 대한 원인 분석, 예상되는 사건의 순서 기술 등에 적합하다. 인과관계를 이용한 구성을 위하여 접속사를 사용할 수 있는데 therefore, thus, consequently, accordingly, as a result, so 등을 이용하는 것이 일반적이다. 또한 because, because of, since, due to 등과 같은 인과관계를 나타내는 종속절 또는 구를 사용한다. 마지막으로 인과관계를 내포한 동사, 예를 들자면 cause, result in, give rise to, affect 등을 이용할 수도 있다. 다음의 예문은 이러한 방식으로 구성된 문단인데 기울임꼴로 표시된 동사와 접속사에 추가하여 같은 종류의 밑줄로 짝지어진 핵심 단어의 반복으로 인과관계를 설명하고 있다.

> The probability of packet collision is shown in Figure 3. The figure shows that the probability of packet collision increases as the data length increases. The increased data length *causes* the longer transmission time. During this increased transmission time, more packets are entering the network, which *results in* more stations waiting for the completion of the ongoing transmission. At the end of the transmission, these stations with the new packets attempt to send theirs, *thus* creating more collisions.

두 개 이상의 개체를 비교하거나 여러 대안 중에 하나를 선택하기 위한 근거를 설명하는 문단의 구성에는 비교 및 비유의 방법을 사용하는 것이 적절하다. 구체적인 구성방법에는 on the other hand, in contrast to, conversely, similarly, likewise, however와 같은 접속사를 이용하는 방법도 있고, more than, ~er than, less than, as ~ as, rather than과 같은 비교 구문을 사용할 수 있다. 또한 while, whereas, but을 이용하여 대비를 보이는 종속절을 사용하기도 한다. 다음 예문은 비교 구문을 사용하여 두 종류의 기어를 비교한 문단이다.

> Gears with helical teeth possess certain inherent advantages. More teeth are in contact simultaneously, and the load is transferred gradually and uniformly as successive teeth come into engagement. Helical gears thus operate <u>more smoothly</u> and carry <u>larger</u> loads at <u>higher</u> speeds than spur gears. The line of contact extends diagonally across the face of mating teeth. Since more teeth are in contact, undercutting causes little trouble in helical gearing.
>
> M.F. Spotts, <u>Design of Machine Elements,</u> 6th Edition, p. 537, Prentice-Hall Inc., 1985

이공계 작문에서 많은 수의 개체나 개념을 기술하려고 할 때 이들을 나열함으로써 문단을 구성할 수 있다. 실험보고서에서 사용한 장비를 설명하는 부분이나 연구의 중간보고서에서 완료된 작업과 예정된 작업을 기술하는 부분에서 이러한 나열 방식을 사용한다. 나열을 하는 방식에 있어서 줄바꿈 없이 문장 내부에서 나열하는 unformatted 방식이 있고 줄바꿈과 들여쓰기를 이용한 formatted 방식이 있다. formatted 방식에서는 번호나 글머리 기호를 쓰는 것을 쉽게 찾아볼 수 있다. 이렇게 나열된 항목들이 list를 이루는데 각각의 항목들이 문법적으로 일관된 형태를 갖도록 주의하여야 한다. 예를 들자면, 프로젝트의 내용을 설명하는 데 있어서

> (1) <u>construct</u> an FEM model for the link
> (2) <u>analyze</u> the stress of the link under various loading conditions
> (3) <u>develop</u> new designs for improved performance

와 같이 나열하는 것이 다음의 예문보다 더 바람직하다는 것이다.

> (1) <u>construction</u> of an FEM model for the link
> (2) <u>analyze</u> the stress of the link under various loading conditions
> (3) <u>developing</u> new designs for improved performance

또한, 항목을 나열함에 있어서 중요도의 차이나 절차에 선후관계가 있다면 중요한 것이나 가장 먼저 선행되어야 하는 것부터 나열하는 것이 좋으며 여기에 번호를 붙이는 것도 무방하다. 하지만 이러한 경우가 아닐 때에는 번호를 붙이지 않는 것이 불필요한 오해를 줄일 수 있다. 위의 예에서는 연구 내용의 선행 관계에 따라 나열된 것이다. 다음의 예문은 중요도에 따라 나열된 항목들로 문단이 구성되어 있다.

> The choice of transmission medium is determined by a number of factors. It is, we shall see, constrained by the topology of the LAN. Other factors come into play, including:
> Capacity: to support the expected network traffic
> Reliability: to meet requirements for availability
> Types of data supported: tailored to the application
> Environmental scope: to provide service over the range of environments required
>
> William Stallings, Local & Metropolitan Area Networks, 5th Edition, p. 77, Prentice-Hall Inc., 1997

10·3 문서의 종류와 양식

이공계 출신이 작성하는 문서의 종류에는 여러 가지가 있겠지만 가장 많이 접하는 경우는 대략 이력서, 업무용 서신, 보고서, 계획서, 그리고 논문이다. 이 절에서는 이러한 문서를 영어로 작성하기 위하여 어떤 형식을 사용하는지 살펴보고 작성 과정의 주의 사항들에 대하여 기술한다.

10·3·1 이력서[8]

이공계 학생이 가장 처음 접하는 영문 양식은 아마도 이력서(Résumé)라고 생각된다. 대학 졸업을 앞두고 외국 회사에 직장을 알아보기 위해서 첫 영문 이력서를 작성할 때 도움이 될 수 있는 내용을 이 절에서 설명한다.

일단 이력서를 작성할 때 염두에 두어야 할 사항을 살펴보면 다음의 네 가지로 요약할 수 있다.

- 다양한 독자
- 지원 회사에 기여할 수 있는 분야

- 자신의 업적과 직책
- 적절한 수신자

첫 번째 고려 사항은 이력서를 읽는 사람이 여러 사람이고 이들이 다양한 집단에 속한 사람들이기 때문에 이력서가 가능하면 많은 사람의 관심을 끌 수 있도록 작성되어야 한다는 것이다. 많은 경우에 이력서가 회사의 인사 부서에서만 읽히는 것이 아니고 관계된 여러 부서로 회람되기 때문에 인사, 설계, 시험, 생산, 영업 등 다양한 부서의 사람이 이력서를 읽고 이에 대한 평가를 내리게 된다. 또한 한 부서 내에서도 여러 직급에 속한 사람들이 이력서에 근거해서 지원자를 평가하게 되기 때문에 최대한으로 넓은 독자 집단을 위하여 이력서가 작성되어야 한다.

두 번째 고려 사항은 이력서를 작성할 때 주관적인 관점에서 작성하지 말고 지원 회사가 어떤 능력과 경력을 필요로 하는가를 고려하여 작성하라는 것이다. 자신이 중요하다고 생각하는 능력이 회사가 찾는 것과 항상 일치하는 것이 아니며 중요하지 않다고 여기는 능력이 때에 따라 회사가 원하는 것일 수도 있는 것이다. 그러므로 가능하다면 회사의 현재 상황 또는 당면 문제를 미리 파악하여 이에 맞추어 자신이 가진 능력을 부각시키는 것이 바람직하다.

세 번째 고려 사항은 자신이 성취한 업적과 성공적으로 수행한 직책을 강조함으로써 회사의 요구를 만족시킬 수 있는 자신의 능력을 부각시키는 것이 필요하다는 것이다. 그리고 마지막으로, 이력서를 면접 여부를 결정할 수 있는 사람에게 직접 보내는 것이 필요하다.

영문 이력서의 시작은 Résumé 또는 Personal Data Résumé라는 제목으로 시작할 수도 있지만 최근에는 바로 지원자의 이름으로 시작하는 경우가 많다. 일반적인 기본 내용으로는 이름, 주소, 전화번호, 전자우편 주소가 포함된다. 기본 내용 다음에 오는 내용은 career goals 또는 objectives라는 제목 아래 자신이 지원하는 직책과 궁극적인 직업적 목표이다. 이에 이어서 학력과 경력을 기재하는데 특히 경력 부분에 자신이 부각시키고 싶은 내용과 회사가 관심을 가질만한 내용을 간결하지만 충실하게 기재한다. 이력서의 마지막에는 회사가 자신에 대해 별도로 문의할 수 있는 사람의 이름과 연락처를 기재하거나 이러한 명단을 요청하면 알려줄 수 있다는 내용을 적는다. 특히 추천인의 이름을 기재할 때에는 당사자의 허락을 받은 후에 기재하여야 한다. 전체적인 이력서의 양식은 특별히 정해진 것이 없지만 가능하면 보편적인 양식을 따르고 받는 사람에게 좋지 않은 인상을 남길 수 있는 오타와 문법적 오류를 철저히 검사하는 것이 절대적으로 필요하다. 또한 이력서에 지나치게 많은 여백이 남지 않도록 내용과 포맷을 적절히 조절하는 것이 좋다. 그림 10·1과 10·2에 영문 이력서의 사례가 주어져 있다.

Kwangsoo Kim

110 Kihaksa
32 Daehak-dong
Daehak-gu
Seoul
Korea
kskim@hu.edu
82-2-518-3984

Objectives

I am seeking a position in the automotive industry, especially in the area of control and mechatronics for new product development.

Education

Bachelor of Science in Mechanical Engineering
with an emphasis on control and automation
Hankook University
Seoul, Korea
February 2014 (expected)
GPA 3.94/4.5

Experience

Undergraduate Research Assistant(March 2013 ~ present)
I am currently working on a project to develop a new electric motor for steer-by-wire systems (sponsored by Delta Engineering Company). My major responsibility is to design mechanical components of the motor by using I-DEAS. I am also involved in the analysis of stress and magnetic field.

Team Leader (March 2012 ~ July 2012)
I was the leader of a team in a robot competition held by Hankook University. I led the discussion on the robot design and made key design decisions. In addition, I was in charge of designing and building the power train of the robot. My team finished at the second place among twenty two participating teams.

Instructor (July 2011 ~ August 2012)
I taught high-school mathematics classes in a private tutoring institute.

Special Skills

Computer Languages and Software: BASIC, C, C++, I-DEAS
Foreign Language: English (TOEIC score of 825 and TOEFL score of 105)

Reference

Sangwon Hwang, Professor, School of Mechanical Engineering
Hankook University, Seoul, Korea
82-2-510-2992, swhwang@hu.edu

그림 10·1 영문 이력서 사례 1

PERSONAL DATA RÉSUMÉ

Yoonah Park
Mirae Apt. 103-1205
Daehak-dong, Daehak-gu
Seoul, Korea
82-2-6611-1928
yapark@hu.edu

Objective	An entry-level engineering position in an international company	
Education	Bachelor of Science in Mechanical Engineering Hankook University, Seoul, Korea February 2014 (expected)	
	Core Courses:	
	Fluid Mechanics I & II	Thermodynamics I & II
	Heat Transfer	Computational Fluid Dynamics
	Internal Combustion Engines	HVAC Systems
	Numerical Analysis	
Experience		
8/2012~8/2013	Principal investigator, undergraduate research program Led a team of undergraduate students in developing an automatic mesh generation program	
3/2012~7/2012	Tutor for freshmen and sophomores Helped freshmen and sophomores in their physics and fluid dynamics classes	
8/2011~12/2011	Computer lab assistant Was responsible for maintaining a PC lab including hardware replacement and software update	
1/2011~12/2011	Treasurer, Society of Women Mechanical Engineers	
Computer Skills	Visual BASIC, C, C++, OpenGL, IRIX	
Foreign Language	TOEIC 855, TOEFL 110, TEPS 655	
Organization	Korean Society of Mechanical Engineers Society of Women Mechanical Engineers	
Activities	Reading, hiking, cooking	
References	Available upon request	

그림 10·2 영문 이력서 사례 2

10·3·2 업무용 서신[9]

업무용 서신의 양식은 주로 비블록(unblocked), 반블록(semi-blocked), 그리고 블록(blocked)의 세 가지로 구분된다. 비블록과 반블록 양식은 서신 내용 중의 보내는 사람의 이름과 주소, 날짜, 서명이 페이지 중앙보다 우측에 기입된다. 이 두 양식의 차이점은 본문 문단의 들여쓰기 여부에 달려 있어서 들여 쓴 양식을 비블록 양식이라고 하고, 들여 쓰지 않은 양식을 반블록 양식이라고 일컫는다. 그리고 블록 양식에서는 보내는 사람에 대한 정보가 페이지의 좌측에 정렬되는 점이 특징이다.

그림 10·3은 비블록 양식을 보여준다. 서신을 보내는 사람의 기관과 주소는 소속기관의 공식 편지지(letterhead)에 작성되었기 때문에 생략되어 있다. 공식 편지지가 아닌 일반 용지에 작성되어야 한다면 보내는 사람의 기관과 주소를 우측 상단에 기입한다. 편지 본문이 끝나면 "Sincerely yours"와 같은 마무리 구절(complimentary close)과 보내는 사람의 서명, 이름, 직함, 부서 등이 우측에 기입된다. 그림 10·4는 반블록 양식을 보여주는데 비블록과의 유일한 차이점은 본문 문단의 시작에 들여쓰기가 없다는 점이다. 그림 10·3과는 달리 일반 용지에 작성되었기 때문에 보내는 사람의 기관과 주소가 기입되어야 한다. 블록 양식의 예는 그림 10·5에 나타나 있는데 본문 문단의 들여쓰기가 없으며 모든 정보가 페이지에 좌측에 정렬되어 있다.

서신의 길이가 길어서 한 페이지를 넘는 경우에는 두 번째 페이지부터는 공식편지지를 사용하지 않고 일반 종이를 사용한다. 그리고 2 페이지부터는 페이지의 상단에 받는 사람의 이름, 페이지 번호, 날짜를 그림 10·6과 같이 기입한다.

편지의 본문이 시작되기 직전에 기입하는 "Dear…"와 같은 구절을 salutation이라고 하는데 받는 사람의 성 다음에 콜론 또는 콤마를 찍는다. 대개의 경우 콜론은 공식적인 서신에 많이 사용되고, 콤마는 비공식적인 서신이나 받는 사람과 어느 정도 친분관계가 있을 때 사용된다고 알려져 있다. 매우 친한 경우에는 성 대신 이름을 사용하는 경우도 있다. 본문이 끝난 다음에 기입되는 마무리 구절은 Sincerely yours, Yours sincerely, Sincerely, Cordially yours, Yours cordially, Cordially와 같은 구절이 일반적으로 많이 사용되고, 감사의 내용을 담은 서신에는 Gratefully yours, 존경의 내용을 담은 것에는 Respectfully yours와 같은 구절이 사용된다. 친분이 있는 사람에게 보내는 서신에는 Best regards, Kind regards, Regards와 같은 구절을 사용할 수 있다.

HU

School of Mechanical Engineering
Hankook University
San 30, Daehak-dong, Daehak-gu
Seoul 199-735, KOREA
82-2-518-1420
82-2-514-6685 FAX

날짜

수신자 이름
직책 또는 직위
회사
주소
시, 우편번호
국가

Subject: ________________________ (필요한 경우에만)

Dear 수신자 이름:

Sincerely yours,

발신자 서명

발신자 이름
직책 또는 직위

대문자로 표기된 발신자의 이니셜 : 소문자로 표기된 비서의 이니셜(비서에 의해 작성된 경우에만)
Enclosure (다른 문서가 동봉된 경우에만)
cc: 이 편지의 복사본을 받을 사람 리스트

그림 10·3 비블록 양식

발신자의 소속기관명
주소
시, 우편번호
국가

날짜

수신자 이름
직책 또는 직위
회사
주소
시, 우편번호
국가

Subject:__________________________(필요한 경우에만)

Dear 수신자 이름:

____

____

Sincerely yours,

발신자 서명

발신자 이름
직책 또는 직위

대문자로 표기된 발신자의 이니셜 : 소문자로 표기된 비서의 이니셜 (비서에 의해 작성된 경우에만)
Enclosure (다른 문서가 동봉된 경우에만)
cc: 이 편지의 복사본을 받을 사람 리스트

그림 10·4 반블록 양식

발신자의 소속기관명
주소
시, 우편번호
국가

날짜

수신자 이름
직책 또는 직위
회사
주소
시, 우편번호
국가

Subject:______________________________(필요한 경우에만)

Dear 수신자 이름:

____
____
____
____
______

____
____
____

Sincerely yours,

발신자 서명

발신자 이름
직책 또는 직위

대문자로 표기된 발신자의 이니셜: 소문자로 표기된 비서의 이니셜 (비서에 의해 작성된 경우에만)
Enclosure (다른 문서가 동봉된 경우에만)
cc: 이 편지의 복사본을 받을 사람 리스트

그림 10·5 블록 양식

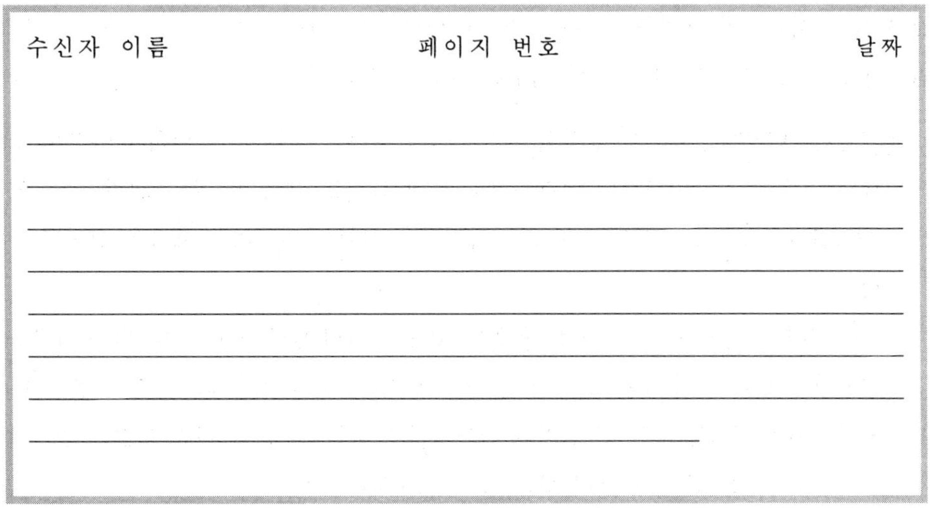

그림 10·6 한 페이지를 넘는 서신의 양식

그리고 이 서신이 보내는 사람이 직접 작성한 것이 아니라면 보내는 사람의 영문 대문자 이니셜과 대신 작성한 사람의 소문자 이니셜이 콜론으로 구분되어 기입된다. 또한, 동봉하는 서류가 있다면 "Enclosure"라는 말을 넣어서 받는 사람에게 동봉 서류가 있음을 알린다. 마지막으로 이 서신의 참조자 명단을 "cc:"라고 표시하고 기입한다.

업무용 서신 중에 가장 먼저 접하게 되는 서신은 지원서(letter of application 또는 cover letter)라고 불리는 서신이다. 이 서신은 이력서를 보낼 때 자신에 대한 정보의 일부를 부각시키기 위하여 이력서와 함께 보내는 서신이다. 그 내용은 크게 자기 소개 및 지원동기, 부각시키고 싶은 경험, 그리고 감사의 문구와 연락처의 세 가지 내용을 포함하도록 한다. 첫 부분의 소개 및 동기에서는 가능하다면 받는 사람이 알 수 있는 유명한 사람을 추천자로 언급하고, 자신이 회사가 요구하는 자격을 만족시키는 사람이라고 밝히는 것이 일반적이다. 두 번째 부분에서는 회사가 요구하는 능력과 관계있는 경험, 직책, 업적 등을 필요하다면 여러 문단에 걸쳐 기술하고 이러한 경력을 입증해줄 수 있는 사람의 이름을 언급하는 것이 좋다. 그리고 마지막 부분에서는 감사의 문구와 자신의 연락처, 그리고 연락하기 좋은 시간 등을 포함하는 것이 상례이다. 그림 10·7에 앞에서 소개되었던 그림 10·1의 이력서와 동반하여 우송될 지원서의 한 예를 보인다.

영어로 전자우편을 작성할 때에도 종이에 인쇄하여 보내는 편지 작성 방식을 따른다. 주로 블록형식을 많이 사용하며 보내는 사람과 받는 사람의 주소는 전자우편 주소로 대체되고 날짜는 자동적으로 기입된다. 전자우편의 마지막 부분에는 자신의 이름과 직책,

소속 등을 밝히는데 대부분의 전자우편 환경에서 제공하는 명함 기능을 사용할 수 있다. 전자우편을 작성할 때 주의할 사항은 다음과 같다.

- 적절한 제목의 선택: "Hello!"와 같은 제목은 아무런 의미도 전달하지 않으며 스팸 메일로 오해받을 수 있다. 전자우편을 보낸 목적을 제목만으로도 파악할 수 있게 "Meeting on July 20"와 같이 간략하면서도 의미를 전달하는 제목을 선정해야 한다.
- 여러 명의 수신자 또는 참조자: 동일한 내용을 여러 명에게 보낼 때 받는 사람들이 누구인지 서로 알지 않는 것이 좋은 경우가 있다. 이럴 경우에는 메일 주소를 나열하지 않아야 한다. 또한, 수신자가 참조자가 있다는 것을 알 필요가 없는 경우에는 비밀참조와 같은 기능을 사용하는 것이 필요하다.
- 첨부파일: 아마도 가장 흔한 실수는 첨부파일을 누락한 채 메일을 발송하는 것이다. 발송 버튼을 클릭하기 전에 필요한 파일이 모두 첨부되어 있는 확인하는 것이 바람직하다.

전자우편을 작성한 사례가 그림 10·8에 나타나 있다.

110 Kihaksa
21 Daehak-dong
Deahak-gu
Seoul
Korea

October 15, 2013

Mr. William A. Smith
Director, Product Design Center
Automotive Product Division
Delta Engineering Company
220 Fifth Avenue
Detroit, MI 46201
U. S. A.

Dear Mr. Smith:

At the suggestion of Professor Sangwon Hwang, the principal investigator of steer-by-wire motor project sponsored by Delta Engineering Company, I am writing to apply for a position in the Product Design Center. I believe that my experience on the steer-by-wire motor project should be of value to your ongoing development of steer-by-wire system in addition to my engineering education with an emphasis on control and automation. My credentials include:

> Undergraduate research assistant: I am spending my senior year working on the research project for developing a new motor for a steer-by-wire system. My major responsibility is designing the mechanical components such as motor casing, armature, and stator by using I-DEAS. In addition, I am also involved in stress analysis of the components and analysis of magnetic field inside a motor.
>
> Team leader for a robot competition: During my junior year, I was the leader of a team for the robot competition held by Hankook University. My team included another junior, a sophomore, and two freshmen. I led many design meetings and made key decisions on the design while being responsible for designing and building the power train of the robot. My team won the second place award in the competition.

I expect to graduate from Hankook University with a Bachelor of Science degree in mechanical engineering in February 2014. My career goals include a plan to pursue engineering management positions in multi-national companies. I will be very happy to provide any further information you might need. You can contact me at my e-mail address, kskim@hu.edu, or call 82-2-518-3984.

Thank you for your consideration.

Sincerely,

Kwangsoo Kim

Enclosure

그림 10·7 지원서

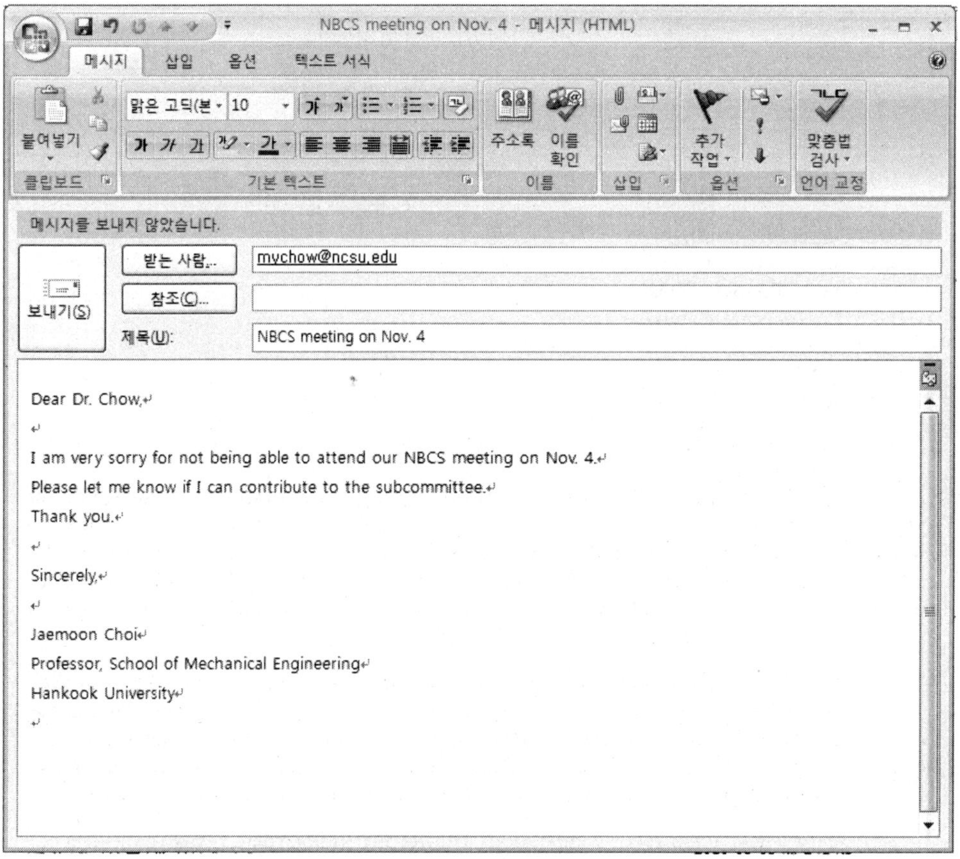

그림 10·8 전자우편 사례

10·3·3 영어 논문[10]

일반적으로 논문이라고 하면 크게 세 종류를 생각할 수 있다. 대학에서 학위 취득을 위해 작성되는 학위 논문과 학술 대회에서 발표되는 논문, 그리고 학술지에 실리는 논문이다. 학위 논문은 주로 thesis라고 하는데 수여받을 학위를 앞에 붙여서 B.S. thesis, M.S. thesis, Ph.D. 또는 doctoral thesis로 불린다. 대학원에서 작성되는 석사, 박사학위 논문은 수 십 페이지를 넘고 별도로 제본된다. 이와는 대조적으로 학사학위 논문은 학교마다 형식이 다른데 간략한 보고서의 형식을 갖추거나 또는 곧 설명할 학술 대회 논문의 형식을 빌리는 경우도 있다. 학술 대회에서 발표되는 논문은 흔히 conference paper 또는 conference proceeding이라고 분류되며 3~6 페이지 정도의 제한된 분량으로 최근의 연구결과를 발표하는 데 이용된다. 마지막으로 학술지 논문은

journal paper 또는 journal article이라고 일컬어지고 상당히 완결성이 있는 연구 결과를 담고 있다.

어떤 형태의 논문이라도 일반적인 공학 또는 과학 논문은 서론(introduction), 연구방법(research method), 결과와 토의(results and discussion), 그리고 결론(conclusions)의 네 부분으로 구성되는 것이 일반적이다.

서론에는 논문에서 다루고 있는 문제의 정의를 독자에게 제시하는 것이 그 주목적이다. 대개 서문의 첫 부분에서 독자에게 이 논문이 다루는 분야가 중요한 이유를 설명하고 독자의 관심을 유발시키는 것이 필요하다. 이와 더불어 이 분야와 관련된 이미 연구된 결과를 고찰하고 장단점을 비교한다. 이러한 배경에 대한 기술에 이어서 이 논문에서 다루는 문제의 보다 구체적인 정의를 내리고 사용된 문제 해결 방법과 그의 정당화, 그리고 주된 결과와 결론을 간략히 제시하는 구조를 갖는 것이 일반적이다. 많은 경우에 서론의 마지막 부분에는 이 논문의 구조, 즉 전체 논문이 몇 개의 절로 이루어졌고 각각의 절이 어떤 내용을 담고 있는지를 설명하는 단락이 추가된다.

연구방법에서는 연구가 어떻게 수행되었는지를 기술하는데 분량과 내용에 따라 몇 개의 장 또는 절로 구성할 수도 있다. 이론적인 연구에서는 수식과 그의 유도과정 등이 포함되며 실험적인 연구에서는 실험조건과 실험방법을 포함한다. 이러한 내용을 기술함에 있어서 다른 연구자가 동일한 실험이나 수식의 유도를 반복할 수 있을 정도로 상세히 기술하는 것이 필요하다. 특히 실험방법을 명확히 기술하기 위하여 시간의 경과를 따르는 것이 일반적이며, 내용이 복잡하다면 이를 표를 이용하여 요약하는 것도 독자의 이해를 돕는 데 큰 역할을 한다.

결과와 토의에서는 연구의 결과와 이의 과학적 의미, 기존 결과와의 비교를 다룬다. 연구의 결과를 설명하기 위하여 실험방법을 개략적으로 설명하고, 대표적인 데이터를 제시하는데 일반적으로 과거 시제를 사용한다. 마지막으로 결론에서는 연구결과의 요약과 이의 분석을 통한 결론을 제시한다. 때로는 결론에 추후 연구방향을 포함시키는 경우도 있다.

논문의 본문 외에 다른 여러 가지 요소가 있는데 그 중 가장 중요한 것이 제목이다. 논문의 제목을 선정하는 데 있어서 논문의 초점을 직접적으로 나타낼 수 있는 8개 내지 12개의 단어를 사용하는 것이 일반적이다. 특히 "A study on…" 또는 "An investigation on …"과 같은 무의미한 단어를 피하고 약어, 전문용어 등을 사용하지 않는 것이 좋다. 다음의 예가 바람직하지 못한 제목과 개선된 제목을 보여주고 있다.

A Study on the Effect of Design Modification on Vehicle Performance ↓ Effect of Lighter Lower Arms on the Ride Quality of Passenger Cars

제목에 이어서 저자의 이름과 소속이 기입되고 본문이 시작되기 전에 초록이 들어간다. 이 초록은 독자로 하여금 이 논문의 본문을 읽을 것인지를 미리 결정할 수 있도록 논문에서 다루고 있는 문제의 범위와 연구의 목표, 연구방법, 대표적인 연구결과, 그리고 중요한 결론을 담고 있어야한다. 많은 경우에 200 내지 300 단어의 한 문단으로 작성되며 과거 시제를 흔히 사용한다. 본문의 끝에는 참고 문헌이 포함되는데 본문에서 언급되는 선행 연구에 대한 서지 사항이 기록된다.

10·3·4 보고서와 계획서[11]

기업에서 사용되는 보고서는 기업 내부에서의 보고를 위한 비공식 보고서와 다른 외부 기관으로 제출할 공식 보고서의 두 종류가 있다. 비공식 보고서는 회사 내부에서 사용되는 메모의 양식을 사용하는 반면에 공식 보고서는 표지, 목차 등을 갖는 별도로 제본된 책의 형태를 갖는다.

비공식 보고서는 기업의 이름, 로고, 주소 등이 미리 인쇄되어 있는 편지지나 메모지에 작성된다. 보고서의 첫 머리에는 보고를 받는 사람의 이름과 그의 직책, 부서가 "To:" 다음에 기입되고 보고하는 사람의 이름, 직책, 부서가 "From:" 다음에 기입되는데 보고하는 사람과 받는 사람이 같은 부서이면 부서를 생략한다. 그리고, "Date:"에 날짜를 기입하고 "Re:," "RE:," "Subject:" 등을 이용하여 보고 내용을 요약할 수 있는 제목을 적는다. 또한 필요에 따라서 보고서를 배부할 명단을 "Dist:"에, 첨부된 문서들을 "Encl:"에, 마지막으로 관련있는 문서의 리스트를 "Ref:"에 기입한다. 보고서의 내용은 크게 세 부분으로 구분할 수 있는데 서문(Foreward), 요약(Summary), 그리고 세부사항과 토의(Details and Discussion)이다. 서문은 이공학적인 지식이 없을 수도 있는 관리자가 이해할 수 있도록 기술된 문제의 정의를 포함하며, 요약도 역시 관리자를 위한 중요 결과와 결론 또는 권고 사항을 포함한다. 마지막의 세부사항과 토의에는 이러한 결과 또는 권고를 뒷받침할 수 있는 기술적인 세부사항 및 결과의 분석을 포함하는 것이 일반적인 양식이다. 그림 10·9에 비공식 보고서의 양식을 나타내었다.

공식 보고서는 별도로 제본된 책자로 작성되기 때문에 표지, 초록, 목차, 그림 목차, 표 목차, 여러 장으로 구성된 본문, 참고문헌, 부록 등으로 구성된다. 이러한 보고서의 표지에는 제목, 보고서의 종류(중간 또는 최종 보고서 등), 날짜, 저자와 소속기관, 보고 받는 기관 등이 표기된다. 공식 보고서 표지의 한 예가 그림 10·10에 주어져 있다.

계획서 또는 제안서라고 번역될 수 있는 proposal은 어떤 연구나 사업 등을 수행하기 위하여 재정적인 지원을 요청하는 데 사용되는 문서이다. 공식 보고서와 비슷한 양식으로 작성되는데 별도로 제본되지 않는 경우가 많다. 표지, 초록, 목차 등이 계획서의 본 내용 앞에 들어가고 이에 이어서 문제의 정의, 연구나 사업의 목표, 제안된 내용의 중요성 등이 포함된 서론으로 본 내용을 시작한다. 다음에는 필요하다면 몇 개의 장 또는 절로 구성하여 목표를 달성하기 위한 방법, 결과를 평가하기 위한 계획, 시간에 따른 세부 작업의 진척 계획 등을 기술한다. 이렇게 기술한 연구 또는 사업을 수행하는 인적 자원에 대하여 각 참여자의 역할 및 참여 비중, 그러한 역할을 수행할 수 있다는 것을 뒷받침할 수 있는 간략한 자격 및 경력 등을 기술한다. 본 내용의 마지막에는 제안하는 과제를 수행하기 위하여 필요한 예산을 항목별로 표를 사용하여 기술하고 부록에 참여자의 이력사항과 필요하다면 관련된 논문 또는 문헌 등을 포함시킨다.

이러한 계획서의 구조를 정리하면 다음과 같다.

- title page : 계획서 표지
- abstract : 초록
- table of contents : 목차
- introduction : 문제의 정의, 연구나 사업의 목표, 제안된 내용의 중요성
- description of proposed research : 목표를 달성하기 위한 방법, 결과를 평가하기 위한 계획, 시간에 따른 세부 작업의 진척 계획
- list of references : 참고문헌
- personnel : 참여자의 역할 및 참여 비중, 그러한 역할을 수행할 수 있다는 것을 뒷받침할 수 있는 간략한 자격 및 경력
- proposed budget : 예산안
- appendices : 참여자의 이력사항, 필요하다면 관련된 논문 또는 문헌

Alpha Chemicals Inc.

100 Industrial Road
Soccerville, NY 13293

To: Mary Beckam, Manager, Safety Department
From: Robert Figo, Test Engineer, Quality Control Department
Date: November 12, 2010
Subject: Safety Test of A-Type LNG Container
Dist: Rebecca Hiddink, Manager, Quality Control Department
Encl: Attachment 1. Picture of the Failed Container
Attachment 2. LNG Container Drawing
Ref: LNG Container Failure Report on October 22, 2010

Forward

This report documents the safety test of A-type LNG containers, one of which failed during the test operation of the LNG vehicle, in order to determine the cause of the failure.

Summary

The reported failure seems to be an isolated incident due to a defect in the material since none of ten A-type containers showed any sign of failure during the safety test. It is recommended that a simple pressure test should be performed for incoming containers before the assembly process.

Detailed Test Results and Discussion

____

____

____

____

____

그림 10·9 비공식 보고서의 양식

Interim Report

Enhancement of Electromagnetic Immunity of Engine Management System

prepared
by

School of Electrical Engineering
Hankook University

for

Engine Management Systems Division
General Automobile Company

August 2011

그림 10·10 공식 보고서의 표지

참고문헌

1. T.N.Huckin and L. A. Olsen, *Technical Writing and Professional Communication for Nonnative Speakers of English*, 2nd Ed., McGraw-Hill Inc., New York, 1991, pp.503~530.
   D.Kosofsky, *Common Problems in Korean English*, (주)외국어연수사, 서울, 1999, pp.137~141.
2. D.Kosofsky, *Common Problems in Korean English*, (주)외국어연수사, 서울, 1999, pp.24~34.
3. D.Kosofsky, *Common Problems in Korean English*, (주)외국어연수사, 서울, 1999, pp.121~127.
   T.N.Huckin and L. A. Olsen, *Technical Writing and Professional Communication for Nonnative Speakers of English*, 2nd Ed., McGraw-Hill Inc., New York, 1991, pp.538~541.
4. T.N.Huckin and L. A. Olsen, *Technical Writing and Professional Communication for Nonnative Speakers of English*, 2nd Ed., McGraw-Hill Inc., New York, 1991, pp.538~541. R.A.Day, *How to Write & Publish a Scientific Paper*, 4th Ed., Oryx Press, Phoenix, 1994, pp.164~166.
5. D.Kosofsky, *Common Problems in Korean English*, (주)외국어연수사, 서울, 1999, pp..9~11 and pp.352~357.
6. T.N.Huckin and L. A. Olsen, *Technical Writing and Professional Communication for Nonnative Speakers of English*, 2nd Ed., McGraw-Hill Inc., New York, 1991, pp.653~661.
7. T.N.Huckin and L. A. Olsen, *Technical Writing and Professional Communication for Nonnative Speakers of English*, 2nd Ed., McGraw-Hill Inc., New York, 1991, pp.408~427.
8. T.N.Huckin and L. A. Olsen, *Technical Writing and Professional Communication for Nonnative Speakers of English*, 2nd Ed., McGraw-Hill Inc., New York, 1991, pp.187~206.
9. T.N.Huckin and L. A. Olsen, *Technical Writing and Professional Communication for Nonnative Speakers of English*, 2nd Ed., McGraw-Hill Inc., New York, 1991, pp.207~233.
   이철영, 슈퍼파워 비즈니스 영작문, 시사영어사, 서울, 2000, pp.35~52.
10. R.A.Day, *How to Write & Publish a Scientific Paper*, 4th Ed., Oryx Press, Phoenix, 1994, pp.4~7, pp.15~58. T.N.Huckin and L. A. Olsen, *Technical Writing and Professional Communication for Nonnative Speakers of English*, 2nd Ed., McGraw-Hill Inc., New York, 1991, pp.356~370.
11. T.N.Huckin and L. A. Olsen, *Technical Writing and Professional Communication for Nonnative Speakers of English*, 2nd Ed., McGraw-Hill Inc., New York, 1991, pp.249~309.

11장 영어발표와 면접

10장에서는 영어로 작성된 문서를 통한 명확한 의사전달을 위하여 문장과 문단의 구성 방법, 몇 가지 문서의 양식에 대하여 알아보았다. 이러한 문서를 통한 의사전달과 더불어 구두로 자신의 의사를 효과적으로 전달하는 능력도 필수적이다. 특히 외국기업을 상대하거나, 다국적 기업에 취직하는 경우, 또 대학원에 진학하여 국제학술대회에 참가하는 경우에 이러한 구두 의사소통 능력은 자신의 기술적인 능력을 더욱 돋보이게 할 수 있는 매우 중요한 요소가 된다. 이 장에서는 자신의 의사를 영어를 사용하여 구두로 표현하기 위하여 필요한 정확한 발음, 발표 요령, 그리고 면접을 위하여 유념하여야 할 사항들에 대하여 기술하고 있다.

11·1 발음[1]

한국어를 사용하며 성장해온 사람이 영어가 모국어인 사람과 똑같이 발음하는 것은 거의 불가능에 가까운 일이다. 그렇기 때문에 우리가 영어로 얘기할 때 외국인들이 잘 알아듣지를 못하거나 다른 뜻으로 오해하는 경우가 종종 있다. 일상생활에 있어서의 이러한 오해는 그다지 중요한 결과를 가져오지 않거나 곧 바로잡아지는 경우가 대부분이다. 하지만 실험, 설계, 생산 등에 대한 토의 중에 이러한 오해가 발생하면 수립된 계획에 차질이 생길 수 있고, 최악의 경우에는 생명을 위협할 수도 있는 것이다. 그러므로 우리는 영어를 사용하는 외국인과 똑같이 발음하려고 할 필요는 없지만, 그들과 중요한 대화를 나눌 때 의사를 정확히 전달할 정도로 발음할 수 있는 능력이 필요하다. 명확한 의사전달을 위한 여러 발음 중 우리 한국인들이 취약한 부분은 몇몇 종류의 음소, 단어의 강세, 문장의 억양이다.

영어에 사용되는 몇 가지의 음소가 한국어에 없기 때문에 이러한 음소를 포함한 단어의 발음이 한국인에게 어려운 경우가 있다. 이러한 사례가 아래에 요약되어 있다.

- f, ph, gh: find, philosophy, rough
- th: thin, thick, smooth, then
- v: various, valve, variable
- r: rice, rust
- l: milk, vanilla
- g: gage, language
- q: quotient, quota
- w: wood, would

이러한 어려운 발음이 서로 결합되어 있는 경우는 더욱 정확한 발음을 하기가 어려운데 large, girl, platform, puffy, south 등이 그러한 대표적인 예이다. 또한 비슷한 발음 때문에 쉽게 혼동을 일으키는 단어들에는 walk - work, pin - fin, lock - rock, flame - frame, loose - lose, rip - rib 등이 있어서 발음할 때 각별히 주의하여야 한다.

이러한 음소의 발음이 명확했다 하더라도 단어의 강세가 정확하지 않으면 의사소통이 제대로 이루어질 수 없는 경우가 발생한다. 단어의 강세란 단어에 포함된 한 모음이 다른 모음보다 더 강조되어 발음되는 것이다. 이러한 강조의 세기는 대개 세 가지 정도로 구분되는데 가장 강조되는 full stress, 약간 강조되는 partial stress, 그리고 전혀 강조가 없는 no stress가 사용된다. 예를 들자면 hypothesis는 hy^{po}the$_{sis}$와 같이 발음되는데 po와 같이 가장 강조되는 부분이 full stress, hy와 the 부분이 partial stress, 그리고 sis 부분이 no stress에 해당한다. 이러한 강세는 단어마다 다른 음절에 주어지는데 같은 어근의 단어라도 강세의 위치가 달라지고, 심지어 한 단어가 동사와 명사로 쓰일 때 강세의 위치가 달라진다. 한 예로 increase가 동사로 사용되면 incrěase로 강세가 뒤에 오지만, 명사로 사용되면 ǐncrease로 발음되어 강세가 첫 음절에 존재한다. 일반적으로 명사 또는 형용사로 쓰이는 경우에는 강세가 첫 음절에 주어지며, 동사로 쓰이는 경우에는 강세가 뒤의 음절에 주어진다.

정확한 단어의 발음과 더불어 효과적인 의사전달을 위해서는 문장에서의 적절한 강조, 억양, 그리고 끊어서 말하기가 중요하다. 문장을 말할 때 새로운 정보를 전달하는 명사, 동사, 형용사, 부사와 같은 단어들을 강조하여 말해야 하고, 앞의 내용과 반대되거나 대조되는 내용의 단어도 강조하여야 한다.

아래의 예문으로 발표를 시작하는 경우에 어떠한 단어들을 강조하여 발음해야 하는지를 아래의 예문에서 살펴볼 수 있다.

> The crash of the space shuttle Columbia is attributed to the loss of heat-protecting tiles during the takeoff. Is it the real cause? If not, what part of the shuttle are they looking into?

첫 번째 문장은 처음 시작하는 말이므로 문장의 모든 내용이 청중에게 새로운 정보를 전달하고 있다. 따라서 이 문장을 말할 때 이탤릭체로 표시한 단어들을 강조하여야 한다.

> The *crash* of the space *shuttle* Columbia is *attributed* to the *loss* of *heat-protecting tiles* during the *takeoff*.

두 번째 문장에서는 두 단어(real과 cause)만이 새로운 정보를 전달한다. 그러므로

> Is it the *real cause*?

와 같이 발음되어야 한다. 세 번째 문장에서는 앞 문장에서 제기한 질문에 대한 전환 또는 대비를 하고 있기 때문에 아래와 같이 거의 모든 단어들을 강조하여 발음하는 것이 필요하다.

> If *not, what* part of the *shuttle* are they *looking* into?

문장의 억양은 어떤 종류의 문장임을 알려주는 역할을 하는데 우리가 잘 아는 바와 같이 yes 또는 no로 대답해야 하는 문장은 끝부분에서 낮은 억양에서 높은 억양으로 변화하고, 나머지 문장(평서문, 의문사를 사용하는 의문문 등)은 높은 억양에서 낮은 억양으로 끝나게 된다. 특히 이러한 억양의 변화는 문장의 중요한 단어 중 가장 뒤에 나오는 단어부터 시작되는 것이 일반적이다. 위의 예문 중 두 번째 문장은 의문사를 사용하지 않은 의문문이므로 올라가는 억양으로 문장이 끝나야 하기 때문에 다음과 같이 발음될 수 있다.

> Is it the *real* *c*^{ause}?

단어의 강조와 문장의 억양을 결합하여 생각했을 때 예문의 마지막 문장은 다음과 같이 발음된다.

> If not, what part of the *shuttle* are they *looking* into?

마지막으로, 말하는 내용을 보다 정확하게 전달하기 위해서는 단어 사이의 적절한 끊어 말하기가 필요하다. 이러한 끊어 말하기는 문장의 절이나 구가 어디서 시작되고 끝나는지를 청중에게 알려주는 역할을 한다. 위의 예문에 사선(/)으로 표시된 적절한 끊어 말하기를 포함하여 말하는 방법은 다음과 같다.

> The *crash* of the *space shuttle Columbia* / is *attributed* to the *loss* of *heat-protecting tiles* / during the *takeoff*. / Is it the *real cause*? / If not, / *what* part of the *shuttle* /are they *looking* into?

11·2 영어 발표[2]

영어로 의사소통을 해야 하는 상황이 여러 가지이겠지만 이공계 출신으로서 직업적으로 처하게 되는 상황 중 가장 부담을 느끼는 것은 여러 사람들 앞에서 발표를 하는 것이다. 이러한 상황의 대부분의 경우에는 viewgraph, transparency, OHP slide 또는 단순히 slide라고 불리는 시각적 보조자료(visual aid)를 이용하게 된다. 얼마 전까지만 해도 이러한 시각적 보조자료를 사용하기 위해서는 발표내용을 적은 투명한 필름을 오버헤드 프로젝터를 이용하여 스크린에 비추었지만, 최근에는 노트북 컴퓨터의 출력을 빔 프로젝터 또는 LCD 프로젝터로 일컬어지는 장비로 보내어 스크린에 투영하는 것이 일반화되어 있다. 이 절에서는 시각적 보조자료를 시각자료로 줄여서 부르고, 이 시각자료를 준비하기 위하여 필요한 정보와 이를 이용하여 발표하는 데 있어서의 기법과 주의사항을 다루고 있다.

11·2·1 시각자료의 작성[3]

영어 발표를 위한 시각자료는 시각적인 보조 수단으로서 발표의 성패에 큰 영향을 미친다. 성공적인 발표를 위해서는 잘 준비된 시각자료가 필요하다. 이러한 시각자료는 청중이 발표 내용을 잘 따라올 수 있도록 발표 내용의 요약을 포함하고 있어야 하며, 말로는 설명하기 어려운 시각적인 정보를 담고 있어야 한다. 특히 우리와 같이 영어가 모국어가 아닌 경우에는 발음이 정확하지 않아 의사전달이 원활히 이루어지지 못할 수 있지만, 잘 준비된 시각자료를 사용하여 언어 장벽을 어느 정도 극복할 수 있다.

구두 발표를 위한 시각자료의 내용은 발표자가 말로 설명할 내용의 요약 또는 핵심어 등으로 구성된 텍스트가 포함된다. 매우 한정적인 내용을 전달해야 하는 발표의 제목, 문제의 정의, 결론 등과 같은 부분에는 발표자가 말할 내용과 완전히 일치하는 텍스트를 시각자료에 포함하는 것이 일반적이다. 이렇게 함으로써 내용이 함축하는 범위를 제한하고 시각적인 텍스트와 청각적인 말을 통하여 반복하기 때문에 청중에게 전달하고자 하는 의미를 더욱 강조할 수 있게 된다. 하지만 이런 경우 외에 발표자가 말하고자 하는 내용을 모두 시각자료에 포함하면 청중은 발표자의 발표 내용을 너무 미리 파악하고 발표자의 말에는 주의를 기울이지 않게 된다. 따라서 앞에서 언급한 몇몇의 특수한 경우를 제외하고 발표자가 말하고자 하는 내용을 모두 시각자료에 적는 것은 절대로 금물이다.

이러한 텍스트를 시각자료에 포함할 때 보다 쉽게 내용을 읽을 수 있도록 하기 위하여 굵고 고딕 형태를 갖는 폰트를 선택하는 것이 바람직하다. 예를 들자면 그림 11·1에 나타난 것과 같이 Helvetica, Arial, 굴림, 고딕과 같은 sans serif(글자의 획 끝에 장식이 없는) 폰트를 들 수 있다. 글자의 크기는 최소한 20 포인트 이상을 사용하여 청중이 시각자료의 텍스트를 읽기에 어려움이 없도록 배려하여야 한다. 또한 대문자의 사용은 문법적으로 필요한 부분을 제외하고는 사용을 제한하여, 대부분 소문자로 작성하는 것이 청중이

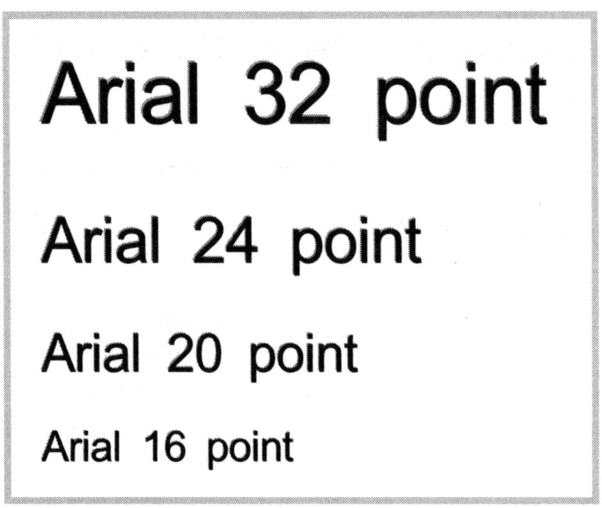

그림 11·1 Arial 폰트와 크기

보다 쉽게 읽을 수 있다고 알려져 있다. 마지막으로 한 줄의 텍스트에는 40자 이내, 그리고 한 페이지에는 15줄 이내의 텍스트를 사용하여야 너무 꽉 찬 느낌을 주지 않는다.

텍스트와 더불어 시각자료에 포함되는 자료 또한 성공적인 발표를 위하여 매우 중요한 요소이다. 이러한 시각적인 정보에는 그래프, 표, 사진, 블록 다이어그램, 플로우차트, 그림 등이 포함되며 최근에는 동영상도 많이 사용되고 있다. 다양한 시각적인 자료 중에서 이공학에 대한 지식이 있는 청중에게는 그림 11·2에 보인 것과 같이 그래프, 블록 다이어그램, 플로우차트 등을 사용하는 것이 무방하다. 하지만 기술적인 지식이 없는 청중에게는 가능하다면 그림 11·3과 같이 사진, 그림, 표 등을 사용하는 것이 바람직하다.

시각자료에 포함할 그래프가 선이나 막대를 다섯 개 이상 포함하고 있으면 청중이 그래프의 내용을 파악하기가 매우 어려워진다. 그러므로 선이나 막대의 수를 다섯 개 이내로 제한하여 그래프를 준비하는 것이 바람직하다. 표의 경우에 있어서도 15개 이상의 항목을 넘지 않도록 제한하는 것이 필요하다. 또한 사진을 시각적인 자료로 사용하기 위해서는 되도록 보여주고자 하는 물체를 크게 클로즈업하는 것이 필요하며 촬영된 사진에서 불필요한 부분을 잘라버리고 사용하는 것이 바람직하다. 마지막으로 여건이 허락한다면 시각적인 자료를 컬러로 보여주는 것이 보다 효과적일 수 있다.

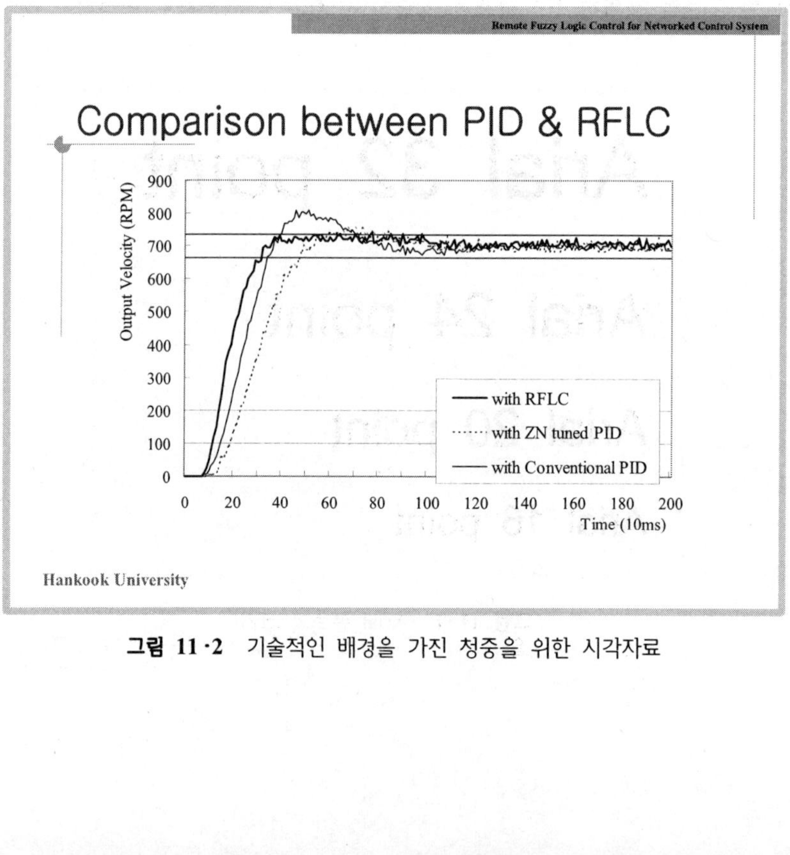

그림 11·2 기술적인 배경을 가진 청중을 위한 시각자료

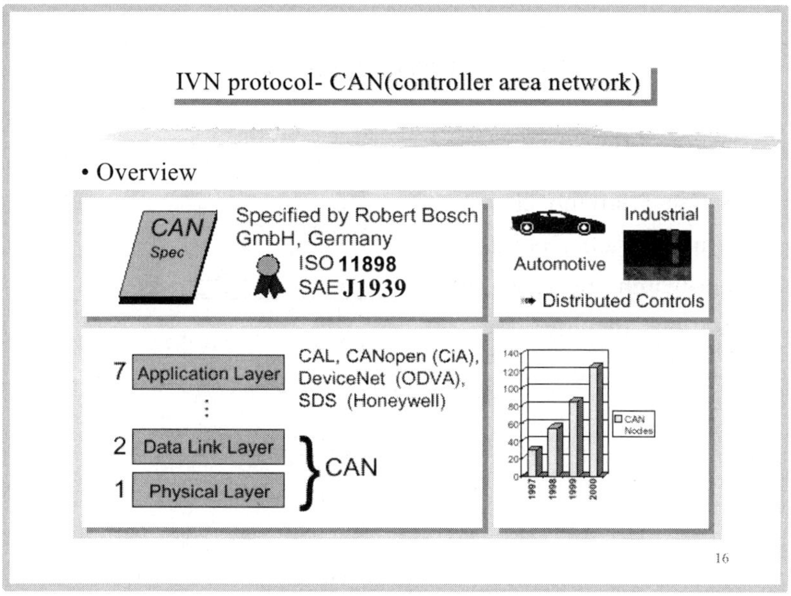

그림 11·3 기술적 배경이 없는 청중을 위한 시각자료

그리고 전반적인 시각자료의 준비에 있어서 사용되는 색의 종류가 너무 많지 않도록 절제하는 것이 바람직하다. 진한 글씨체, 기울인 글씨체, 밑줄 등을 너무 자주 사용하지 않도록 주의하여야 한다. 또한 시각자료의 방향은 A4 용지를 옆으로 눕힌 방향을 이용하는 것이 일반적이며, 빔 프로젝터를 사용할 때에는 노트북과의 호환성과 해상도를 점검하는 것이 필요하다. 부록 F에는 한 학과를 소개하는 시각자료와 발표자가 말할 내용의 예가 주어져 있다. 그리고 부록 G에는 파워포인트 사용법이 간략하게 정리되어 있다.

11·2·2 발표 기법[4]

일단 시각자료가 준비되면 발표를 위한 본격적인 준비를 시작할 수 있다. 이러한 준비 중에서 가장 먼저 해야 할 일은 시각자료에 기록된 발표 내용보다 더 자세한 내용을 준비하는 일이다. 즉 시각자료 한 장 한 장마다 언급해야 될 내용을 순서대로 기록하여 발표 도중에 누락되는 내용이 없는지 점검할 수 있는 목록을 작성하여야 한다. 이러한 목록의 작성을 위하여 그림 11·4와 같이 PowerPoint의 시각자료 노트 기능을 사용하면 시각자료와 상세한 발표 목록을 편리하게 기록하고 출력된 시각자료 노트를 이용하여 보다 효과적인 발표를 할 수 있다. 이렇게 준비된 내용을 기초로 발표를 연습하면서

Bus and Tree Topologies

· bus
  - a linear stretch of transmission medium
  - no switch, no repeater
  - stations directly attached to the bus via taps

· tree

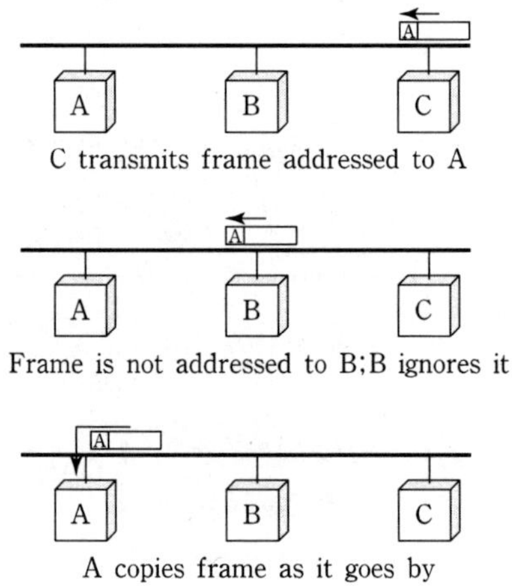

Frame Transmission on a Bus LAN

· bus
  - a linear stretch of transmission medium
  - no switch, no repeater
  - stations directly attached to the bus via taps
  - transmission from any station propagates the whole length of the medium and can be received by all other stations
  - terminators at both ends absorbing any signal

· two problems
  - need to indicate who is the receiver
  - need to allow only one station to transmit at a given time

· frame
  - destination address + data
  - stations not referred by the address simply ignores
  - destination station copies the frame as it passes by

· access regulation by having more control information

· tree
  - a generalized bus
  - starting from a headend with branches of transmission medium without any closed loop
  - transmission propagates throughout the medium

그림 11·4 발표자를 위한 시각자료 노트

한 장의 시각자료 내에서의 순서와 시각자료 사이의 논리적인 관계 등에 주의를 기울이는 것이 필요하다. 이런 과정에서 논리적인 또는 순차적인 관계가 어색한 부분은 시각자료를 수정하고 순서를 재배열함으로써 보다 매끄러운 발표를 준비할 수 있다.

상세한 발표 내용을 준비하는 과정에서 하지 않아야 할 것은 바로 발표할 말을 그대로 적고 이를 외워서 발표하려고 하는 것이다. 이렇게 준비한 발표는 앵무새처럼 들리는 부자연스러운 발표로 이어지게 되고, 결국에는 청중을 지루하게 만들어서 관심을 잃게 만들게 된다. 더구나 발표자는 암기한 원고를 잊을까 불안해하면서 발표하게 되어 발표가 완전히 실패하게 만드는 요인이 된다.

실질적인 발표에 있어서 발표자의 목소리는 뒷좌석의 청중이 들을 수 있을 정도로 명확하고 커야 한다. 만일 그렇지 못할 경우에는 마이크를 이용하여야 하는데 핀이나 집게로 마이크를 옷에 고정하는 방식이라면 마이크를 달기 쉽도록 넥타이를 하거나, 칼라가 있는 옷을 입는 것이 필요하다. 마이크를 사용하지 않는 경우에는 발표자가 말을 할 때 항상 청중을 보면서 말하는 것이 중요하다. 만일 스크린을 바라보며 말을 하게 되면 발표자의 목소리가 제대로 들리지 않아서 청중들의 주의를 끌기 어렵기 때문이다. 또한 발표자가 항상 명심해야 할 것은 아무리 발표시간이 제한되어 있더라도 말하는 속도가 지나치게 빨라서는 안 된다는 점이다. 특히 영어로 말하는 데 있어서 빨리 말할 수 있다는 것이 영어에 능통하다는 것과는 전혀 관계가 없음에도 불구하고 많은 사람이 이 두 가지를 동일시하는 경향이 있다. 영어가 모국어가 아닌 사람은 발음이 완벽할 수가 없고, 이렇게 완벽하지 않은 발음을 빨리 말하면 정확한 의사소통이 이루어질 수가 없음은 너무나 당연하다. 게다가 청중이 슬라이드의 내용과 발표자의 말을 이해하는 데에는 어느 정도 시간이 필요하기 때문에 영어가 모국어인 발표자에게도 천천히 말할 것을 권하고 있다.

발표에 주어진 시간을 효율적으로 사용하고 한정된 시간을 넘기지 않도록 주의하는 것도 성공적인 발표를 위하여 매우 중요하다. 발표 자료를 준비하는 과정에서 주어진 시간을 파악하는 것이 필수적이며 이 시간을 정확히 지키도록 발표를 준비하여야 한다. 때때로 발표 시간이 전달해야 할 내용에 비해 짧은 경우에는 부수적인 내용을 생략하고 핵심적인 내용만을 발표 자료에 포함시킨다. 일반적인 경우에 시각자료 한 장 당 약 2분을 기준으로 발표를 준비하는 것이 바람직하다고 알려져 있다. 발표를 시작할 때 시간을 확인하여 언제까지 발표를 마쳐야 하는지를 알고 있어야 하며, 이를 위하여 스톱워치 기능이나 타이머 기능이 있는 시계를 이용하는 것도 한 방법이다.

잘 준비된 시각자료와 명확하고 큰 목소리, 그리고 빠르지 않은 말하기 외에도 성공적인 발표를 위한 요인으로 안정감을 주는 발표자의 행동을 들 수 있다. 대부분의 경우에 발표자가 청중 앞에서 발표하는 것을 두려워하기 때문에 평소에는 관찰할 수 없는 행동을 하는 경우가 많이 있다. 대표적인 예로는 손 또는 다리 떨기, 펜과 같은 손에 든 물건을 만지작거리기, 초조하게 청중 앞을 왔다 갔다 하기, 지휘봉을 쓸데없이 휘두르기, 지휘봉으로 스크린 치기 등을 들 수 있다. 특히 레이저 포인터를 항상 킨 상태로 들고 있거나 포인터를 사용할 때, 손이 떨려서 스크린 위에 빨간 점이 마구 움직이게 되면 청중의 주의를 분산시키는 것은 물론 청중을 매우 불편하게 만드는 결과를 가져올 수 있다.

발표의 시작과 끝은 청중의 주의를 확실히 끌어야 하기 때문에 다른 부분보다 훨씬 더 어려운 부분이다. 대개 이 부분들은 발표의 서론과 결론에 해당되는데, 서론에서는 청중에게 왜 이 발표를 들어야 하는지에 대한 이유를 제시하고 전달하고자 하는 내용에 대한 약간의 힌트를 주는 것이 필요하다. 이와는 대조적으로 결론에서는 발표가 끝나는것을 알리고 발표의 주된 내용을 요약하는 것이 필요하다. 이러한 서론과 결론의 기능을 효과적으로 수행하기 위하여 발표의 시작에서는 발표 내용과 관련된 개인적인 경험을 이야기하거나, 청중에게 수사적인 질문을 던지거나, 매우 극적인 예를 들거나, 농담을 하거나, 또는 유명한 사람의 말을 인용하는 방식을 흔히 이용한다. 발표의 마지막 부분에서도 시작에서와 마찬가지로 수사적인 질문을 던지는 방식이나 인용하는 방식을 이용할 수도 있다. 또한 관련된 이야기를 하거나, 은유적인 표현을 이용할 수도 있다.

발표가 매끄럽게 진행되기 위해서는 시각자료 한 장에 담긴 내용들 사이와 시각자료 간의 논리적 연결을 잘 설명해주어야 한다. 발표자가 자신이 말하려는 핵심 내용들이 어떤 관계에 있는지 잘 설명하면 청중이 발표자의 의도를 쉽게 이해할 수 있게 되는 것이다. 이러한 논리적인 관계는 문장 사이와 시각자료 사이에 적절한 부사 또는 부사구를 사용함으로써 논리적인 전환이 있다는 것을 청중에게 쉽게 알릴 수 있다. 이러한 논리적인 전환에는 시간의 흐름, 추가적인 항목, 부연 설명, 비교, 대조, 인과관계, 순차적인 관계, 결말 또는 요약 등이 포함되며 이러한 전환을 위해 흔히 사용되는 말들을 표 11·1에 요약하였다.

표 11·1 논리적인 전환을 알려주는 용어

시간의 흐름	until, now, since, later, earlier, in the past, in the future, at present, following, before, after, eventually
추가적인 항목	moreover, furthermore, in addition, also, besides
부연 설명	for example, to illustrate, for instance, in other words, case in point
비교	compared with, in comparison, likewise, similarly, like, just as
대조	but, yet, however, on the other hand, still, in contrast, despite, on the contrary, otherwise
인과 관계	therefore, thus, hence, because of, due to, as a result, consequently
순차적 관계	first, second, in the first place, to begin with, initially, finally
결말 또는 요약	in short, finally, in conclusion, to summarize

11·2·3 비언어적 의사소통[5]

구두 발표에 있어서 언어적인 요인 외에 비언어적인 요소로는 부호, 색, 물리적인 요소 등을 들 수 있다. 시각자료 내용에 사용되는 폰트의 종류와 크기, 글자의 부가적인 수식(밑줄, 굵은체, 기울임 등), 대문자와 소문자의 선택 등 부호에 관련된 것들은 각각의 청중으로부터 다른 반응을 일으킬 수 있다. 따라서 보수적인 입장에서 폰트의 종류를 선정하고 밑줄 등을 지나치게 많이 사용하는 것을 피하는 것이 필요하다. 이와는 대조적으로 거의 모든 청중들이 공통적으로 받아들이는 것도 있는데, 그러한 예가 시각자료의 내용 중 들여 쓴 부분이 그렇지 않은 내용에 종속된 것이라는 것이다. 또 다른 예는 나열된 항목의 앞에 붙는 라벨의 의미인데 숫자를 이용한 라벨(1, 2, 3 …)은 중요한 순서나 시간적인 순서인 것을 의미하고, 불릿기호(●, ◆, ▶ 등)를 이용한 라벨은 그러한 순서가 상대적으로 약하다는 것을 함축하고 있다. 이렇게 공통적으로 받아들여지는 것과 서로 충돌하게 시각자료를 작성하면 청중을 혼동시키는 결과를 가져올 수 있다.

색에 대한 청중의 반응은 부호에 대한 반응보다 더욱 다양하다고 알려져 있다. 따라서 시각자료에서 색을 보수적으로 사용할 필요가 있다. 일반적으로 시각자료의 배경과 같이 넓은 영역에 차분한 색을 사용하고, 강조할 필요가 있는 부분이나 좁은 영역에 밝은 색을 사용하는 것이 좋다고 알려져 있다.

발표장의 환경과 발표자의 행동과 표정 등 물리적인 요소도 발표의 성패를 좌우하는 중요한 요소이다. 발표장의 환경에는 온도, 조명, 좌석의 배열 등이 포함되는데, 청중이 편안한 상태에서 발표를 들을 수 있고 토의에 쉽게 참여할 수 있는 환경을 마련하는 것이 필요하다. 발표자와 청중 개개인 간의 눈맞춤(eye contact)는 비록 짧게 이루어지지만 발표 시간 동안 여러 청중과 지속적으로 이루어져야 한다. 이러한 눈맞춤을 통하여 청중의 반응을 살펴서 발표 속도를 조절하거나 다시 한 번 중요한 내용을 설명할 수 있어야 한다. 또한 이러한 눈맞춤은 발표자에 대한 청중의 신뢰도를 높여주는 효과가 있기 때문에 적절한 눈맞춤을 유지하는 것이 절대적으로 필요하다. 이외에도 발표자의 얼굴표정, 복장, 용모, 발표자와 청중과의 거리 등 다양한 요소가 비언어적인 의사소통에 포함되어 있기 때문에 이러한 요소에도 주의를 기울여야 한다.

11·3 영어 면접[6]

다국적 회사에 취직을 하기 위하여 영어 면접을 치루는 것은 누구에게도 상당히 부담스러운 일일 것이다. 보다 성공적인 면접을 위하여 가장 먼저 필요한 것은 어떤 면접관이 무엇을 알고 싶어 하는가를 파악하는 것이다. 일반적으로 이공계 출신을 면접하는 경우에 그 회사의 이공계 출신 직원이 면접관으로 참여할 확률이 높다. 또한 해당 부서의 관리자와 인사 담당 관리자 등이 면접관으로 참여하는 것이 대부분이다. 이러한 사람들이 궁금해 하는 것은 지원자가 충분한 지식이 있어서 담당할 업무를 잘 수행할 수 있을 것인가, 부서의 다른 사람들과 협동할 수 있는가, 그리고 결론적으로 지원자를 고용할 것인가 하는 것이다. 이러한 인식을 바탕으로 면접관의 여러 질문에 답변을 차분히 이끌어 간다면 성공적으로 면접을 마칠 수 있을 것이다.

또 다른 준비 사항은 지원한 회사와 직책에 대하여 미리 조사하는 것이다. 이번에 채용하려는 직책과 업무가 무엇인지 파악하고 지원한 회사의 제품과 서비스, 공장과 본사의 위치, 그리고 몇몇 중요한 임원이 누구인가 등을 알아두는 것이 필요하다. 마지막으로 면접에서 흔히 접할 수 있는 질문들에 대한 예상 답안을 준비하는 것도 필요하다. 흔한 질문으로 왜 지원하는가, 커리어에 대한 어떤 계획이 있는가, 지원자의 장점과 단점이 무엇인가, 지원자가 리더쉽을 발휘한 사례가 무엇인가 등을 들 수 있다.

면접에서 하지 말아야 할 말이나 행동은 다음과 같다.

• 면접관이 first name을 이용하지 않으면 면접관을 first name으로 불러서는 안

된다.

- 이름을 잘못 기억하여 틀린 이름을 부르지 말라.
- 직장을 구하기 위하여 필사적으로 노력하고 있다는 인상을 주어서는 안 된다.
- 이전 직장과 상사에 대하여 험담을 하지 말라.
- 회사에 대한 무지를 들어내는 질문을 해서는 안 된다.
- 쓸데없는 자기 자랑을 늘어놓지 말라.
- 주어진 질문에 대하여 지나치게 긴 답변을 피하고 1분 이내에 답변을 마무리하라.
- 면접관이 질문하라고 했을 때 질문 없다고 답변하지 말라.

참고문헌

1. T.N.Huckin and L. A. Olsen, *Technical Writing and Professional Communication for Nonnative Speakers of English*, 2nd Ed., McGraw-Hill Inc., New York, 1991, pp.627~650.
2. T.N.Huckin and L. A. Olsen, *Technical Writing and Professional Communication for Nonnative Speakers of English*, 2nd Ed., McGraw-Hill Inc., New York, 1991, pp.371~383.
3. M.Davis, *Scientific Papers and Presentations*, Academic Press Inc., San Diego, 1997, pp.147~156.
4. M.Davis, *Scientific Papers and Presentations*, Academic Press Inc., San Diego, 1997, pp.157~171.
5. M.Davis, *Scientific Papers and Presentations*, Academic Press Inc., San Diego, 1997, pp.137~145.
6. M.Davis, *Scientific Papers and Presentations*, Academic Press Inc., San Diego, 1997, pp.129~131.

부 록

부록 A | 한글 맞춤법

제1장 총 칙

제1항 한글 맞춤법은 표준어를 소리대로 적되, 어법에 맞도록 함을 원칙으로 한다.
제2항 문장의 각 단어는 띄어 씀을 원칙으로 한다.
제3항 외래어는 '외래어 표기법'에 따라 적는다.

제2장 자 모

제4항 한글 자모의 수는 스물넉 자로 하고, 그 순서와 이름은 다음과 같이 정한다.

ㄱ(기역)	ㄴ(니은)	ㄷ(디귿)	ㄹ(리을)	ㅁ(미음)
ㅂ(비읍)	ㅅ(시옷)	ㅇ(이응)	ㅈ(지읒)	ㅊ(치읓)
ㅋ(키읔)	ㅌ(티읕)	ㅍ(피읖)	ㅎ(히읗)	
ㅏ(아)	ㅑ(야)	ㅓ(어)	ㅕ(여)	ㅗ(오)
ㅛ(요)	ㅜ(우)	ㅠ(유)	ㅡ(으)	ㅣ(이)

[붙임 1] 위의 자모로써 적을 수 없는 소리는 두 개 이상의 자모를 어울러서 적되, 그 순서와 이름은 다음과 같이 정한다.

ㄲ(쌍기역)	ㄸ(쌍디귿)	ㅃ(쌍비읍)	ㅆ(쌍시옷)	ㅉ(쌍지읒)
ㅐ(애)	ㅒ(얘)	ㅔ(에)	ㅖ(예)	ㅘ(와)
ㅙ(왜)	ㅚ(외)	ㅝ(워)	ㅞ(웨)	ㅟ(위)
ㅢ(의)				

[붙임 2] 사전에 올릴 적의 자모 순서는 다음과 같이 정한다.

자 음:	ㄱ	ㄲ	ㄴ	ㄷ	ㄸ	ㄹ	ㅁ	ㅂ
	ㅃ	ㅅ	ㅆ	ㅇ	ㅈ	ㅉ	ㅊ	ㅋ
	ㅌ	ㅍ	ㅎ					
모 음:	ㅏ	ㅐ	ㅑ	ㅒ	ㅓ	ㅔ	ㅕ	ㅖ
	ㅗ	ㅘ	ㅙ	ㅚ	ㅛ	ㅜ	ㅝ	ㅞ
	ㅟ	ㅠ	ㅡ	ㅢ	ㅣ			

제 3 장 소리에 관한 것

• 제 1 절 된소리

제 5 항 한 단어 안에서 뚜렷한 까닭 없이 나는 된소리는 다음 음절의 첫소리를 된소리로 적는다.

1. 두 모음 사이에서 나는 된소리

소쩍새	어깨	오빠	으뜸	아끼다
기쁘다	깨끗하다	어떠하다	해쓱하다	가끔
거꾸로	부썩	어찌	이따금	

2. 'ㄴ, ㄹ, ㅁ, ㅇ' 받침 뒤에서 나는 된소리

산뜻하다	잔뜩	살짝	훨씬	담뿍
움찔	몽땅	엉뚱하다		

다만, 'ㄱ, ㅂ' 받침 뒤에서 나는 된소리는, 같은 음절이나 비슷한 음절이 겹쳐 나는 경우가 아니면 된소리로 적지 아니한다.

국수	깍두기	딱지	색시	싹둑(~싹둑)
법석	갑자기	몹시		

• 제 2 절 구개음화

제 6 항 'ㄷ, ㅌ' 받침 뒤에 종속적 관계를 가진 '-이(-)'나 '-히-'가 올 적에는, 그 'ㄷ, ㅌ'이 'ㅈ, ㅊ'으로 소리나더라도 'ㄷ, ㅌ'으로 적는다(ㄱ을 취하고, ㄴ을 버림).

ㄱ	ㄴ	ㄱ	ㄴ
맏이	마지	같이	가치
해돋이	해도지	끝이	끄치
굳이	구지	핥이다	할치다

ㄱ	ㄴ	ㄱ	ㄴ
걷히다	거치다	묻히다	무치다
닫히다	다치다		

• 제 3 절 'ㄷ' 소리 받침

제 7 항 'ㄷ' 소리로 나는 받침 중에서 'ㄷ'으로 적을 근거가 없는 것은 'ㅅ'으로 적는다.

덧저고리	돗자리	엇셈	웃어른	핫옷
무릇	사뭇	얼핏	자칫하면	뭇[衆]
옛	첫	헛		

• 제 4 절 모 음

제 8 항 '계, 례, 몌, 폐, 혜'의 'ㅖ'는 'ㅔ'로 소리나는 경우가 있더라도 'ㅖ'로 적는다 (ㄱ을 취하고, ㄴ을 버림).

ㄱ	ㄴ	ㄱ	ㄴ
계수(桂樹)	게수	혜택(惠澤)	헤택
사례(謝禮)	사레	계집	게집
연몌(連袂)	연메	핑계	핑게
폐품(廢品)	페품	계시다	게시다

다만, 다음 말은 본음대로 적는다.

게송(偈頌) 게시판(揭示板) 휴게실(休憩室)

제 9 항 '의'나, 자음을 첫소리로 가지고 있는 음절의 'ㅢ'는 'ㅣ'로 소리나는 경우가 있더라도 'ㅢ'로 적는다(ㄱ을 취하고, ㄴ을 버림).

ㄱ	ㄴ	ㄱ	ㄴ
의의(意義)	의이	늴큼	닝큼
본의(本義)	본이	띄어쓰기	띠어쓰기
무늬[紋]	무니	씌어	씨어
보늬	보니	틔어	티어
오늬	오니	희망(希望)	히망
하늬바람	하니바람	희다	히다
늴리리	닐리리	유희(遊戲)	유히

• 제 5 절 두음 법칙

제 10 항 한자음 '녀, 뇨, 뉴, 니'가 단어 첫머리에 올 적에는, 두음 법칙에 따라 '여, 요, 유, 이'로 적는다(ㄱ을 취하고, ㄴ을 버림).

ㄱ	ㄴ	ㄱ	ㄴ
여자(女子)	녀자	유대(紐帶)	뉴대
연세(年歲)	년세	이토(泥土)	니토
요소(尿素)	뇨소	익명(匿名)	닉명

다만, 다음과 같은 의존 명사에서는 '냐, 녀' 음을 인정한다.

냥(兩) 냥쭝(兩-) 년(年)(몇 년)

[붙임 1] 단어의 첫머리 이외의 경우에는 본음대로 적는다.

남녀(男女) 당뇨(糖尿) 결뉴(結紐) 은닉(隱匿)

[붙임 2] 접두사처럼 쓰이는 한자가 붙어서 된 말이나 합성어에서, 뒷말의 첫소리가 'ㄴ' 소리로 나더라도 두음 법칙에 따라 적는다.

신여성(新女性) 공염불(空念佛) 남존여비(男尊女卑)

[붙임 3] 둘 이상의 단어로 이루어진 고유 명사를 붙여 쓰는 경우에도 붙임 2에 준하여 적는다.

한국여자대학 대한요소비료회사

제 11 항 한자음 '랴, 려, 례, 료, 류, 리'가 단어의 첫머리에 올 적에는, 두음 법칙에 따라 '야, 여, 예, 요, 유, 이'로 적는다(ㄱ을 취하고, ㄴ을 버림).

ㄱ	ㄴ	ㄱ	ㄴ
양심(良心)	량심	용궁(龍宮)	룡궁
역사(歷史)	력사	유행(流行)	류행
예의(禮儀)	례의	이발(理髮)	리발

다만, 다음과 같은 의존 명사는 본음대로 적는다.

리(里) : 몇 리냐?
리(理) : 그럴 리가 없다.

[붙임 1] 단어의 첫머리 이외의 경우에는 본음대로 적는다.

개량(改良) 선량(善良) 수력(水力) 협력(協力)
사례(謝禮) 혼례(婚禮) 와룡(臥龍) 쌍룡(雙龍)

하류(下流) 급류(急流) 도리(道理) 진리(眞理)

다만, 모음이나 'ㄴ' 받침 뒤에 이어지는 '렬, 률'은 '열, 율'로 적는다.(ㄱ을 취하고, ㄴ을 버림.)

ㄱ	ㄴ	ㄱ	ㄴ
나열(羅列)	나렬	분열(分裂)	분렬
치열(齒列)	치렬	선열(先烈)	선렬
비열(卑劣)	비렬	진열(陳列)	진렬
규율(規律)	규률	선율(旋律)	선률
비율(比率)	비률	전율(戰慄)	전률
실패율(失敗率)	실패률	백분율(百分率)	백분률

[붙임 2] 외자로 된 이름을 성에 붙여 쓸 경우에도 본음대로 적을 수 있다.

신립(申砬) 최린(崔麟) 채륜(蔡倫) 하륜(河崙)

[붙임 3] 준말에서 본음으로 소리나는 것은 본음대로 적는다.

국련(국제연합) 대한교련(대한교육연합회)

[붙임 4] 접두사처럼 쓰이는 한자가 붙어서 된 말이나 합성어에서, 뒷말의 첫소리가 'ㄴ' 또는 'ㄹ' 소리로 나더라도 두음 법칙에 따라 적는다.

역이용(逆利用) 연이율(年利率)

열역학(熱力學) 해외여행(海外旅行)

[붙임 5] 둘 이상의 단어로 이루어진 고유 명사를 붙여 쓰는 경우나 십진법에 따라 쓰는 수(數)도 붙임 4에 준하여 적는다.

서울여관 신흥이발관

육천육백육십육(六千六百六十六)

제 12 항 한자음 '라, 래, 로, 뢰, 루, 르'가 단어의 첫머리에 올 적에는, 두음 법칙에 따라 '나, 내, 노, 뇌, 누, 느'로 적는다(ㄱ을 취하고, ㄴ을 버림).

ㄱ	ㄴ	ㄱ	ㄴ
낙원(樂園)	락원	뇌성(雷聲)	뢰성
내일(來日)	래일	누각(樓閣)	루각
노인(老人)	로인	능묘(陵墓)	릉묘

[붙임 1] 단어의 첫머리 이외의 경우에는 본음대로 적는다.

쾌락(快樂) 극락(極樂) 거래(去來) 왕래(往來)

부로(父老)	연로(年老)	지뢰(地雷)	낙뢰(落雷)
고루(高樓)		광한루(廣寒樓)	
동구릉(東九陵)		가정란(家庭欄)	

[붙임 2] 접두사처럼 쓰이는 한자가 붙어서 된 단어는 뒷말을 두음 법칙에 따라 적는다.

내내월(來來月)	상노인(上老人)
중노동(重勞動)	비논리적(非論理的)

• 제 6 절 겹쳐 나는 소리

제 13 항 한 단어 안에서 같은 음절이나 비슷한 음절이 겹쳐 나는 부분은 같은 글자로 적는다(ㄱ을 취하고, ㄴ을 버림).

ㄱ	ㄴ	ㄱ	ㄴ
딱딱	딱닥	꼿꼿하다	꼿곳하다
쌕쌕	쌕색	놀놀하다	놀롤하다
씩씩	씩식	눅눅하다	능눅하다
똑딱똑딱	똑닥똑닥	밋밋하다	민밋하다
쓱싹쓱싹	쓱삭쓱삭	싹싹하다	싹삭하다
연연불망(戀戀不忘)	연련불망	쌉쌀하다	쌉살하다
유유상종(類類相從)	유류상종	씁쓸하다	씁슬하다
누누이(屢屢-)	누루이	짭짤하다	짭잘하다

제 4 장 형태에 관한 것

• 제 1 절 체언과 조사

제 14 항 체언은 조사와 구별하여 적는다.

떡이	떡을	떡에	떡도	떡만
손이	손을	손에	손도	손만
팔이	팔을	팔에	팔도	팔만
밤이	밤을	밤에	밤도	밤만
집이	집을	집에	집도	집만
옷이	옷을	옷에	옷도	옷만

콩이	콩을	콩에	콩도	콩만
낮이	낮을	낮에	낮도	낮만
꽃이	꽃을	꽃에	꽃도	꽃만
밭이	밭을	밭에	밭도	밭만
앞이	앞을	앞에	앞도	앞만
밖이	밖을	밖에	밖도	밖만
넋이	넋을	넋에	넋도	넋만
흙이	흙을	흙에	흙도	흙만
삶이	삶을	삶에	삶도	삶만
여덟이	여덟을	여덟에	여덟도	여덟만
곬이	곬을	곬에	곬도	곬만
값이	값을	값에	값도	값만

• 제 2 절 어간과 어미

제 15 항 용언의 어간과 어미는 구별하여 적는다.

먹다	먹고	먹어	먹으니
신다	신고	신어	신으니
믿다	믿고	믿어	믿으니
울다	울고	울어	(우니)
넘다	넘고	넘어	넘으니
입다	입고	입어	입으니
웃다	웃고	웃어	웃으니
찾다	찾고	찾아	찾으니
좇다	좇고	좇아	좇으니
같다	같고	같아	같으니
높다	높고	높아	높으니
좋다	좋고	좋아	좋으니
깎다	깎고	깎아	깎으니
앉다	앉고	앉아	앉으니
많다	많고	많아	많으니
늙다	늙고	늙어	늙으니
젊다	젊고	젊어	젊으니
넓다	넓고	넓어	넓으니

핥다	핥고	핥어	핥으니
읊다	읊고	읊어	읊으니
옳다	옳고	옳아	옳으니
없다	없고	없어	없으니
있다	있고	있어	있으니

[붙임 1] 두 개의 용언이 어울려 한 개의 용언이 될 적에, 앞말의 본뜻이 유지되고 있는 것은 그 원형을 밝히어 적고, 그 본뜻에서 멀어진 것은 밝히어 적지 아니한다.

(1) 앞말의 본뜻이 유지되고 있는 것

넘어지다	늘어나다	늘어지다	돌아가다	되짚어가다
들어가다	떨어지다	벌어지다	엎어지다	접어들다
틀어지다	흩어지다			

(2) 본뜻에서 멀어진 것

드러나다	사라지다	쓰러지다

[붙임 2] 종결형에서 사용되는 어미 '-오'는 '요'로 소리나는 경우가 있더라도 그 원형을 밝혀 '오'로 적는다(ㄱ을 취하고, ㄴ을 버림).

ㄱ	ㄴ
이것은 책이오.	이것은 책이요.
이리로 오시오.	이리로 오시요.
이것은 책이 아니오.	이것은 책이 아니요.

[붙임 3] 연결형에서 사용되는 '이요'는 '이오'로 적는다(ㄱ을 취하고, ㄴ을 버림).

ㄱ	ㄴ
이것은 책이오, 저것은 붓이오, 또 저것은 먹이다.	이것은 책이요, 저것은 붓이요, 또 저것은 먹이다.

제16항 어간의 끝음절 모음이 'ㅏ, ㅗ'일 때에는 어미를 '-아'로 적고, 그 밖의 모음일 때에는 '-어'로 적는다.

1. '-아'로 적는 경우

나아	나아도	나아서
막아	막아도	막아서
얇아	얇아도	얇아서
돌아	돌아도	돌아서
보아	보아도	보아서

2. '-어'로 적는 경우

개어	개어도	개어서
겪어	겪어도	겪어서
되어	되어도	되어서
베어	베어도	베어서
쉬어	쉬어도	쉬어서
저어	저어도	저어서
주어	주어도	주어서
피어	피어도	피어서
희어	희어도	희어서

제 17 항 어미 뒤에 덧붙는 조사 '-오'는 '-요'로 적는다.

읽어	읽어요
참으리	참으리요
좋지	좋지요

제 18 항 다음과 같은 용언들은 어미가 바뀔 경우, 그 어간이나 어미가 원칙에 벗어나면 벗어나는 대로 적는다.

1. 어간의 끝 'ㄹ'이 줄어질 적

갈다 :	가니	간	갑니다	가시다	가오
놀다 :	노니	논	놉니다	노시다	노오
불다 :	부니	분	붑니다	부시다	부오
둥글다 :	둥그니	둥근	둥급니다	둥그시다	둥그오
어질다 :	어지니	어진	어집니다	어지시다	어지오

[붙임] 다음과 같은 말에서도 'ㄹ'이 준 대로 적는다.

마지못하다　마지않다　(하)다마다　(하)자마자
(하)지 마라　(하)지 마(아)

2. 어간의 끝 'ㅅ'이 줄어질 적

긋다 :	그어	그으니	그었다
낫다 :	나아	나으니	나았다
잇다 :	이어	이으니	이었다
짓다 :	지어	지으니	지었다

3. 어간의 끝 'ㅎ'이 줄어질 적[1)]

그렇다 :	그러니	그럴	그러면	그러오
까맣다 :	까마니	까말	까마면	까마오
동그랗다 :	동그라니	동그랄	동그라면	동그라오
퍼렇다 :	퍼러니	퍼럴	퍼러면	퍼러오
하얗다 :	하야니	하얄	하야면	하야오

4. 어간의 끝 'ㅜ, ㅡ'가 줄어질 적

푸다 :	퍼	펐다	뜨다 :	떠	떴다
끄다 :	꺼	껐다	크다 :	커	컸다
담그다 :	담가	담갔다	고프다 :	고파	고팠다
따르다 :	따라	따랐다	바쁘다 :	바빠	바빴다

5. 어간의 끝 'ㄷ'이 'ㄹ'로 바뀔 적

걷다〔步〕 :	걸어	걸으니	걸었다
듣다〔聽〕 :	들어	들으니	들었다
묻다〔問〕 :	물어	물으니	물었다
싣다〔載〕 :	실어	실으니	실었다

6. 어간의 끝 'ㅂ'이 'ㅜ'로 바뀔 적

깁다 :	기워	기우니	기웠다
굽다〔炙〕 :	구워	구우니	구웠다
가깝다 :	가까워	가까우니	가까웠다
괴롭다 :	괴로워	괴로우니	괴로웠다
맵다 :	매워	매우니	매웠다
무겁다 :	무거워	무거우니	무거웠다
밉다 :	미워	미우니	미웠다
쉽다 :	쉬워	쉬우니	쉬웠다

다만, '돕-, 곱-'과 같은 단음절 어간에 어미 '-아'가 결합되어 '와'로 소리나는 것은 '-와'로 적는다.

돕다〔助〕 :	도와	도와서	도와도	도왔다
곱다〔麗〕 :	고와	고와서	고와도	고왔다

---

1) 고시본에서 보였던 용례 중 '그럽니다, 까맙니다, 동그랍니다, 퍼럽니다, 하얍니다'는 1994년 12월 16일에 열린 국어 심의회의 결정에 따라 삭제하기로 하였다. '표준어 규정' 제17항이 자음 뒤의 '-습니다'를 표준어로 정함에 따라 '그렇습니다, 까맣습니다, 동그랗습니다, 퍼렇습니다, 하얗습니다'가 표준어가 되는 것과 상충하기 때문이다.

7. '하다'의 활용에서 어미 '-아'가 '-여'로 바뀔 적

하다 :	하여	하여서	하여도	하여라
	하였다			

8. 어간의 끝음절 '르' 뒤에 오는 어미 '-어'가 '-러'로 바뀔 적

이르다[至] :	이르러	이르렀다
노르다 :	노르러	노르렀다
누르다 :	누르러	누르렀다
푸르다 :	푸르러	푸르렀다

9. 어간의 끝음절 '르'의 'ㅡ'가 줄고, 그 뒤에 오는 어미 '-아/-어'가 '-라/-러'로 바뀔 적

가르다 :	갈라	갈랐다	부르다 :	불러	불렀다
거르다 :	걸러	걸렀다	오르다 :	올라	올랐다
구르다 :	굴러	굴렀다	이르다 :	일러	일렀다
벼르다 :	별러	별렀다	지르다 :	질러	질렀다

• 제 3 절 접미사가 붙어서 된 말

제 19 항 어간에 '-이'나 '-음/-ㅁ'이 붙어서 명사로 된 것과 '- 이'나 '-히'가 붙어서 부사로 된 것은 그 어간의 원형을 밝히어 적는다.

1. '-이'가 붙어서 명사로 된 것

길이	깊이	높이	다듬이	땀받이
달맞이	먹이	미닫이	벌이	벼훑이
살림살이	쇠붙이			

2. '-음/-ㅁ'이 붙어서 명사로 된 것

걸음	묶음	믿음	얼음	엮음
울음	웃음	졸음	죽음	앎
만듦				

3. '-이'가 붙어서 부사로 된 것

같이	굳이	길이	높이	많이
실없이	좋이	짓궂이		

4. '-히'가 붙어서 부사로 된 것

밝히	익히	작히

다만, 어간에 '-이'나 '-음'이 붙어서 명사로 바뀐 것이라도 그 어간의 뜻과 멀어진 것은 원형을 밝히어 적지 아니한다.

굽도리 다리[髢] 목거리(목병) 무녀리
코끼리 거름(비료) 고름[膿] 노름(도박)

[붙임] 어간에 '-이'나 '-음' 이외의 모음으로 시작된 접미사가 붙어서 다른 품사로 바뀐 것은 그 어간의 원형을 밝히어 적지 아니한다.

(1) 명사로 바뀐 것

귀머거리 까마귀 너머 뜨더귀 마감
마개 마중 무덤 비렁뱅이 쓰레기
올가미 주검

(2) 부사로 바뀐 것

거뭇거뭇 너무 도로 뜨덤뜨덤 바투
불긋불긋 비로소 오긋오긋 자주 차마

(3) 조사로 바뀌어 뜻이 달라진 것

나마 부터 조차

제 20 항 명사 뒤에 '-이'가 붙어서 된 말은 그 명사의 원형을 밝히어 적는다.

1. 부사로 된 것

곳곳이 낱낱이 몫몫이 샅샅이 앞앞이
집집이

2. 명사로 된 것

바둑이 삼발이 애꾸눈이
육손이 절뚝발이 / 절름발이

[붙임] '-이' 이외의 모음으로 시작된 접미사가 붙어서 된 말은 그 명사의 원형을 밝히어 적지 아니한다.

꼬락서니 끄트머리 모가치 바가지 바깥
사타구니 싸라기 이파리 지붕 지푸라기
짜개

제 21 항 명사나 혹은 용언의 어간 뒤에 자음으로 시작된 접미사가 붙어서 된 말은 그 명사나 어간의 원형을 밝히어 적는다.

1. 명사 뒤에 자음으로 시작된 접미사가 붙어서 된 것

값지다 홑지다 넋두리 빛깔 옆댕이
잎사귀

2. 어간 뒤에 자음으로 시작된 접미사가 붙어서 된 것

낚시	늙정이	덮개	뜯게질	갉작갉작하다
갉작거리다	뜯적거리다	뜯적뜯적하다	굵다랗다	굵직하다
깊숙하다	넓적하다	높다랗다	늙수그레하다	얽죽얽죽하다

다만, 다음과 같은 말은 소리대로 적는다.

(1) 겹받침의 끝소리가 드러나지 아니하는 것

할짝거리다	널따랗다	널찍하다	말끔하다	말쑥하다
말짱하다	실쭉하다	실큼하다	얄따랗다	얄팍하다
짤따랗다	짤막하다	실컷		

(2) 어원이 분명하지 아니하거나 본뜻에서 멀어진 것

넙치	올무	골막하다	납작하다

제 22 항 용언의 어간에 다음과 같은 접미사들이 붙어서 이루어진 말들은 그 어간을 밝히어 적는다.

1. '-기-, -리-, -이-, -히-, -구-, -우-, -추-, -으키-, -이키-, -애-'가 붙는 것

맡기다	옮기다	웃기다	쫓기다	뚫리다
울리다	낚이다	쌓이다	핥이다	굳히다
굽히다	넓히다	앉히다	얽히다	잡히다
돋구다	솟구다	돋우다	갖추다	곧추다
맞추다	일으키다	돌이키다	없애다	

다만, '-이-, -히-, -우-'가 붙어서 된 말이라도 본뜻에서 멀어진 것은 소리대로 적는다.

도리다(칼로~)	드리다(용돈을~)	고치다
바치다(세금을~)	부치다(편지를~)	거두다
미루다	이루다	

2. '-치-, -뜨리-, -트리-'가 붙는 것

놓치다	덮치다	떠받치다	받치다	밭치다
부딪치다	뻗치다	엎치다	부딪뜨리다/부딪트리다	
쏟뜨리다/쏟트리다		젖뜨리다/젖트리다		
찢뜨리다/찢트리다		흩뜨리다/흩트리다		

[붙임] '-업-, -읍-, -브-'가 붙어서 된 말은 소리대로 적는다.

미덥다	우습다	미쁘다

제 23 항 '-하다'나 '-거리다'가 붙는 어근에 '-이'가 붙어서 명사가 된 것은 그 원형을 밝히어 적는다(ㄱ을 취하고, ㄴ을 버림).

ㄱ	ㄴ	ㄱ	ㄴ
깔쭉이	깔쭈기	살살이	살사리
꿀꿀이	꿀꾸리	쌕쌕이	쌕쌔기
눈깜짝이	눈깜짜기	오뚝이	오뚜기
더펄이	더퍼리	코납작이	코납자기
배불뚝이	배불뚜기	푸석이	푸서기
삐죽이	삐주기	홀쭉이	홀쭈기

[붙임] '-하다'나 '-거리다'가 붙을 수 없는 어근에 '-이'나 또는 다른 모음으로 시작되는 접미사가 붙어서 명사가 된 것은 그 원형을 밝히어 적지 아니한다.

개구리	귀뚜라미	기러기	깍두기	꽹과리
날라리	누더기	동그라미	두드러기	딱따구리
매미	부스러기	뻐꾸기	얼루기	칼싹두기

제 24 항 '-거리다'가 붙을 수 있는 시늉말 어근에 '-이다'가 붙어서 된 용언은 그 어근을 밝히어 적는다(ㄱ을 취하고, ㄴ을 버림).

ㄱ	ㄴ	ㄱ	ㄴ
깜짝이다	깜짜기다	속삭이다	속사기다
꾸벅이다	꾸버기다	숙덕이다	숙더기다
끄덕이다	끄더기다	울먹이다	울머기다
뒤척이다	뒤처기다	움직이다	움지기다
들먹이다	들머기다	지껄이다	지꺼리다
망설이다	망서리다	퍼덕이다	퍼더기다
번득이다	번드기다	허덕이다	허더기다
번쩍이다	번쩌기다	헐떡이다	헐떠기다

제 25 항 '-하다'가 붙는 어근에 '-히'나 '-이'가 붙어서 부사가 되거나, 부사에 '-이'가 붙어서 뜻을 더하는 경우에는 그 어근이나 부사의 원형을 밝히어 적는다.

1. '-하다'가 붙는 어근에 '-히'나 '-이'가 붙는 경우

급히 꾸준히 도저히 딱히 어렴풋이 깨끗이

[붙임] '-하다'가 붙지 않는 경우에는 소리대로 적는다.

갑자기 반드시(꼭) 슬며시

2. 부사에 '-이'가 붙어서 역시 부사가 되는 경우

곰곰이 더욱이 생긋이 오뚝이 일찍이 해죽이

제 26 항 '-하다'나 '-없다'가 붙어서 된 용언은 그 '-하다'나 '-없다'를 밝히어 적는다.

1. '-하다'가 붙어서 용언이 된 것

딱하다 숱하다 착하다 텁텁하다 푹하다

2. '-없다'가 붙어서 용언이 된 것

부질없다 상없다 시름없다 열없다 하염없다

• 제 4 절 합성어 및 접두사가 붙은 말

제 27 항 둘 이상의 단어가 어울리거나 접두사가 붙어서 이루어진 말은 각각 그 원형을 밝히어 적는다.

국말이 꺾꽂이 꽃잎 끝장 물난리
밑천 부엌일 싫증 옷안 웃옷
젖몸살 첫아들 칼날 팥알 헛웃음
홀아비 홑몸 흙내 값없다 겉늙다
굶주리다 낮잡다 맞먹다 받내다 벋놓다
빗나가다 빛나다 새파랗다 샛노랗다 시꺼멓다
싯누렇다 엇나가다 엎누르다 엿듣다 옻오르다
짓이기다 헛되다

[붙임 1] 어원은 분명하나 소리만 특이하게 변한 것은 변한 대로 적는다.

할아버지 할아범

[붙임 2] 어원이 분명하지 아니한 것은 원형을 밝히어 적지 아니한다.

골병 골탕 끌탕 며칠 아재비
오라비 업신여기다 부리나케

[붙임 3] '이[齒, 虱]'가 합성어나 이에 준하는 말에서 '니' 또는 '리'로 소리날 때에는 '니'로 적는다.

간니 덧니 사랑니 송곳니 앞니
어금니 윗니 젖니 톱니 틀니
가랑니 머릿니

제 28 항 끝소리가 'ㄹ'인 말과 딴 말이 어울릴 적에 'ㄹ' 소리가 나지 아니하는 것은 아니 나는 대로 적는다.

다달이(달 - 달 - 이)	따님(딸 - 님)	마되(말 - 되)
마소(말 - 소)	무자위(물 - 자위)	바느질(바늘 - 질)
부나비(불 - 나비)	부삽(불 - 삽)	부손(불 - 손)
소나무(솔 - 나무)	싸전(쌀 - 전)	여닫이(열 - 닫이)
우짖다(울 - 짖다)	화살(활 - 살)	

제 29 항 끝소리가 'ㄹ'인 말과 딴 말이 어울릴 적에 'ㄹ' 소리가 'ㄷ' 소리로 나는 것은 'ㄷ'으로 적는다.

반짇고리(바느질~)	사흗날(사흘~)	삼짇날(삼질~)
섣달(설~)	숟가락(술~)	이튿날(이틀~)
잗주름(잘~)	푿소(풀~)	섣부르다(설~)
잗다듬다(잘~)	잗다랗다(잘~)	

제 30 항 사이시옷은 다음과 같은 경우에 받치어 적는다.

1. 순 우리말로 된 합성어로서 앞말이 모음으로 끝난 경우

(1) 뒷말의 첫소리가 된소리로 나는 것

고랫재	귓밥	나룻배	나뭇가지	냇가
댓가지	뒷갈망	맷돌	머릿기름	모깃불
못자리	바닷가	뱃길	볏가리	부싯돌
선짓국	쇳조각	아랫집	우렁잇속	잇자국
잿더미	조갯살	찻집	쳇바퀴	킷값
핏대	햇볕	혓바늘		

(2) 뒷말의 첫소리 'ㄴ, ㅁ' 앞에서 'ㄴ' 소리가 덧나는 것

멧나물	아랫니	텃마당	아랫마을	뒷머리
잇몸	깻묵	냇물	빗물	

(3) 뒷말의 첫소리 모음 앞에서 'ㄴㄴ' 소리가 덧나는 것

도리깻열	뒷윷	두렛일	뒷일	뒷입맛
베갯잇	욧잇	깻잎	나뭇잎	댓잎

2. 순 우리말과 한자어로 된 합성어로서 앞말이 모음으로 끝난 경우

(1) 뒷말의 첫소리가 된소리로 나는 것

귓병	머릿방	뱃병	봇둑	사잣밥

샛강	아랫방	자릿세	전셋집	찻잔
찻종	촛국	콧병	탯줄	텃세
핏기	햇수	횟가루	횟배	

(2) 뒷말의 첫소리 'ㄴ, ㅁ' 앞에서 'ㄴ' 소리가 덧나는 것

곗날	제삿날	훗날	툇마루	양칫물

(3) 뒷말의 첫소리 모음 앞에서 'ㄴㄴ' 소리가 덧나는 것

가욋일	사삿일	예삿일	훗일

3. 두 음절로 된 다음 한자어

곳간(庫間)	셋방(貰房)	숫자(數字)	찻간(車間)
툇간(退間)	횟수(回數)		

제 31 항 두 말이 어울릴 적에 'ㅂ' 소리나 'ㅎ' 소리가 덧나는 것은 소리대로 적는다.

1. 'ㅂ' 소리가 덧나는 것

댑싸리(대ㅂ싸리)	멥쌀(메ㅂ쌀)	볍씨(벼ㅂ씨)
입때(이ㅂ때)	입쌀(이ㅂ쌀)	접때(저ㅂ때)
좁쌀(조ㅂ쌀)	햅쌀(해ㅂ쌀)	

2. 'ㅎ' 소리가 덧나는 것

머리카락(머리ㅎ가락)	살코기(살ㅎ고기)	수캐(수ㅎ개)
수컷(수ㅎ것)	수탉(수ㅎ닭)	안팎(안ㅎ밖)
암캐(암ㅎ개)	암컷(암ㅎ것)	암탉(암ㅎ닭)

• 제 5 절 준 말

제 32 항 단어의 끝모음이 줄어지고 자음만 남은 것은 그 앞의 음절에 받침으로 적는다.[2)]

(본말)	(준말)
기러기야	기럭아
어제그저께	엊그저께
어제저녁	엊저녁
가지고, 가지지	갖고, 갖지
디디고, 디디지	딛고, 딛지

2) 고시본에서 보였던 '온갖, 온가지' 중 '온가지'는 '표준어 규정' 제14항에서 비표준어로 처리하였으므로 삭제하였다.

제 33 항 체언과 조사가 어울려 줄어지는 경우에는 준 대로 적는다.

(본말)	(준말)
그것은	그건
그것이	그게
그것으로	그걸로
나는	난
나를	날
너는	넌
너를	널
무엇을	뭣을/무얼/뭘
무엇이	뭣이/무에

제 34 항 모음 'ㅏ, ㅓ'로 끝난 어간에 '-아/-어, -았-/-었-'이 어울릴 적에는 준 대로 적는다.

(본말)	(준말)	(본말)	(준말)
가아	가	가았다	갔다
나아	나	나았다	났다
타아	타	타았다	탔다
서어	서	서었다	섰다
켜어	켜	켜었다	켰다
펴어	펴	펴었다	폈다

[붙임 1] 'ㅐ, ㅔ' 뒤에 '-어, -었-'이 어울려 줄 적에는 준 대로 적는다.

(본말)	(준말)	(본말)	(준말)
개어	개	개었다	갰다
내어	내	내었다	냈다
베어	베	베었다	벴다
세어	세	세었다	셌다

[붙임 2] '하여'가 한 음절로 줄어서 '해'로 될 적에는 준 대로 적는다.

(본말)	(준말)	(본말)	(준말)
하여	해	하였다	했다
더하여	더해	더하였다	더했다
흔하여	흔해	흔하였다	흔했다

제 35 항 모음 'ㅗ, ㅜ'로 끝난 어간에 '-아/-어, -았-/-었-'이 어울려 'ㅘ/ㅝ, ㅘㅆ/ ㅝㅆ'으로 될 적에는 준 대로 적는다.

(본말)	(준말)	(본말)	(준말)
꼬아	꽈	꼬았다	꽜다
보아	봐	보았다	봤다
쏘아	쏴	쏘았다	쐈다
두어	둬	두었다	뒀다
쑤어	쒀	쑤었다	쒔다
주어	줘	주었다	줬다

[붙임 1] '놓아'가 '놔'로 줄 적에는 준 대로 적는다.

[붙임 2] 'ㅚ' 뒤에 '-어, -었-'이 어울려 'ㅙ, ㅙㅆ'으로 될 적에도 준 대로 적는다.

(본말)	(준말)	(본말)	(준말)
괴어	괘	괴었다	괬다
되어	돼	되었다	됐다
뵈어	봬	뵈었다	뵀다
쇠어	쇄	쇠었다	쇘다
쐬어	쐐	쐬었다	쐤다

제 36 항 'ㅣ' 뒤에 '-어'가 와서 'ㅕ'로 줄 적에는 준 대로 적는다.

(본말)	(준말)	(본말)	(준말)
가지어	가져	가지었다	가졌다
견디어	견뎌	견디었다	견뎠다
다니어	다녀	다니었다	다녔다
막히어	막혀	막히었다	막혔다
버티어	버텨	버티었다	버텼다
치이어	치여	치이었다	치였다

제 37 항 'ㅏ, ㅕ, ㅗ, ㅜ, ㅡ'로 끝난 어간에 '-이-'가 와서 각각 'ㅐ, ㅖ, ㅚ, ㅟ, ㅢ'로 줄 적에는 준 대로 적는다.

(본말)	(준말)	(본말)	(준말)
싸이다	쌔다	누이다	뉘다
펴이다	폐다	뜨이다	띄다
보이다	뵈다	쓰이다	씌다

제 38 항 ‘ㅏ, ㅗ, ㅜ, ㅡ’ 뒤에 ‘-이어’가 어울려 줄어질 적에는 준 대로 적는다.

(본말)	(준말)	(본말)	(준말)
싸이어	쌔어 싸여	뜨이어	띄어
보이어	뵈어 보여	쓰이어	씌어 쓰여
쏘이어	쐬어 쏘여	트이어	틔어 트여
누이어	뉘어 누여		

제 39 항 어미 ‘-지’ 뒤에 ‘않-’이 어울려 ‘-잖-’이 될 적과 ‘-하지’ 뒤에 ‘않-’이 어울려 ‘-찮-’이 될 적에는 준 대로 적는다.

(본말)	(준말)	(본말)	(준말)
그렇지 않은	그렇잖은	만만하지 않다	만만찮다
적지 않은	적잖은	변변하지 않다	변변찮다

제 40 항 어간의 끝음절 ‘하’의 ‘ㅏ’가 줄고 ‘ㅎ’이 다음 음절의 첫소리와 어울려 거센소리로 될 적에는 거센소리로 적는다.

(본말)	(준말)	(본말)	(준말)
간편하게	간편케	다정하다	다정타
연구하도록	연구토록	정결하다	정결타
가하다	가타	흔하다	흔타

[붙임 1] ‘ㅎ’이 어간의 끝소리로 굳어진 것은 받침으로 적는다.

않다	않고	않지	않든지
그렇다	그렇고	그렇지	그렇든지
아무렇다	아무렇고	아무렇지	아무렇든지
어떻다	어떻고	어떻지	어떻든지
이렇다	이렇고	이렇지	이렇든지
저렇다	저렇고	저렇지	저렇든지

[붙임 2] 어간의 끝음절 '하'가 아주 줄 적에는 준 대로 적는다.

(본말)	(준말)	(본말)	(준말)
거북하지	거북지	넉넉하지 않다	넉넉지 않다
생각하건대	생각건대	못하지 않다	못지않다
생각하다 못해	생각다 못해	섭섭하지 않다	섭섭지 않다
깨끗하지 않다	깨끗지 않다	익숙하지 않다	익숙지 않다

[붙임 3] 다음과 같은 부사는 소리대로 적는다.

결단코 결코 기필코 무심코 아무튼
요컨대 정녕코 필연코 하마터면 하여튼
한사코

제5장 띄어쓰기

● 제1절 조 사

제41항 조사는 그 앞말에 붙여 쓴다.

꽃이 꽃마저 꽃밖에 꽃에서부터 꽃으로만
꽃이나마 꽃이다 꽃입니다 꽃처럼 어디까지나
거기도 멀리는 웃고만

● 제2절 의존 명사, 단위를 나타내는 명사 및 열거하는 말 등

제42항 의존 명사는 띄어 쓴다.

아는 것이 힘이다. 나도 할 수 있다.
먹을 만큼 먹어라. 아는 이를 만났다.
네가 뜻한 바를 알겠다. 그가 떠난 지가 오래다.

제43항 단위를 나타내는 명사는 띄어 쓴다.

한 개 차 한 대 금 서 돈 소 한 마리
옷 한 벌 열 살 조기 한 손 연필 한 자루
버선 한 죽 집 한 채 신 두 켤레 북어 한 쾌

다만, 순서를 나타내는 경우나 숫자와 어울리어 쓰이는 경우에는 붙여 쓸 수 있다.

두시 삼십분 오초 제일과 삼학년

육층	1446년 10월 9일	2대대
16동 502호	제1실습실	80원
10개	7미터	

제 44 항 수를 적을 적에는 '만(萬)' 단위로 띄어 쓴다.

십이억 삼천사백오십육만 칠천팔백구십팔
12억 3456만 7898

제 45 항 두 말을 이어 주거나 열거할 적에 쓰이는 다음의 말들은 띄어 쓴다.

국장 겸 과장	열 내지 스물
청군 대 백군	책상, 걸상 등이 있다
이사장 및 이사들	사과, 배, 귤 등등
사과, 배 등속 부산, 광주 등지	

제 46 항 단음절로 된 단어가 연이어 나타날 적에는 붙여 쓸 수 있다.

그때 그곳 좀더 큰 것 이말 저말 한잎 두잎

• 제 3 절 보조 용언

제 47 항 보조 용언은 띄어 씀을 원칙으로 하되, 경우에 따라 붙여 씀도 허용한다(ㄱ을 원칙으로 하고, ㄴ을 허용함).

ㄱ	ㄴ
불이 꺼져 간다.	불이 꺼져간다.
내 힘으로 막아 낸다.	내 힘으로 막아낸다.
어머니를 도와 드린다.	어머니를 도와드린다.
그릇을 깨뜨려 버렸다.	그릇을 깨뜨려버렸다.
비가 올 듯하다.	비가 올듯하다.
그 일은 할 만하다.	그 일은 할만하다.
일이 될 법하다.	일이 될법하다.
비가 올 성싶다.	비가 올성싶다.
잘 아는 척한다.	잘 아는척한다.

다만, 앞말에 조사가 붙거나 앞말이 합성 동사인 경우, 그리고 중간에 조사가 들어갈 적에는 그 뒤에 오는 보조 용언은 띄어 쓴다.

잘도 놀아만 나는구나! 책을 읽어도 보고…….
네가 덤벼들어 보아라. 강물에 떠내려가 버렸다.
그가 올 듯도 하다. 잘난 체를 한다.

• 제 4 절 고유 명사 및 전문 용어

제 48 항 성과 이름, 성과 호 등은 붙여 쓰고, 이에 덧붙는 호칭어, 관직명 등은 띄어 쓴다.

김양수(金良洙) 서화담(徐花潭)
채영신 씨 최치원 선생
박동식 박사 충무공 이순신 장군

다만, 성과 이름, 성과 호를 분명히 구분할 필요가 있을 경우에는 띄어 쓸 수 있다.

남궁억 / 남궁 억 독고준 / 독고 준
황보지봉(皇甫芝峰) / 황보 지봉

제 49 항 성명 이외의 고유 명사는 단어별로 띄어 씀을 원칙으로 하되, 단위별로 띄어 쓸 수 있다(ㄱ을 원칙으로 하고, ㄴ을 허용함).

ㄱ	ㄴ
대한 중학교	대한중학교
한국 대학교 사범 대학	한국대학교 사범대학

제 50 항 전문 용어는 단어별로 띄어 씀을 원칙으로 하되, 붙여 쓸 수 있다(ㄱ을 원칙으로 하고, ㄴ을 허용함).

ㄱ	ㄴ
만성 골수성 백혈병	만성골수성백혈병
중거리 탄도 유도탄	중거리탄도유도탄

제 6 장 그 밖의 것

제 51 항 부사의 끝음절이 분명히 '이'로만 나는 것은 '-이'로 적고, '히'로만 나거나 '이'나 '히'로 나는 것은 '-히'로 적는다.

1. '이'로만 나는 것

가붓이	깨끗이	나붓이	느긋이	둥긋이
따뜻이	반듯이	버젓이	산뜻이	의젓이
가까이	고이	날카로이	대수로이	번거로이
많이	적이	헛되이	겹겹이	번번이
일일이	집집이	틈틈이		

2. '히'로만 나는 것

극히	급히	딱히	속히	작히
족히	특히	엄격히	정확히	

3. '이, 히'로 나는 것

솔직히	가만히	간편히	나른히	무단히
각별히	소홀히	쓸쓸히	정결히	과감히
꼼꼼히	심히	열심히	급급히	답답히
섭섭히	공평히	능히	당당히	분명히
상당히	조용히	간소히	고요히	도저히

제 52 항 한자어에서 본음으로도 나고 속음으로도 나는 것은 각각 그 소리에 따라 적는다.

(본음으로 나는 것)	(속음으로 나는 것)
승낙(承諾)	수락(受諾), 쾌락(快諾), 허락(許諾)
만난(萬難)	곤란(困難), 논란(論難)
안녕(安寧)	의령(宜寧), 회령(會寧)
분노(忿怒)	대로(大怒), 희로애락(喜怒哀樂)
토론(討論)	의논(議論)
오륙십(五六十)	오뉴월, 유월(六月)
목재(木材)	모과(木瓜)
십일(十日)	시방정토(十方淨土), 시왕(十王), 시월(十月)
팔일(八日)	초파일(初八日)

제 53 항 다음과 같은 어미는 예사소리로 적는다.(ㄱ을 취하고, ㄴ을 버림.)

ㄱ	ㄴ
-(으)ㄹ거나	-(으) 거나

ㄱ	ㄴ
-(으)ㄹ걸	-(으)ㄹ껄
-(으)ㄹ게	-(으)ㄹ께
-(으)ㄹ세	-(으)ㄹ쎄
-(으)ㄹ세라	-(으)ㄹ쎄라
-(으)ㄹ수록	-(으)ㄹ쑤록
-(으)ㄹ시	-(으)ㄹ씨
-(으)ㄹ지	-(으)ㄹ찌
-(으)ㄹ지니라	-(으)ㄹ찌니라
-(으)ㄹ지라도	-(으)ㄹ찌라도
-(으)ㄹ지어다	-(으)ㄹ찌어다
-(으)ㄹ지언정	-(으)ㄹ찌언정
-(으)ㄹ진대	-(으)ㄹ찐대
-(으)ㄹ진저	-(으)ㄹ찐저
-올시다	-올씨다

다만, 의문을 나타내는 다음 어미들은 된소리로 적는다.

-(으)ㄹ까? -(으)ㄹ꼬?
-(스)ㅂ니까? -(으)리까?
-(으)ㄹ쏘냐?

제 54 항 다음과 같은 접미사는 된소리로 적는다(ㄱ을 취하고, ㄴ을 버림).

ㄱ	ㄴ	ㄱ	ㄴ
심부름꾼	심부름군	귀때기	귓대기
익살꾼	익살군	볼때기	볼대기
일꾼	일군	판자때기	판잣대기
장꾼	장군	뒤꿈치	뒷굼치
장난꾼	장난군	팔꿈치	팔굼치
지게꾼	지겟군	이마빼기	이맛배기
때깔	땟갈	코빼기	콧배기
빛깔	빛갈	객쩍다	객적다
성깔	성갈	겸연쩍다	겸연적다

제 55 항 두 가지로 구별하여 적던 다음 말들은 한 가지로 적는다(ㄱ을 취하고, ㄴ을 버림).

ㄱ	ㄴ
맞추다(입을 맞춘다. 양복을 맞춘다.)	마추다
뻗치다(다리를 뻗친다. 멀리 뻗친다.)	뻐치다

제 56 항 '-더라, -던'과 '-든지'는 다음과 같이 적는다.

1. 지난 일을 나타내는 어미는 '-더라, -던'으로 적는다(ㄱ을 취하고, ㄴ을 버림).

ㄱ	ㄴ
지난 겨울은 몹시 춥더라.	지난 겨울은 몹시 춥드라.
깊던 물이 얕아졌다.	깊든 물이 얕아졌다.
그렇게 좋던가?	그렇게 좋든가?
그 사람 말 잘하던데!	그 사람 말 잘하든데!
얼마나 놀랐던지 몰라.	얼마나 놀랐든지 몰라.

2. 물건이나 일의 내용을 가리지 아니하는 뜻을 나타내는 조사와 어미는 '(-)든지'로 적는다(ㄱ을 취하고, ㄴ을 버림).

ㄱ	ㄴ
배든지 사과든지 마음대로 먹어라.	배던지 사과던지 마음대로 먹어라.
가든지 오든지 마음대로 해라.	가던지 오던지 마음대로 해라.

제 57 항 다음 말들은 각각 구별하여 적는다.

가름	둘로 가름.
갈음	새 책상으로 갈음하였다.
거름	풀을 썩인 거름.
걸음	빠른 걸음.
거치다	영월을 거쳐 왔다.
걷히다	외상값이 잘 걷힌다.
걷잡다	걷잡을 수 없는 상태.
겉잡다	겉잡아서 이틀 걸릴 일.
그러므로(그러니까)	그는 부지런하다. 그러므로 잘 산다.
그럼으로(써) (그렇게 하는 것으로)	그는 열심히 공부한다. 그럼으로(써) 은혜에 보답한다.

노름 노름판이 벌어졌다.
놀음(놀이) 즐거운 놀음.

느리다 진도가 너무 느리다.
늘이다 고무줄을 늘인다.
늘리다 수출량을 더 늘린다.

다리다 옷을 다린다.
달이다 약을 달인다.

다치다 부주의로 손을 다쳤다.
닫히다 문이 저절로 닫혔다.
닫치다 문을 힘껏 닫쳤다.

마치다 벌써 일을 마쳤다.
맞히다 여러 문제를 더 맞혔다.

목거리 목거리가 덧났다.
목걸이 금 목걸이, 은 목걸이.

바치다 나라를 위해 목숨을 바쳤다.
받치다 우산을 받치고 간다.
책받침을 받친다.

받히다 쇠뿔에 받혔다.
밭치다 술을 체에 밭친다.

반드시 약속은 반드시 지켜라.
반듯이 고개를 반듯이 들어라.

부딪치다 차와 차가 마주 부딪쳤다.
부딪히다 마차가 화물차에 부딪혔다.

부치다	힘이 부치는 일이다.
	편지를 부친다.
	논밭을 부친다.
	빈대떡을 부친다.
	식목일에 부치는 글.
	회의에 부치는 안건.
	인쇄에 부치는 원고.
	삼촌 집에 숙식을 부친다.
붙이다	우표를 붙인다.
	책상을 벽에 붙였다.
	흥정을 붙인다.
	불을 붙인다.
	감시원을 붙인다.
	조건을 붙인다.
	취미를 붙인다.
	별명을 붙인다.
시키다	일을 시킨다.
식히다	끓인 물을 식힌다.
아름	세 아름 되는 둘레.
알음	전부터 알음이 있는 사이.
앎	앎이 힘이다.
안치다	밥을 안친다.
앉히다	윗자리에 앉힌다.
어름	두 물건의 어름에서 일어난 현상.
얼음	얼음이 얼었다.
이따가	이따가 오너라.
있다가	돈은 있다가도 없다.
저리다	다친 다리가 저린다.
절이다	김장 배추를 절인다.

조리다	생선을 조린다. 통조림, 병조림.
졸이다	마음을 졸인다.
주리다	여러 날을 주렸다.
줄이다	비용을 줄인다.
하노라고	하노라고 한 것이 이 모양이다.
하느라고	공부하느라고 밤을 새웠다.
-느니보다(어미)	나를 찾아오느니보다 집에 있거라.
-는 이보다(의존 명사)	오는 이가 가는 이보다 많다.
-(으)리만큼(어미)	나를 미워하리만큼 그에게 잘못한 일이 없다.
-(으)ㄹ이만큼(의존 명사)	찬성할 이도 반대할 이만큼이나 많을 것이다.
-(으)러(목적)	공부하러 간다.
-(으)려(의도)	서울 가려 한다.
-(으)로서(자격)	사람으로서 그럴 수는 없다.
-(으)로써(수단)	닭으로써 꿩을 대신했다.
-(으)므로(어미)	그가 나를 믿으므로 나도 그를 믿는다.
(-ㅁ, -음)으로(써)(조사)	그는 믿음으로(써) 산 보람을 느꼈다.

부록 B 외래어 표기법

제 1 장 표기의 기본 원칙

제 1 항 외래어는 국어의 현용 24자모만으로 적는다.
제 2 항 외래어의 1음운은 원칙적으로 1기호로 적는다.
제 3 항 받침에는 'ㄱ, ㄴ, ㄹ, ㅁ, ㅂ, ㅅ, ㅇ'만을 적는다.
제 4 항 파열음 표기에는 된소리를 쓰지 않는 것을 원칙으로 한다.
제 5 항 이미 굳어진 외래어는 관용을 존중하되, 그 범위와 용례는 따로 정한다.

제 2 장 표기 일람표

외래어는 표 1~5에 따라 표기한다.

표 B·1 국제 음성 기호와 한글 대조표

자음			반모음		모음	
국제 음성 기호	한글		국제 음성 기호	한글	국제 음성 기호	한글
	모음앞	자음 앞 또는 어말				
p	ㅍ	ㅂ, 프	j	이*	i	이
b	ㅂ	브	ɥ	위	y	위
t	ㅌ	ㅅ, 트	w	오, 우*	e	에
d	ㄷ	드			ø	외
k	ㅋ	ㄱ, 크			ɛ	에
g	ㄱ	그			ɛ̃	앵
f	ㅍ	프			œ	외
v	ㅂ	브			œ̃	욍
θ	ㅅ	스			æ	애
ð	ㄷ	드			a	아
s	ㅅ	스			ɑ	아
z	ㅈ	즈			ɑ̃	앙
ʃ	시	슈, 시			ʌ	어
ʒ	ㅈ	지			ɔ	오
ʦ	ㅊ	츠			ɔ̃	옹
dz	ㅈ	즈			o	오
ʧ	ㅊ	치			u	우
ʤ	ㅈ	지			ə**	어
m	ㅁ	ㅁ			ɚ	어

(뒷 면에 계속)

자음			반모음		모음	
국제 음성 기호	한글		국제 음성 기호	한글	국제 음성 기호	한글
	모음앞	자음 앞 또는 어말				
n	ㄴ	ㄴ				
ɲ	니*	뉴				
ŋ	ㅇ	ㅇ				
l	ㄹ, ㄹㄹ	ㄹ				
r	ㄹ	르				
h	ㅎ	흐				
ç	ㅎ	히				
x	ㅎ	흐				

* [j], [w]의 '이'와 '오, 우', 그리고 [ɲ]의 '니'는 모음과 결합할 때 제3장 표기 세칙에 따른다.
** 독일어의 경우에는 '에', 프랑스어의 경우에는 '으'로 적는다.

표 B·2 에스파냐어 자모와 한글 대조표

	자모	한글		보기
		모음앞	자음 앞 어말	
자음	b	ㅂ	브	biz 비스, blandon 블란돈, braceo 브라세오
	c	ㅋ, ㅅ	ㄱ, 크	colcren 콜크렌, Cecilia 세실리아, coccion 콕시온, bistec 비스텍, dictado 딕타도
	ch	ㅊ	–	chicharra 치차라
	d	ㄷ	드	felicidad 펠리시다드
	f	ㅍ	프	fuga 푸가, fran 프란
	g	ㄱ, ㅎ	그	ganga 강가, geologia 헤올로히아, yungla 융글라
	h	–	–	hipo 이포, quehacer 케아세르
	j	ㅎ	–	jueves 후에베스, reloj 렐로
	k	ㅋ	크	kapok 카포크
	l	ㄹ, ㄹㄹ	ㄹ	lacrar 라크라르, Lulio 룰리오, ocal 오칼
	ll	이*	–	llama 야마, lluvia 유비아
	m	ㅁ	ㅁ	membrete 멤브레테
	n	ㄴ	ㄴ	noche 노체, flan 플란
	ñ	니*	–	ñoñez 뇨녜스, mañana 마냐나
	p	ㅍ	ㅂ, 프	pepsina 펩시나, plantón 플란톤
	q	ㅋ	–	quisquilla 키스키야
	r	ㄹ	르	rescador 라스카도르
	s	ㅅ	스	sastreria 사스트레리아
	t	ㅌ	트	tetraetro 테트라에트로
	v	ㅂ	–	viudedad 비우데다드
	x	ㅅ, ㄱㅅ	ㄱ스	xenón 세논, laxante 락산테, yuxta 육스타
	z	ㅅ	스	zagal 사갈, liquidez 리키데스

(다음 면에 계속)

	자모	한글		보기
		모음앞	자음 앞 어말	
반모음	w	오 · 오*	–	walkirias 왈키리아스
	y	이*	–	yungla 융글라
모음	a	아		braceo 브라세오
	e	에		reloj 렐로
	i	이		Lulio 룰리오
	o	오		ocal 오칼
	u	우		viudedad 비우데다드

* ll, y, ñ, w의 '이, 니, 오, 우'는 다른 모음과 결합할 때 합쳐서 1음절로 적는다.

표 B·3 이탈리아어 자모와 한글 대조표

	자모	한글		보기
		모음앞	자음 앞 어말	
자음	b	ㅂ	브	Bologna 볼로냐, bravo 브라보
	c	ㅋ, ㅊ	크	Como 코모, Sicilia 시칠리아, credo 크레도
	ch	ㅋ	–	Pinocchio 피노키오, cherubino 케루비노
	d	ㄷ	드	Dante 단테, drizza 드리차
	f	ㅍ	프	Firenze 피렌체, freddo 프레도
	g	ㄱ, ㅈ	그	Galileo 갈릴레오, Genova 제노바, gloria 글로리아
	h	–	–	hanno 안노, oh 오
	l	ㄹ, ㄹㄹ	ㄹ	Milano 밀라노, largo 라르고, palco 팔코
	m	ㅁ	ㅁ	Macchiavelli 마키아벨리, mamma 맘마, Campanella 캄파넬라
	n	ㄴ	ㄴ	Nero 네로, Anna 안나, divertimento 디베르티멘토
	p	ㅍ	프	Pisa 피사, prima 프리마
	q	ㅋ	–	quando 콴도, queto 퀘토
	r	ㄹ	르	Roma 로마, Marconi 마르코니
	s	ㅅ	스	Sorrento 소렌토, asma 아스마, sasso 사소
	t	ㅌ	트	Torino 토리노, tranne 트란네
	v	ㅂ	브	Vivace 비바체, manovra 마노브라
	z	ㅊ	–	nozze 노체, mancanza 만칸차
모음	a	아		abituro 아비투로, capra 카프라
	e	에		erta 에르타, padrone 파드로네
	i	이		infamia 인파미아, manica 마니카
	o	오		oblio 오블리오, poetica 포에티카
	u	우		uva 우바, spuma 스푸마

표 B·4 일본어의 가나와 한글 대조표

가나	한글	
	어두	어중·어말
ア イ ウ エ オ	아 이 우 에 오	아 이 우 에 오
カ キ ク ケ コ	가 기 구 게 고	카 키 쿠 케 코
サ シ ス セ ソ	사 시 스 세 소	사 시 스 세 소
タ チ ツ テ ト	다 지 쓰 데 도	타 치 쓰 테 토
ナ ニ ヌ ネ ノ	나 니 누 네 노	나 니 누 네 노
ハ ヒ フ ヘ ホ	하 히 후 헤 호	하 히 후 헤 호
マ ミ ム メ モ	마 미 무 메 모	마 미 무 메 모
ヤ イ ユ エ ヨ	야 이 유 에 요	야 이 유 에 요
ラ リ ル レ ロ	라 리 루 레 로	라 리 루 레 로
ワ (ヰ) ウ (ヱ) ヲ	와 (이) 우 (에) 오	와 (이) 우 (에) 오
ン		ㄴ
ガ ギ グ ゲ ゴ	가 기 구 게 고	가 기 구 게 고
ザ ジ ズ ゼ ゾ	자 지 즈 제 조	자 지 즈 제 조
ダ ヂ ヅ デ ド	다 지 즈 데 도	다 지 즈 데 도
バ ビ ブ ベ ボ	바 비 부 베 보	바 비 부 베 보
パ ピ プ ペ ポ	파 피 푸 페 포	파 피 푸 페 포
キャ キュ キョ	갸 규 교	캬 큐 쿄
ギャ ギュ ギョ	갸 규 교	갸 규 교
シャ ツュ ツョ	샤 슈 쇼	샤 슈 쇼
ジャ ジュ ジョ	자 주 조	자 주 조
チャ チュ チョ	자 주 조	차 추 초
ヒャ ヒュ ヒョ	햐 휴 효	햐 휴 효
ビャ ビュ ビョ	뱌 뷰 뵤	뱌 뷰 뵤
ピャ ピュ ピョ	퍄 퓨 표	퍄 퓨 표
ミャ ミュ ミョ	먀 뮤 묘	먀 뮤 묘
リャ リュ リョ	랴 류 료	랴 류 료

표 B·5 중국어의 주음 부호(注音符號)와 한글 대조표

성 모 (聲母)

음의분류	주음부호	한어병음 자모	웨이드식 로마자	한글
중순성(重脣聲)	ㄅ	b	p	ㅂ
	ㄆ	p	p'	ㅍ
	ㄇ	m	m	ㅁ
순치성*	ㄈ	f	f	ㅍ
설첨성(舌尖聲)	ㄉ	d	t	ㄷ
	ㄊ	t	t'	ㅌ
	ㄋ	n	n	ㄴ
	ㄌ	l	l	ㄹ
설근성(舌根聲)	ㄍ	g	k	ㄱ
	ㄎ	k	k'	ㅋ
	ㄏ	h	h	ㅎ
설면성(舌面聲)	ㄐ	j	ch	ㅈ
	ㄑ	q	ch'	ㅊ
	ㄒ	x	hs	ㅅ
교설첨성(翹舌尖聲)	ㄓ	zh〔zhi〕	ch〔chih〕	ㅈ〔즈〕
	ㄔ	ch〔chi〕	ch'〔ch'ih〕	ㅊ〔츠〕
	ㄕ	sh〔shi〕	sh〔shih〕	ㅅ〔스〕
	ㄖ	r〔ri〕	j〔jih〕	ㄹ〔르〕
설치성(舌齒聲)	ㄗ	z〔zi〕	ts〔tzŭ〕	ㅉ〔쯔〕
	ㄘ	c〔ci〕	ts'〔tz'ŭ〕	ㅊ〔ㅊ〕
	ㄙ	s〔si〕	s〔ssŭ〕	ㅆ〔쓰〕

운 모 (韻母)

음의분류	주음 부호	한어병음 자모	웨이드식 로마자	한글
단운(單韻)	ㄚ	a	a	야
	ㄛ	o	o	오
	ㄜ	e	ê	어
	ㄝ	ê	e	에
	ㄧ	yi(i)	i	이
	ㄨ	wu(u)	wu(u)	우
	ㄩ	yu(u)	yü(ü)	위
복운(複韻)	ㄞ	ai	ai	아이
	ㄟ	ei	ei	에이
	ㄠ	ao	ao	아오
	ㄡ	ou	ou	어우
부성운(附聲韻)	ㄢ	an	an	안
	ㄣ	en	ên	언
	ㄤ	ang	ang	앙
	ㄥ	eng	êng	엉
권설운*	ㄦ	er(r)	êrh	얼
제치류(齊齒類)	ㄧㄚ	ya(ia)	ya(ia)	야
	ㄧㄛ	yo	yo	요
	ㄧㄝ	ye(ie)	yeh(ieh)	예
	ㄧㄞ	yai	yai	야이
	ㄧㄠ	yao(iao)	yao(iao)	야오
	ㄧㄡ	you (ou, iu)	yu(iu)	유

음의분류		주음 부호	한어병음 자모	웨이드식 로마자	한글
결합운모(結合韻母)		ㄧㄢ	yan(ian)	yen(ien)	옌
		ㄧㄣ	yin(in)	yin(ien)	인
		ㄧㄤ	yang(iang)	yang(iang)	양
	합구류(合口類)	ㄧㄥ	ying(ing)	ying(ing)	잉
		ㄨㄚ	wa(ua)	wa(ua)	와
		ㄨㄛ	wo(uo)	wo(uo)	워
		ㄨㄞ	wai(uai)	wai(uai)	와이
		ㄨㄟ	wei(iu)	wei(uei, ui)	웨이(우이)
		ㄨㄢ	wan(uan)	wan(uan)	완
		ㄨㄣ	wen(un)	wên(un)	원(운)
		ㄨㄤ	wang(uang)	wang(uang)	왕
		ㄨㄥ	weng(oeg)	wêng(ung)	웡(웅)
	촬구류(撮口類)	ㄩㄝ	yue(ue)	yüeh(üeh)	웨
		ㄩㄢ	yuan(uan)	yüan(üan)	위안
		ㄩㄣ	yun(un)	yün(ün)	윈
		ㄩㄥ	yong(iong)	yung(jung)	융

〔　〕는 단독 발음될 경우의 표기임.

(　)는 자음이 선행할 경우의 표기임.

*순치성(脣齒聲), 권설운(捲舌韻)

제 3 장 표기 세칙

• 제 1 절 영어의 표기

표 1에 따라 적되, 다음 사항에 유의하여 적는다.

제 1 항 무성 파열음([p], [t], [k])

1) 짧은 모음 다음의 어말 무성 파열음([p], [t], [k])은 받침으로 적는다.

〈보기〉 gap[gæp] 갭 cat[kæt] 캣
book[buk] 북

2) 짧은 모음과 유음 · 비음([l], [r], [m], [n]) 이외의 자음 사이에 오는 무성 파열음([p], [t], [k])은 받침으로 적는다.

〈보기〉 apt[æpt] 앱트 setback[setbæk] 셋백
act[ækt] 액트

3) 위 경우 이외의 어말과 자음 앞의 [p], [t], [k]는 '으'를 붙여 적는다.

〈보기〉 stamp[stæmp] 스탬프 cape[keip] 케이프
nest[nest] 네스트 part[pɑ：t] 파트
desk[desk] 데스크 make[meik] 메이크
apple[æpl] 애플 mattress[mætris] 매트리스
chipmunk[tʃipmʌŋk] 치프멍크 sickness[siknis] 시크니스

제 2 항 유성 파열음([b], [d], [g])

어말과 모든 자음 앞에 오는 유성 파열음은 '으'를 붙여 적는다.

〈보기〉 bulb[bʌlb] 벌브 land[lænd] 랜드
zigzag[zigzæg] 지그재그 lobster[lɔbstə] 로브스터
kidnap[kidnæp] 키드냅 signal[signəl] 시그널

제 3 항 마찰음([s], [z], [f], [v], [θ], [ð], [ʃ], [ʒ])

1) 어말 또는 자음 앞의 [s], [z], [f], [v], [θ], [ð]는 '으'를 붙여 적는다.

〈보기〉 mask[mɑ：sk] 마스크 jazz[dʒæz] 재즈
graph[græf] 그래프 olive[ɔliv] 올리브
thrill[θril] 스릴 bathe[beið] 베이드

2) 어말의 [ʃ]는 '시'로 적고, 자음 앞의 [ʃ]는 '슈'로, 모음 앞의 [ʃ]는 뒤따르는 모음에 따라 '샤', '섀', '셔', '셰', '쇼', '슈', '시'로 적는다.

〈보기〉 flash[flæʃ] 플래시　　shrub[ʃrʌb] 슈러브
shark[ʃɑːk] 샤크　　shank[ʃæŋk] 섕크
fashion[fæʃən] 패션　　sheriff[ʃerif] 셰리프
shopping[ʃɔpiŋ] 쇼핑　　shoe[ʃuː] 슈
shim[ʃim] 심

3) 어말 또는 자음 앞의 [ʒ]는 '지'로 적고, 모음 앞의 [ʒ]는 'ㅈ'으로 적는다.

〈보기〉 mirage[mirɑːʒ] 미라지　　vision[viʒən] 비전

제 4 항 파찰음([ʦ], [dz], [ʧ], [ʤ])

1) 어말 또는 자음 앞의 [ʦ], [dz]는 '츠', '즈'로 적고, [ʧ], [ʤ]는 '치', '지'로 적는다.

〈보기〉 Keats[kiːʦ] 키츠　　odds[ɔdz] 오즈
switch[swiʧ] 스위치　　bridge[briʤ] 브리지
Pittsburgh[piʦbəːg] 피츠버그　　hitchhike[hiʧhaik] 히치하이크

2) 모음 앞의 [ʧ], [ʤ]는 'ㅊ', 'ㅈ'으로 적는다.

〈보기〉 chart[ʧɑːt] 차트　　virgin[vəːʤin] 버진

제 5 항 비음([m], [n], [ŋ])

1) 어말 또는 자음 앞의 비음은 모두 받침으로 적는다.

〈보기〉 steam[stiːm] 스팀　　corn[kɔːn] 콘
ring[riŋ] 링　　lamp[læmp] 램프
hint[hint] 힌트　　ink[iŋk] 잉크

2) 모음과 모음 사이의 [ŋ]은 앞 음절의 받침 'ㅇ'으로 적는다.

〈보기〉 hanging[hæŋiŋ] 행잉　　longing[lɔŋiŋ] 롱잉

제 6 항 유음([l])

1) 어말 또는 자음 앞의 [l]은 받침으로 적는다.

〈보기〉 hotel[houtel] 호텔　　pulp[pʌlp] 펄프

2) 어중의 [l]이 모음 앞에 오거나, 모음이 따르지 않는 비음([m], [n]) 앞에 올 때에는 'ㄹㄹ'로 적는다. 다만, 비음([m], [n]) 뒤의 [l]은 모음 앞에 오더라도 'ㄹ'로 적는다.

〈보기〉 slide〔slaid〕 슬라이드 film〔film〕 필름
helm〔helm〕 헬름 swoln〔swouln〕 스월른
Hamlet〔hæmlit〕 햄릿 Henley〔henli〕 헨리

제7항 장모음

장모음의 장음은 따로 표기하지 않는다.

〈보기〉 team〔ti：m〕 팀 route〔ru：t〕 루트

제8항 중모음(〔ai〕, 〔au〕, 〔ei〕, 〔ɔi〕, 〔ou〕, 〔auə〕)

중모음은 각 단모음의 음가를 살려서 적되, 〔ou〕는 '오'로, 〔auə〕는 '아워'로 적는다.

〈보기〉 time〔taim〕 타임 house〔haus〕 하우스
skate〔skeit〕 스케이트 oil〔ɔil〕 오일
boat〔bout〕 보트 tower〔tauə〕 타워

제9항 반모음(〔w〕, 〔j〕)

1) 〔w〕는 뒤따르는 모음에 따라 〔wə〕, 〔wɔ〕, 〔wou〕는 '워', 〔wɑ〕는 '와', 〔wæ〕는 '왜', 〔we〕는 '웨', 〔wi〕는 '위', 〔wu〕는 '우'로 적는다.

〈보기〉 word〔wə：d〕 워드 want〔wɔnt〕 원트
woe〔wou〕 워 wander〔wɑndə〕 완더
wag〔wæg〕 왜그 west〔west〕 웨스트
witch〔witʃ〕 위치 wool〔wul〕 울

2) 자음 뒤에 〔w〕가 올 때에는 두 음절로 갈라 적되, 〔gw〕, 〔hw〕, 〔kw〕는 한 음절로 붙여 적는다.

〈보기〉 swing〔swiŋ〕 스윙 twist〔twist〕 트위스트
penguin〔peŋgwin〕 펭귄 whistle〔hwisl〕 휘슬
quarter〔kwɔ：tə〕 쿼터

3) 반모음 〔j〕는 뒤따르는 모음과 합쳐 '야', '얘', '여', '예', '요', '유', '이'로 적는다. 다만, 〔d〕, 〔l〕, 〔n〕 다음에 〔jə〕가 올 때에는 각각 '디어', '리어', '니어'로 적는다.

〈보기〉 yard〔jɑ：d〕 야드 yank〔jæŋk〕 얭크
yearn〔jə：n〕 연 yellow〔jelou〕 옐로
yawn〔jɔ：n〕 욘 you〔ju：〕 유
year〔jiə〕 이어 Indian〔indjən〕 인디언
battalion〔bətæljən〕 버탤리언 union〔ju：njən〕 유니언

제 10 항 복합어

1) 따로 설 수 있는 말의 합성으로 이루어진 복합어는 그것을 구성하고 있는 말이 단독으로 쓰일 때의 표기대로 적는다.

〈보기〉 cuplike〔kʌplaik〕 컵라이크 bookend〔bukend〕 북엔드
headlight〔hedlait〕 헤드라이트 touchwood〔tʌʧwud〕 터치우드
sit-in〔sitin〕 싯인 bookmaker〔bukmeikə〕 북메이커
flashgun〔flæʃgʌn〕 플래시건 topknot〔tɔpnɔt〕 톱놋

2) 원어에서 띄어 쓴 말은 띄어 쓴 대로 한글 표기를 하되, 붙여 쓸 수도 있다.

〈보기〉 Los Alamos〔lɔs æləmous〕 로스 앨러모스/로스앨러모스
top class〔tɔpklæs〕 톱 클래스/톱클래스

• 제 2 절 독일어의 표기

표 1을 따르고, 제1절(영어의 표기 세칙)을 준용한다. 다만, 독일어의 독특한 것은 그 특징을 살려서 다음과 같이 적는다.

제 1 항 〔r〕

1) 자음 앞의 〔r〕는 '으'를 붙여 적는다.

〈보기〉 Hormon〔hɔrmo：n〕 호르몬 Hermes〔hɛrmɛs〕 헤르메스

2) 어말의 〔r〕와 '-er〔ər〕'는 '어'로 적는다.

〈보기〉 Herr〔hɛr〕 헤어 Razur〔razu：r〕 라주어
Tür〔ty：r〕 튀어 Ohr〔o：r〕 오어
Vater〔fa：tər〕 파터 Schiller〔ʃilər〕 실러

3) 복합어 및 파생어의 선행 요소가 〔r〕로 끝나는 경우는 2)의 규정을 준용한다.

〈보기〉 verarbeiten〔fɛrarbaitən〕 페어아르바이텐
zerknirschen〔tsɛrknirʃən〕 체어크니르셴
Fürsorge〔fy：rzorgə〕 퓌어조르게
Vorbild〔fo：rbilt〕 포어빌트
außerhalb〔ausərhalp〕 아우서할프
Urkunde〔u：rkundə〕 우어쿤데
Vaterland〔fa：tərlant〕 파터란트

제 2 항 어말의 파열음은 '으'를 붙여 적는 것을 원칙으로 한다.

〈보기〉 Rostock[rɔstɔk] 로스토크　　Stadt[ʃtat] 슈타트

제 3 항 철자 'berg', 'burg'는 '베르크', '부르크'로 통일해서 적는다.

〈보기〉 Heidelberg[haidəlbɛrk, -bɛrç] 하이델베르크
Hamburg[hamburk, -burç] 함부르크

제 4 항 [ʃ]

1) 어말 또는 자음 앞에서는 '슈'로 적는다.
〈보기〉 Mensch[menʃ] 멘슈　　Mischling[miʃliŋ] 미슐링

2) [y], [ø] 앞에서는 'ㅅ'으로 적는다.
〈보기〉 Schüler[ʃyːlər] 쉴러　　schön[ʃøːn] 쇤

3) 그 밖의 모음 앞에서는 뒤따르는 모음에 따라 '샤, 쇼, 슈' 등으로 적는다.
〈보기〉 Schatz[ʃats] 샤츠　　schon[ʃoːn] 숀
Schule[ʃuːlə] 슐레　　Schelle[ʃɛlə] 셸레

제 5 항 [ɔy]로 발음되는 äu, eu는 '오이'로 적는다.

〈보기〉 läuten[lɔytən] 로이텐　　Fräulein[frɔylain] 프로일라인
Europa[ɔyroːpa] 오이로파　　Freundin[frɔyndin] 프로인딘

• 제 3 절 프랑스어의 표기

표 1에 따르고, 제1절(영어의 표기 세칙)을 준용한다. 다만, 프랑스어의 독특한 것은 그 특징을 살려서 다음과 같이 적는다.

제 1 항 파열음([p], [t], [k], [b], [d], [g])

1) 어말에서는 '으'를 붙여서 적는다.
〈보기〉 soupe[sup] 수프　　tête[tɛt] 테트
avec[avɛk] 아베크　　baobab[baɔbab] 바오바브
ronde[rɔ̃ːd] 롱드　　bague[bag] 바그

2) 구강 모음과 무성 자음 사이에 오는 무성 파열음('구강 모음+무성 파열음+무성 파열

음 또는 무성 마찰음'의 경우)은 받침으로 적는다.

〈보기〉 septembre[sɛptɑ̃ : br] 셉탕브르 apte[apt] 압트
octobre[ɔktɔbr] 옥토브르 action[aksjɔ̃] 악시옹

제 2 항 마찰음([ʃ], [ʒ])

1) 어말과 자음 앞의 [ʃ], [ʒ]는 '슈', '주'로 적는다.

〈보기〉 manche[mɑ̃ : ʃ] 망슈 piège[pjɛ : ʒ] 피에주
acheter[aʃte] 아슈테 dégeler[deʒle] 데줄레

2) [ʃ]가 [ə], [w] 앞에 올 때에는 뒤따르는 모음과 합쳐 '슈'로 적는다.

〈보기〉 chemise[ʃəmi : z] 슈미즈 chevalier[ʃəvalje] 슈발리에
choix[ʃwa] 슈아 choutte[ʃwɛt] 슈에트

3) [ʃ]가 [y], [œ], [ø] 및 [j], [ɥ] 앞에 올 때에는 'ㅅ'으로 적는다.

〈보기〉 chute[ʃyt] 쉬트 chuchoter[ʃyʃɔte] 쉬쇼테
pêcheur[pɛʃœ : r] 페쇠르 shunt[ʃœ̃ : t] 쇵트
fâcheux[fɑʃø] 파쇠 chien[ʃjɛ̃] 시앵
chuinter[ʃɥɛ̃te] 쉬앵테

제 3 항 비자음([ɲ])

1) 어말과 자음 앞의 [ɲ]는 '뉴'로 적는다.

〈보기〉 campagne[kɑ̃paɲ] 캉파뉴 dignement[diɲmɑ̃] 디뉴망

2) [ɲ]가 '아, 에, 오, 우' 앞에 올 때에는 뒤따르는 모음과 합쳐 각각 '냐, 녜, 뇨, 뉴'로 적는다.

〈보기〉 saignant[sɛɲɑ̃] 세냥 peigner[peɲe] 페녜
agneau[aɲo] 아뇨 mignon[miɲɔ̃] 미뇽

3) [ɲ]가 [ə], [w] 앞에 올 때에는 뒤따르는 소리와 합쳐 '뉴'로 적는다.

〈보기〉 lorgnement[lɔrɲəmɑ̃] 로르뉴망 baignoire[bɛɲwa : r] 베뉴아르

4) 그 밖의 [ɲ]는 'ㄴ'으로 적는다.

〈보기〉 magnifique[maɲifik] 마니피크 guignier[giɲje] 기니에
gagneur[gaɲœ : r] 가뇌르 montagneux[mɔ̃taɲø] 몽타뇌
peignures[pɛɲy : r] 페뉘르

제 4 항 반모음([j])

1) 어말에 올 때에는 '유'로 적는다.

〈보기〉 Marseille〔marsɛj〕 마르세유　　taille〔tɑːj〕 타유

2) 모음 사이의 〔j〕는 뒤따르는 모음과 합쳐 '예, 얭, 야, 양, 요, 용, 유, 이' 등으로 적는다. 다만, 뒷모음이 〔ø〕, 〔œ〕일 때에는 '이'로 적는다.

〈보기〉 payer〔peje〕 페예　　billet〔bijɛ〕 비예
moyen〔mwajɛ̃〕 무아얭　　pleiade〔plejad〕 플레야드
ayant〔ɛjɑ̃〕 에양　　noyau〔nwajo〕 누아요
crayon〔krɛjɔ̃〕 크레용　　voyou〔vwaju〕 부아유
cueillir〔kœjiːr〕 쾨이르　　aïeul〔ajœl〕 아이욀
aïeux〔ajø〕 아이외

3) 그 밖의 〔j〕는 '이'로 적는다.

〈보기〉 hier〔jɛːr〕 이에르　　champion〔ʃɑ̃pjɔ̃〕 샹피옹
Montesquieu〔mɔ̃tɛskjø〕 몽테스키외　　diable〔djɑːbl〕 디아블

제 5 항 반모음(〔w〕)

〔w〕는 '우'로 적는다.

〈보기〉 alouette〔alwɛt〕 알루에트　　douane〔dwan〕 두안
quoi〔kwa〕 쿠아　　toi〔twa〕 투아

• 제 4 절 에스파냐어의 표기

표 2에 따라 적되, 다음과 같은 특징을 살려서 적는다.

제 1 항 gu, qu

gu, qu는 i, e 앞에서는 각각 'ㄱ, ㅋ'으로 적고, o 앞에서는 '구, 쿠'로 적는다. 다만, a 앞에서는 그 a와 합쳐 '과, 콰'로 적는다.

〈보기〉 guerra 게라　　queso 케소
Guipuzcoa 기푸스코아　　quisquilla 키스키야
antiguo 안티구오　　Quorem 쿠오렘
Nicaragua 니카라과　　Quarai 콰라이

제 2 항 같은 자음이 겹치는 경우에는 겹치지 않은 경우와 같이 적는다.
단, -cc-는 'ㄱㅅ'으로 적는다.

〈보기〉 carrera 카레라　　carreteterra 카레테라
accion 악시온

제 3 항 c, g

c와 g 다음에 모음 e와 i가 올 때에는 c는 'ㅅ'으로, g는 'ㅎ'으로 적고, 그 외는 'ㅋ'과 'ㄱ'으로 적는다.

〈보기〉 Cecilia 세실리아 cifra 시프라
georgico 헤오르히코 giganta 히간타
coquito 코키토 gato 가토

제 4 항 x

x가 모음 앞에 오되 어두일 때에는 'ㅅ'으로 적고, 어중일 때에는 'ㄱㅅ'으로 적는다.

〈보기〉 xilofono 실로포노 laxante 락산테

제 5 항 l

어말 또는 자음 앞의 l은 받침 'ㄹ'로 적고, 어중의 l이 모음 앞에 올 때에는 'ㄹㄹ'로 적는다.

〈보기〉 ocal 오칼 colcren 콜크렌
blandon 블란돈 Cecilia 세실리아

제 6 항 nc, ng

c와 g 앞에 오는 n은 받침 'ㅇ'으로 적는다.

〈보기〉 blanco 블랑코 yungla 융글라

• 제 5 절 이탈리아어의 표기

표 3에 따르고, 다음과 같은 특징을 살려서 적는다.

제 1 항 gl

i 앞에서는 'ㄹㄹ'로 적고, 그 밖의 경우에는 '글ㄹ'로 적는다.

〈보기〉 paglia 팔리아 egli 엘리
gloria 글로리아 glossa 글로사

제 2 항 gn

뒤따르는 모음과 합쳐 '냐', '녜', '뇨', '뉴', '니'로 적는다.

〈보기〉 montagna 몬타냐 gneiss 네이스 gnocco 뇨코
gnu 뉴 ogni 오니

제 3 항 sc

sce는 '셰'로, sci는 '시'로 적고, 그 밖의 경우에는 '스ㅋ'으로 적는다.

〈보기〉 crescendo 크레셴도 scivolo 시볼로
Tosca 토스카 scudo 스쿠도

제 4 항 같은 자음이 겹쳤을 때에는 겹치지 않은 경우와 같이 적는다. 다만, -mm-, -nn-의 경우는 'ㅁㅁ', 'ㄴㄴ'으로 적는다.

〈보기〉 Puccini 푸치니 buffa 부파
allegretto 알레그레토 carro 카로
rosso 로소 mezzo 메초
gomma 곰마 bisnonno 비스논노

제 5 항 c, g

1) c와 g는 e, i 앞에서 각각 'ㅊ', 'ㅈ'으로 적는다.

〈보기〉 cenere 체네레 genere 제네레
cima 치마 gita 지타

2) c와 g 다음에 ia, io, iu가 올 때에는 각각 '차, 초, 추', '자, 조, 주'로 적는다.

〈보기〉 caccia 카차 micio 미초
ciuffo 추포 giardino 자르디노
giorno 조르노 giubba 주바

제 6 항 qu

qu는 뒤따르는 모음과 합쳐 '콰, 퀘, 퀴' 등으로 적는다. 다만, o 앞에서는 '쿠'로 적는다.

〈보기〉 soqquadro 소콰드로 quello 퀠로
quieto 퀴에토 quota 쿠오타

제 7 항 l, ll

어말 또는 자음 앞의 l, ll은 받침으로 적고, 어중의 l, ll이 모음 앞에 올 때에는 'ㄹㄹ'로 적는다.

〈보기〉 sol 솔 polca 폴카
Carlo 카를로 quello 퀠로

• 제 6 절 일본어의 표기

표 4에 따르고, 다음 사항에 유의하여 적는다.

제 1 항 촉음(促音)〔ッ〕는 'ㅅ'으로 통일해서 적는다.

〈보기〉 サッポロ 삿포로 トットリ 돗토리
ヨッカイチ 욧카이치

제 2 항 장모음

장모음은 따로 표기하지 않는다.

〈보기〉 キュウシュウ(九州) 규슈 ニイガタ(新潟) 니가타
トウキョウ(東京) 도쿄 オオサカ(大阪) 오사카

• 제 7 절 중국어의 표기

표 5에 따르고, 다음 사항에 유의하여 적는다.

제 1 항 성조는 구별하여 적지 아니한다.
제 2 항 'ㅈ, ㅉ, ㅊ'으로 표기되는 자음 뒤의 'ㅑ, ㅖ, ㅛ, ㅠ' 음은 'ㅏ, ㅔ, ㅗ, ㅜ'로 적는다.

〈보기〉 쟈 → 자 졔 → 제

제 4 장 인명, 지명 표기의 원칙

• 제 1 절 표기 원칙

제 1 항 외국의 인명, 지명의 표기는 제1장, 제2장, 제3장의 규정을 따르는 것을 원칙으로 한다.
제 2 항 제3장에 포함되어 있지 않은 언어권의 인명, 지명은 원지음을 따르는 것을 원칙으로 한다.

〈보기〉 Ankara 앙카라 Gandhi 간디

제 3 항 원지음이 아닌 제3국의 발음으로 통용되고 있는 것은 관용을 따른다.

〈보기〉 Hague 헤이그 Caesar 시저

제 4 항 고유 명사의 번역명이 통용되는 경우 관용을 따른다.

〈보기〉 Pacific 태평양 Black Sea 흑해

• 제 2 절 동양의 인명, 지명 표기

제 1 항 중국 인명은 과거인과 현대인을 구분하여 과거인은 종전의 한자음대로 표기하고, 현대인은 원칙적으로 중국어 표기법에 따라 표기하되, 필요한 경우 한자를 병기한다.

제 2 항 중국의 역사 지명으로서 현재 쓰이지 않는 것은 우리 한자음대로 하고, 현재 지명과 동일한 것은 중국어 표기법에 따라 표기하되, 필요한 경우 한자를 병기한다.

제 3 항 일본의 인명과 지명은 과거와 현대의 구분 없이 일본어 표기법에 따라 표기하는 것을 원칙으로 하되, 필요한 경우 한자를 병기한다.

제 4 항 중국 및 일본의 지명 가운데 한국 한자음으로 읽는 관용이 있는 것은 이를 허용한다.

〈보기〉 東京 도쿄, 동경 京都 교토, 경도
上海 상하이, 상해 臺灣 타이완, 대만
黃河 황허, 황하

• 제 3 절 바다, 섬, 강, 산 등의 표기 세칙

제 1 항 '해', '섬', '강', '산' 등이 외래어에 붙을 때에는 띄어 쓰고, 우리말에 붙을 때에는 붙여 쓴다.

〈보기〉 카리브 해, 북해, 발리 섬, 목요섬

제 2 항 바다는 '해(海)'로 통일한다.

〈보기〉 홍해, 발트 해, 아라비아 해

제 3 항 우리 나라를 제외하고 섬은 모두 '섬'으로 통일한다.

〈보기〉 타이완 섬, 코르시카 섬(우리 나라 : 제주도, 울릉도)

제 4 항 한자 사용 지역(일본, 중국)의 지명이 하나의 한자로 되어 있을 경우, '강', '산', '호', '섬' 등은 겹쳐 적는다.

〈보기〉 온타케 산(御岳) 주장 강(珠江) 도시마 섬(利島)
하야카와 강(早川) 위산 산(玉山)

제 5 항 지명이 산맥, 산, 강 등의 뜻이 들어 있는 것은 '산맥', '산', '강' 등을 겹쳐 적는다.

〈보기〉 Rio Grande 리오그란데 강 Monte Rosa 몬테로사 산
Mont Blanc 몽블랑 산 Sierra Madre 시에라마드레 산맥

부록 C 로마자 표기

제 1 장 표기의 기본 원칙

제 1 항 국어의 로마자 표기는 국어의 표준 발음법에 따라 적는 것을 원칙으로 한다.

제 2 항 로마자 이외의 부호는 되도록 사용하지 않는다.

제 2 장 표기 일람

제 1 항 모음은 다음 각호와 같이 적는다.

단모음

ㅏ	ㅓ	ㅗ	ㅜ	ㅡ	ㅣ	ㅐ	ㅔ	ㅚ	ㅟ
a	eo	o	u	eu	i	ae	e	oe	wi

이중 모음

ㅑ	ㅕ	ㅛ	ㅠ	ㅒ	ㅖ	ㅘ	ㅙ	ㅝ	ㅞ	ㅢ
ya	yeo	yo	yu	yae	ye	wa	wae	wo	we	ui

[붙임 1] 'ㅢ'는 'ㅣ'로 소리 나더라도 'ui'로 적는다.

〈보기〉 광희문 Gwanghuimun

[붙임 2] 장모음의 표기는 따로 하지 않는다.

제 2 항 자음은 다음 각호와 같이 적는다.

파열음

ㄱ	ㄲ	ㅋ	ㄷ	ㄸ	ㅌ	ㅂ	ㅃ	ㅍ
g, k	kk	k	d, t	tt	t	b,p	pp	p

파찰음

ㅈ	ㅉ	ㅊ
j	jj	ch

마찰음

ㅅ	ㅆ	ㅎ
s	ss	h

비음

ㄴ	ㅁ	ㅇ
n	m	ng

유음

ㄹ
r, l

[붙임 1] 'ㄱ, ㄷ, ㅂ'은 모음 앞에서는 'g, d, b'로, 자음 앞이나 어말에서는 'k,

t , p'로 적는다. ([ ] 안의 발음에 따라 표기함.)

〈보기〉 구 미 Gumi　영 동 Yeongdong
백 암 Baegam　옥 천 Okcheon
합 덕 Hapdeok　호 법 Hobeop
월곶[월곧] Wolgot　벚꽃[벋꼳] beotkkot
한밭[한받] Hanbat

[붙임 2] 'ㄹ'은 모음 앞에서는 ' r '로, 자음 앞이나 어말에서는 ' l '로 적는다. 단, 'ㄹㄹ'은 'll'로 적는다.

〈보기〉 구 리 Guri　설 악 Seorak
칠 곡 Chilgok　임 실 Imsil
울 릉 Ulleung　대관령[대괄령] Daegwallyeong

제 3 장 표기상의 유의점

제 1 항 음운 변화가 일어날 때에는 변화의 결과에 따라 다음 각호와 같이 적는다.

· 자음 사이에서 동화 작용이 일어나는 경우

〈보기〉 백마[뱅마] Baengma　신문로[신문노] Sinmunno
종로[종노] Jongno　왕십리[왕심니] Wangsimni
별내[별래] Byeollae　신라[실라] Silla

· 'ㄴ, ㄹ'이 덧나는 경우

〈보기〉 학여울[항녀울] Hangnyeoul　알약[알략] allyak

· 구개음화가 되는 경우

〈보기〉 해돋이[해도지] haedoji　같이[가치] gachi
맞히다[마치다] machida

· 'ㄱ, ㄷ, ㅂ, ㅈ'이 'ㅎ'과 합하여 거센소리로 소리 나는 경우

〈보기〉 좋고[조코] joko　놓다[노타] nota
잡혀[자펴] japyeo　낳지[나치] nachi

· 다만, 체언에서 'ㄱ, ㄷ, ㅂ' 뒤에 'ㅎ'이 따를 때에는 'ㅎ'을 밝혀 적는다.

〈보기〉 묵호 Mukho　집현전 Jiphyeonjeon

[붙임] 된소리되기는 표기에 반영하지 않는다.

〈보기〉 압구정 Apgujeong　낙동강 Nakdonggang
죽 변 Jukbyeon　낙성대 Nakseongdae
합 정 Hapjeong　팔 당 Paldang

샛 별 saetbyeo　　울 산 Ulsan

제 2 항 발음상 혼동의 우려가 있을 때에는 음절 사이에 붙임표(−)를 쓸 수 있다.

〈보기〉 중앙 Jung-ang　　반구대 Ban-gudae
세운 Se-un　　해운대 Hae-undae

제 3 항 고유 명사는 첫 글자를 대문자로 적는다.

〈보기〉 부 산 Busan　　세 종 Sejong

제 4 항 인명은 성과 이름의 순서로 띄어 쓴다. 이름은 붙여 쓰는 것을 원칙으로 하되 음절 사이에 붙임표(−)를 쓰는 것을 허용한다(( ) 안의 표기를 허용함).

〈보기〉 민용하 Min Yongha (Min Yong-ha)
송나리 Song Nari (Song Na-ri)

이름에서 일어나는 음운 변화는 표기에 반영하지 않는다.

〈보기〉 한복남 Han Boknam (Han Bok-nam)
홍빛나 Hong Bitna (Hong Bit-na)

성의 표기는 따로 정한다.

제 5 항 '도, 시, 군, 구, 읍, 면, 리, 동'의 행정 구역 단위와 '가'는 각각 'do, si, gun, gu, eup, myeon, ri, dong, ga'로 적고, 그 앞에는 붙임표(−)를 넣는다. 붙임표(−) 앞뒤에서 일어나는 음운 변화는 표기에 반영하지 않는다.

〈보기〉 충청북도 Chungcheongbuk-do　　제주도 Jeju-do
봉천 1동 Bongcheon 1(il)-dong　　양주군 Yangju-gun
도봉구 Dobong-gu　　신창읍 Sinchang-eup
삼죽면 Samjuk-myeon　　인왕리 Inwang-ri
당산동 Dangsan-dong　　종로 2가 Jongno 2(i)-ga
퇴계로 3가 Toegyero 3(sam)-ga　　의정부시 Uijeongbu-si

[붙임] '시, 군, 읍'의 행정 구역 단위는 생략할 수 있다.

〈보기〉 청주시 Cheongju　　함평군 Hampyeong
순창읍 Sunchang

제 6 항 자연 지물명, 문화재명, 인공 축조물명은 붙임표(−) 없이 붙여 쓴다.

〈보기〉

남산 Namsan	속리산 Songnisan
금강 Geumgang	독도 Dokdo
경복궁 Gyeongbokgung	무량수전 Muryangsujeon
연화교 Yeonhwagyo	극락전 Geungnakjeon
안압지 Anapji	남한산성 Namhansanseong
화랑대 Hwarangdae	불국사 Bulguksa
현충사 Hyeonchungsa	독립문 Dongnimmun
오죽헌 Ojukheon	촉석루 Chokseongnu
종 묘 Jongmyo	다보탑 Dabotap

제7항 인명, 회사명, 단체명 등은 그동안 써 온 표기를 쓸 수 있다.

제8항 학술 연구 논문 등 특수 분야에서 한글 복원을 전제로 표기할 경우에는 한글 표기를 대상으로 적는다. 이때 글자 대응은 제2장을 따르되 'ㄱ, ㄷ, ㅂ, ㄹ'은 'g, d, b, l'로만 적는다. 음가 없는 'ㅇ'은 붙임표(-)로 표기하되 어두에서는 생략하는 것을 원칙으로 한다. 기타 분절의 필요가 있을 때에도 붙임표(-)를 쓴다.

〈보기〉

집 jib	짚 jip	밖 bakk
값 gabs	붓꽃 buskkoch	먹는 meogneun
독립 doglib	문리 munli	물엿 mul-yeos
굳이 gud-i	좋다 johda	가곡 gagog
조랑말 jolangmal	없었습니다 eobs-eoss-seubnida	

부 칙

① (시행일) 이 규정은 고시한 날부터 시행한다.

② (표지판 등에 대한 경과 조치) 이 표기법 시행 당시 종전의 표기법에 의하여 설치된 표지판(도로, 광고물, 문화재 등의 안내판)은 2005. 12. 31.까지 이 표기법을 따라야 한다.

③ (출판물 등에 대한 경과 조치) 이 표기법 시행 당시 종전의 표기법에 의하여 발간된 교과서 등 출판물은 2002. 2. 28.까지 이 표기법을 따라야 한다.

부록 D | 발표 점검표

Ⅰ. 발표 내용 (총 50 점)

1. 발표 목적과 청중과의 관계

10 9 8 7 6 5 4 3 2 1 0 점수 〈 〉

10	5	0
발표 목적과 청중의 관심을 일치시킴	도입부가 미흡함	발표 목적이 청중의 관심과 동떨어짐

2. 발표 자료의 양과 시간 조절

15 14 13 12 11 10 9 8 7 6 5 4 3 2 1 0 점수 〈 〉

15	7	0
전반적인 내용을 이해하기가 쉽고 발표시간도 적절함	부분적으로 이해하기 가 곤란하고 발표시간 이 조금 남거나 모자람	이해해야 할 내용이 너무 많거나 빈약하고 발표시간을 못 지킴

3. 자료의 구성과 명확성

10 9 8 7 6 5 4 3 2 1 0 점수 〈 〉

10	5	0
자료가 논리적으로 전개되며 일관성이 있음	자료의 구성이 엉성함	자료의 구성이 부적절함

4. 발표의 극적 표현

5 4 3 2 1 0 점수 〈 〉

5	0
핵심 부분을 극적으로 표 현하여 모양새를 갖춤	무미건조한 발표

5. 요점의 강조 및 요약

10 9 8 7 6 5 4 3 2 1 0 점수 〈 〉

10	5	0
발표 도중에 중요한 점을 강조하고, 핵심	부적절한 강조 및 요약	중요한 점을 강조하지 않았고, 요약도 미흡함

소계 < >

Ⅱ. 발표자 (총 30 점)

6. 알아듣기와 빠르기

8 7 6 5 4 3 2 1 0 점수 〈 〉

소리가 명확하고 속도가 적절함	소리가 간혹 불분명하고 속도가 느리거나 빠름	소리가 들리지 않고 너무 빠르거나 느림

7. 목소리

5 4 3 2 1 0 점수 〈 〉

생생하고 변화있음	일반적임	지루함

8. 발표 태도와 자세

7 6 5 4 3 2 1 0 점수 〈 〉

예의있고 편안함	단정치 않거나 긴장됨	무례하고 어색함

9. 신체 이동과 몸짓

5 4 3 2 1 0 점수 〈 〉

적당한 이동과 자연스러운 몸짓	불필요한 이동과 다소 어색한 몸짓	이동이 없으며 매우 어색한 몸짓

10. 눈맞춤

5 4 3 2 1 0 점수 〈 〉

자연스러움	너무 많음 메모를 찾지 못함	시선을 피함 원고를 보고 읽음

소계 〈 〉

Ⅲ. 시각 자료 (총 20 점)

11. 시각 자료의 적극적인 사용

청중들이 이해하기 쉽게 제시되었음	4	3	2	1	0	점수 〈 〉
발표에 신선함과 흥미를 제공하였음	4	3	2	1	0	점수 〈 〉
핵심 부분을 강조하는데 도움이 되었음	4	3	2	1	0	점수 〈 〉
발표의 속도 조절에 도움이 되었음	4	3	2	1	0	점수 〈 〉
충분한 시간 동안 제시되었음	4	3	2	1	0	점수 〈 〉

12. 시각 자료의 부적절한 사용

청중의 주의를 분산시켰음	−4	−3	−2	−1	0	점수 〈 〉
이해하기가 힘들었음	−4	−3	−2	−1	0	점수 〈 〉
세부 사항이 너무 빽빽하게 들어갔음	−4	−3	−2	−1	0	점수 〈 〉
발표를 지루하게 만들었음	−4	−3	−2	−1	0	점수 〈 〉
보다 좋은 시각 자료를 필요로 함	−4	−3	−2	−1	0	점수 〈 〉

소계 < >

총계 < >

부록 E 시각자료(슬라이드) 작성예

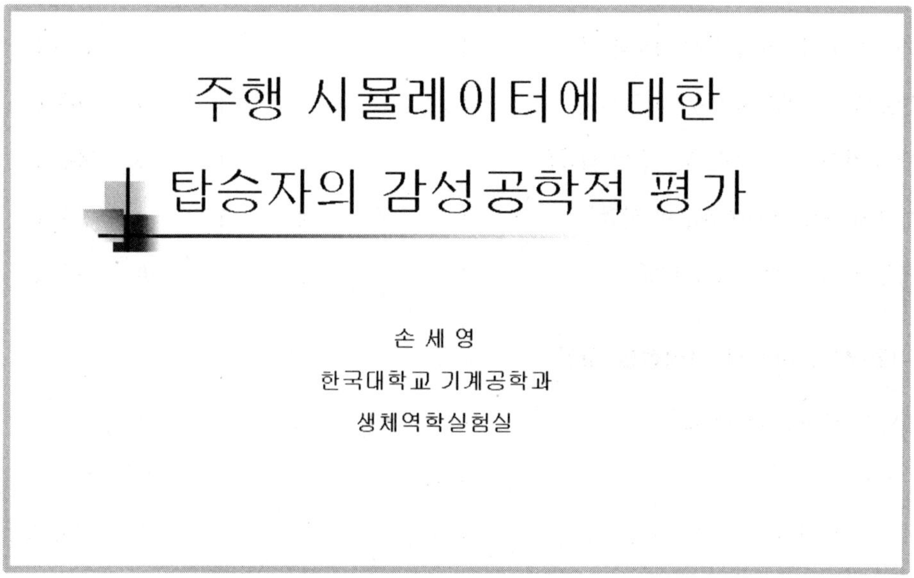

그림 E·1 슬라이드 1

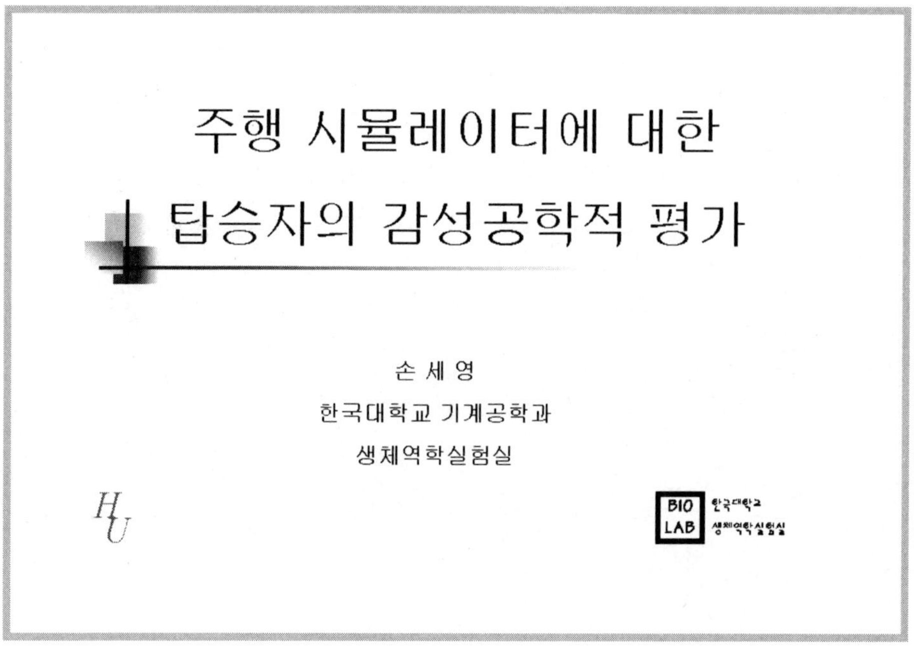

그림 E·2 슬라이드 2

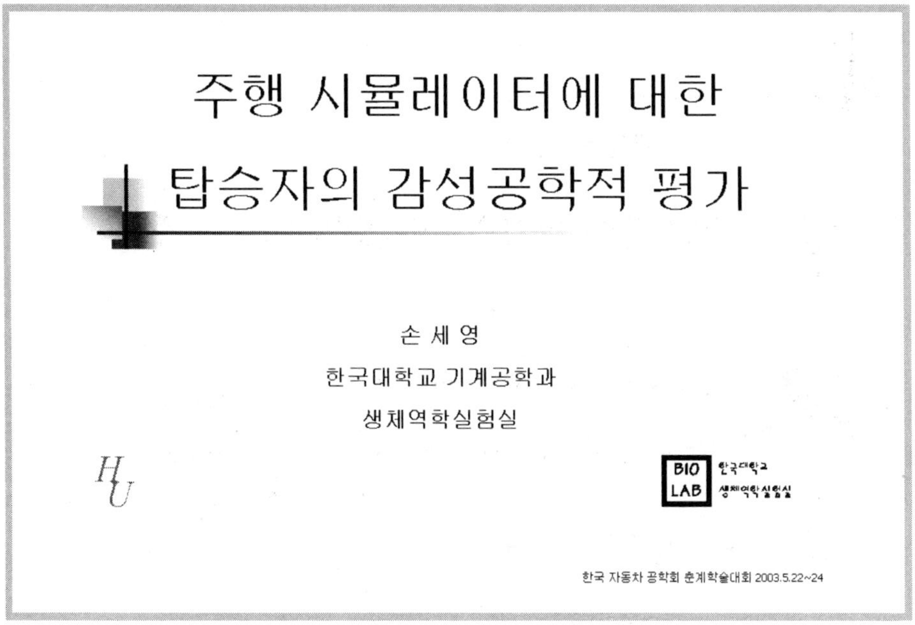

그림 E·3 슬라이드 3

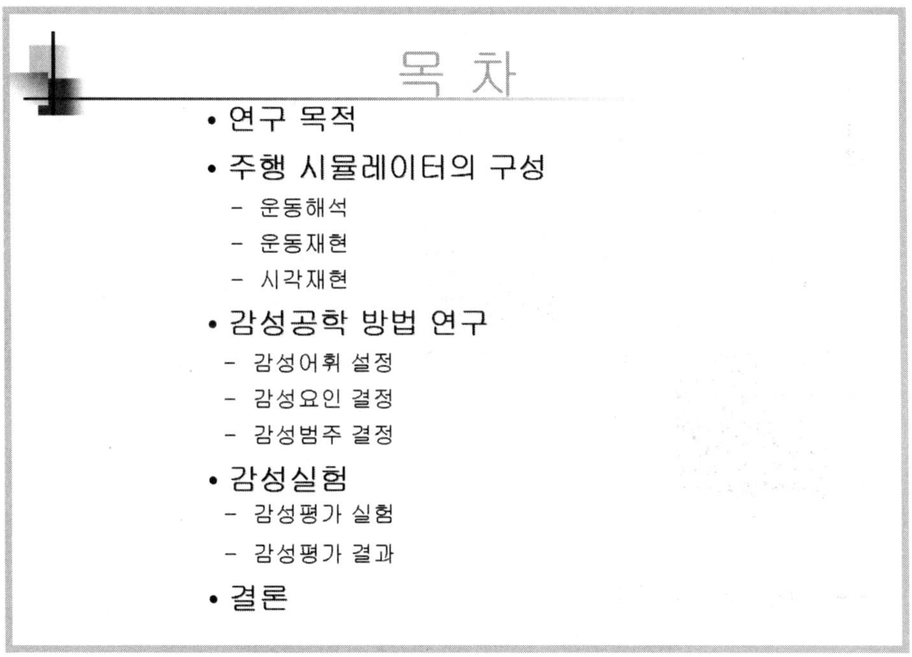

그림 E·4 슬라이드 4

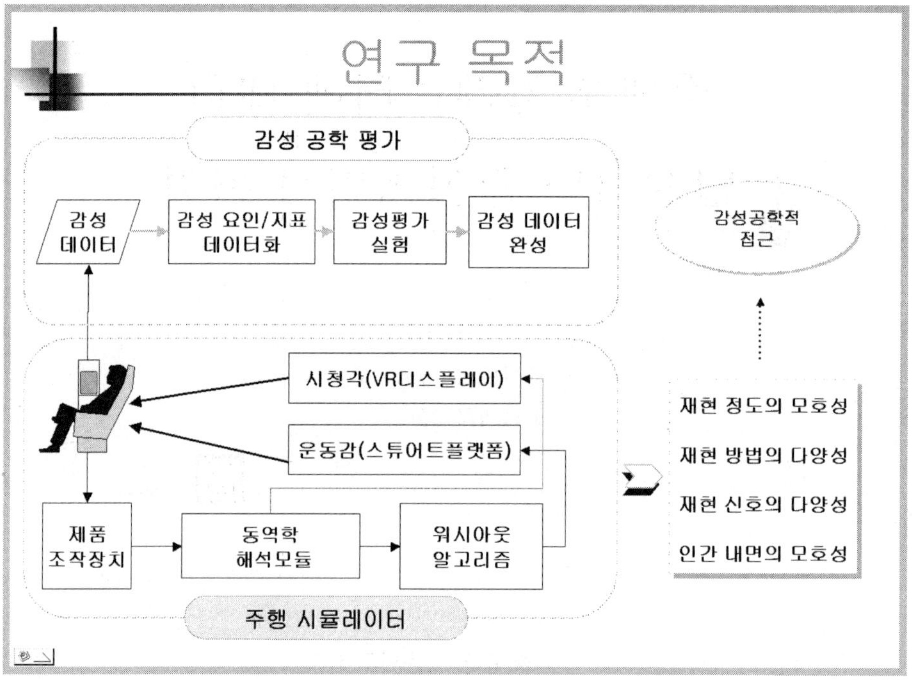

그림 E·5 슬라이드 5

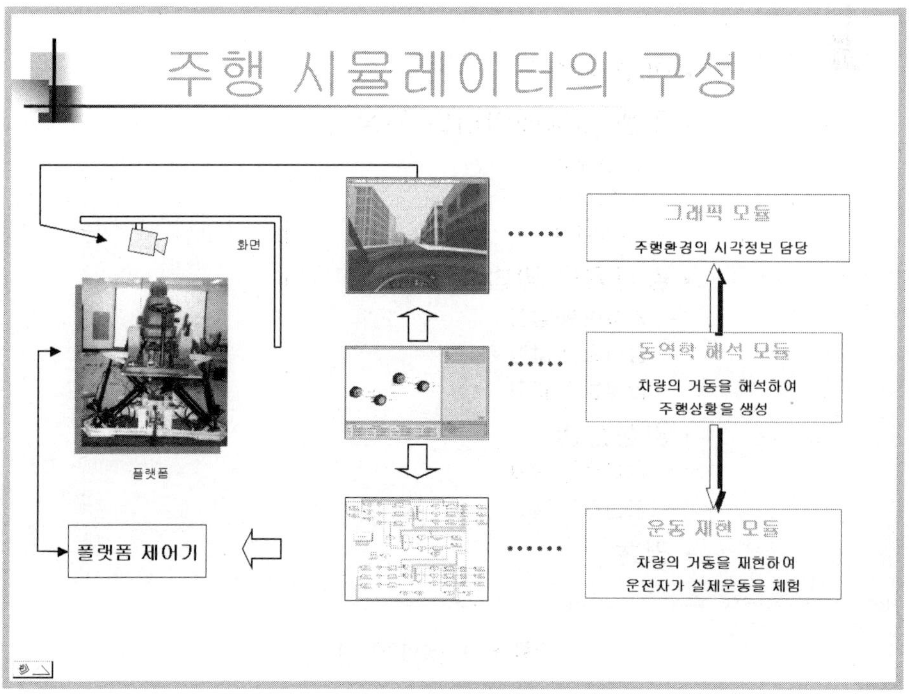

그림 E·6 슬라이드 6

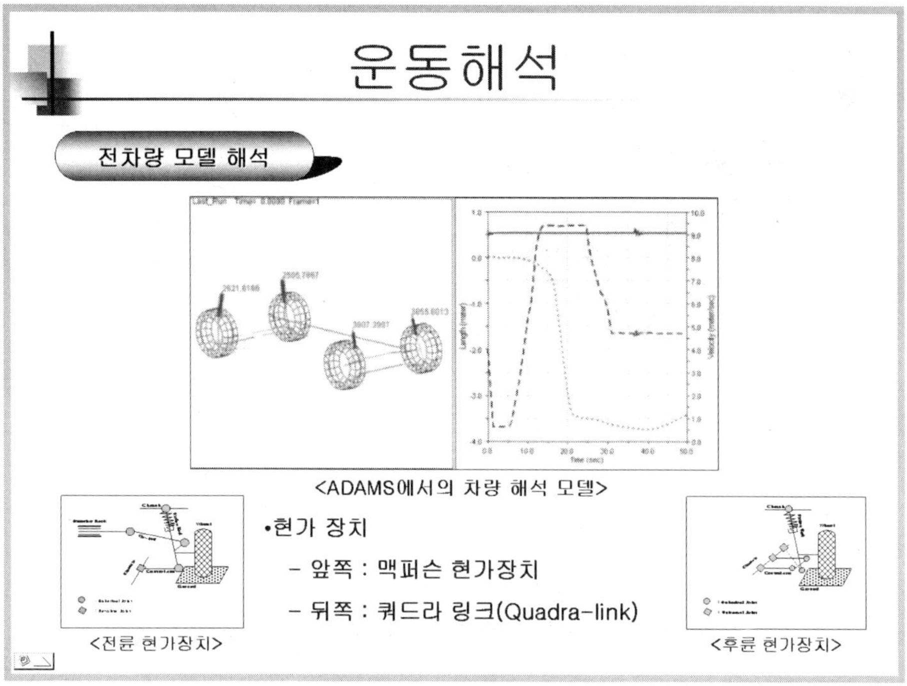

그림 E·7 슬라이드 7

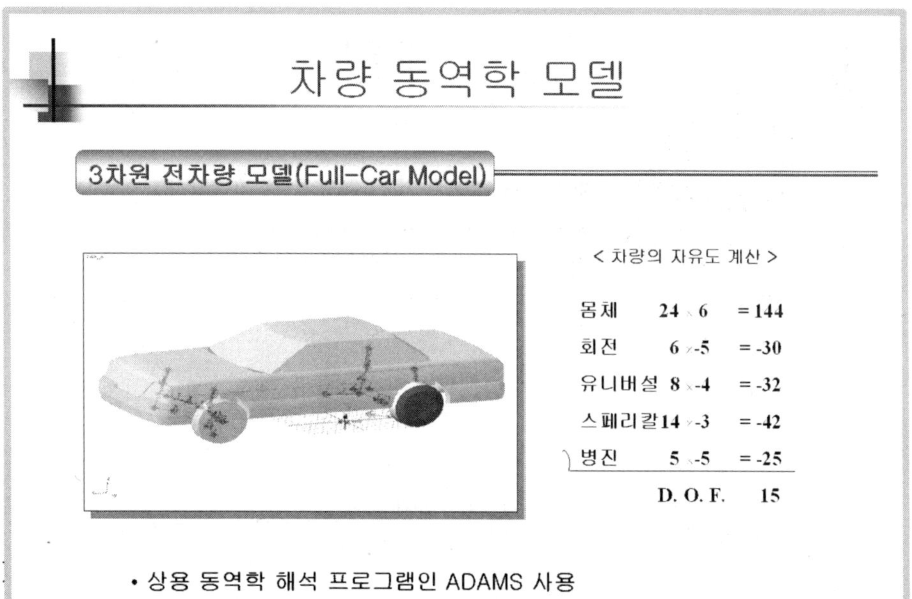

그림 E·8 슬라이드 8

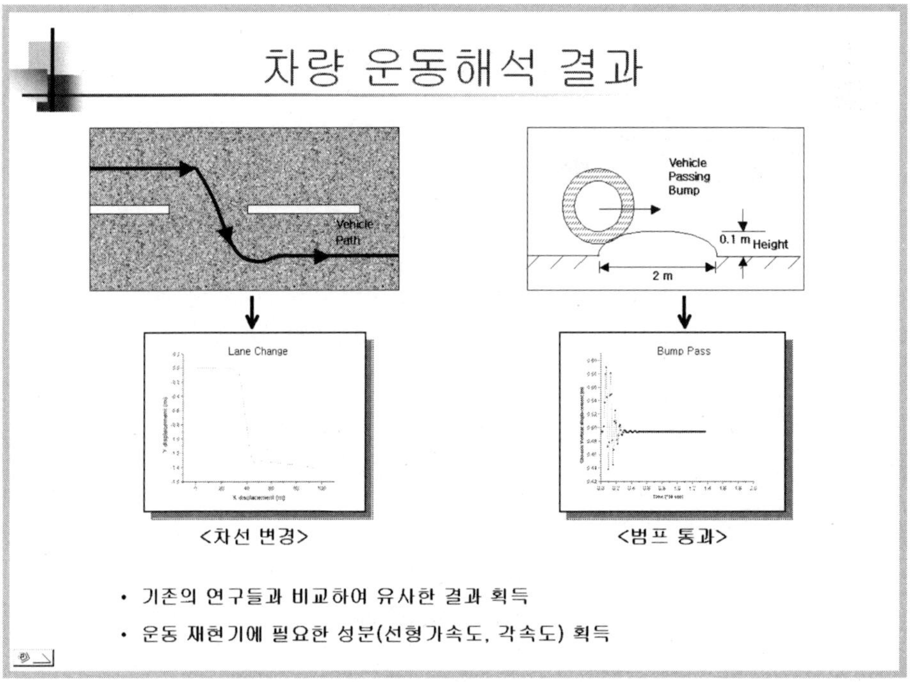

그림 E·9 슬라이드 9

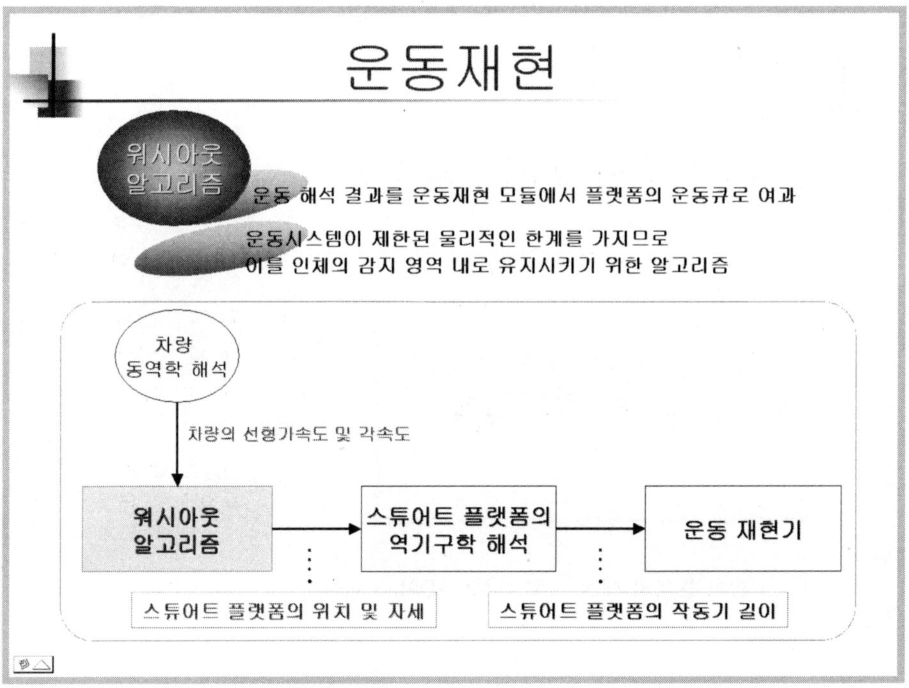

그림 E·10 슬라이드 10

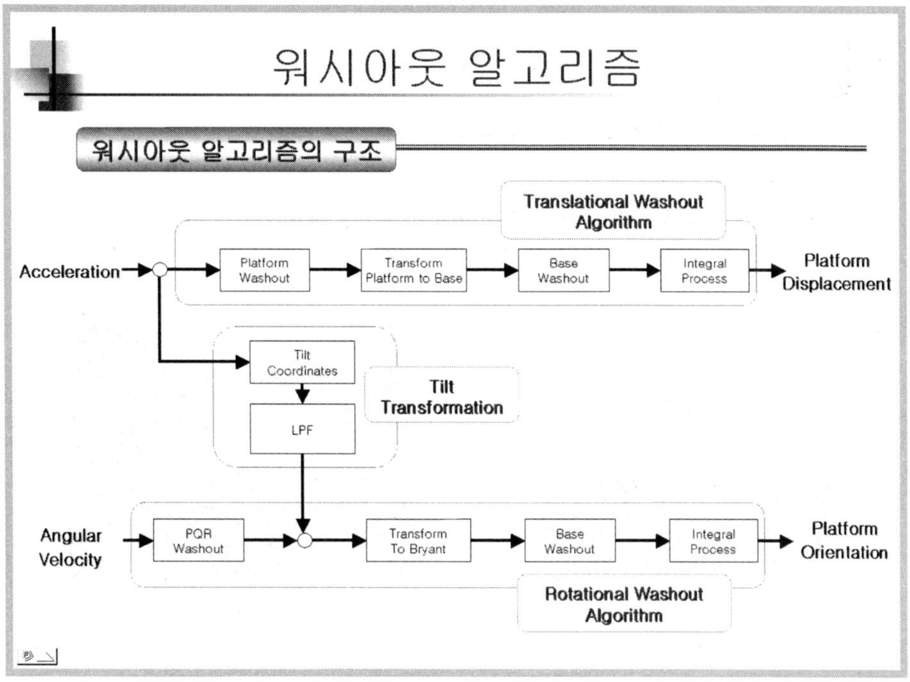

그림 E·11 슬라이드 11

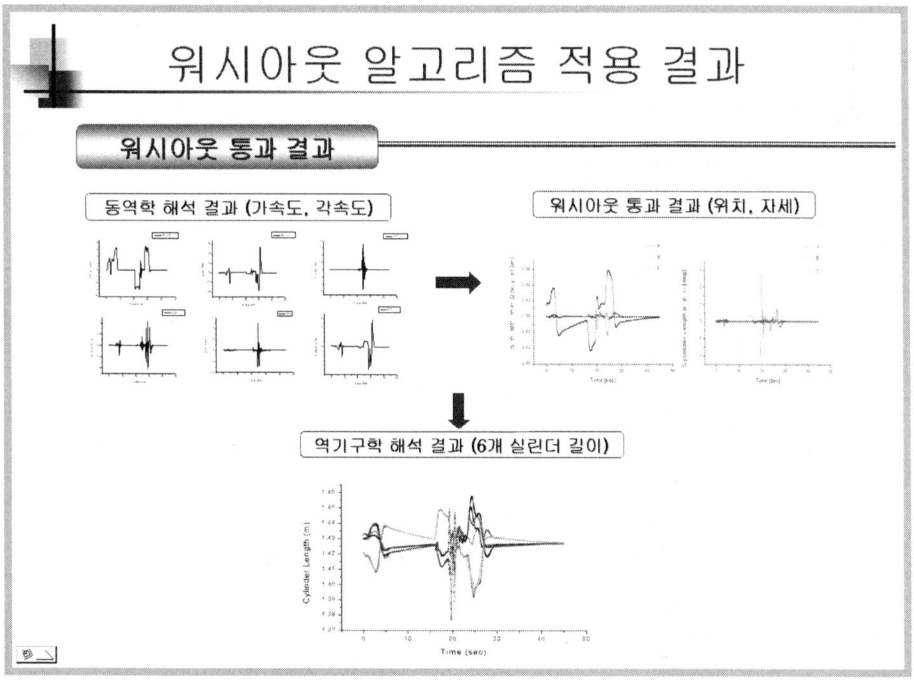

그림 E·12 슬라이드 12

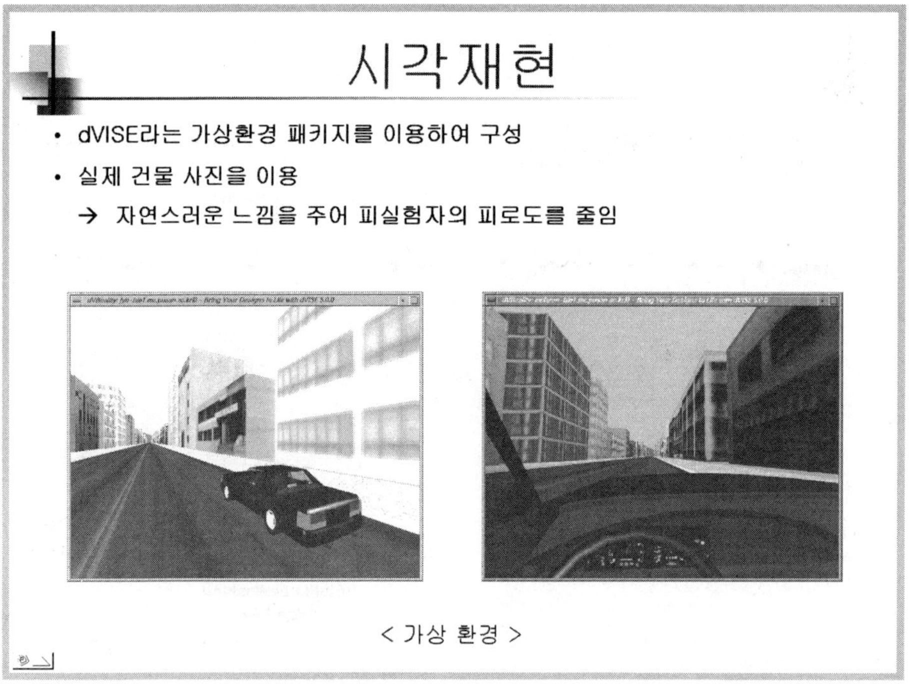

그림 E·13 슬라이드 13

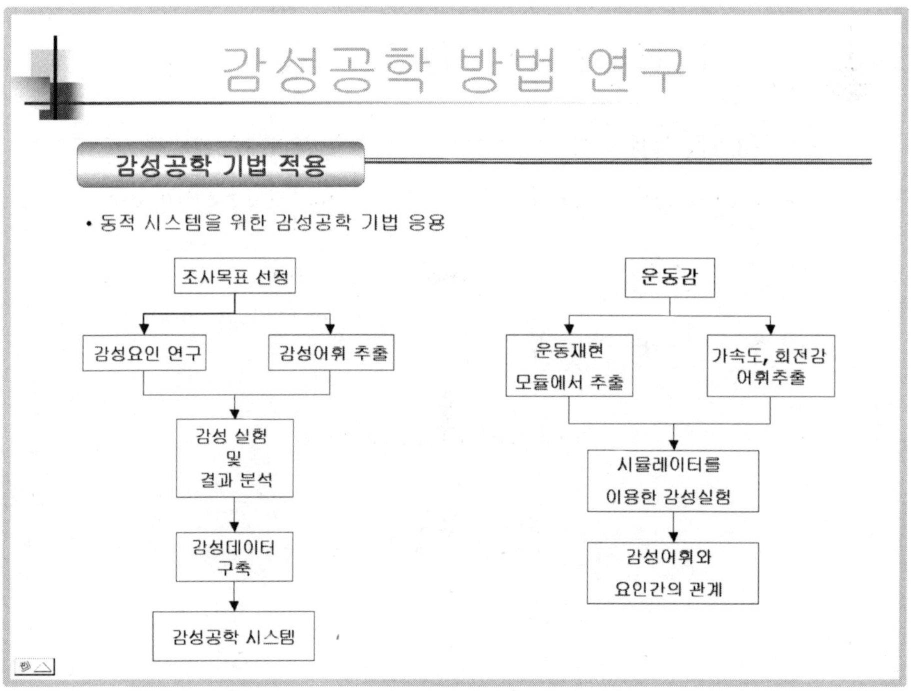

그림 E·14 슬라이드 14

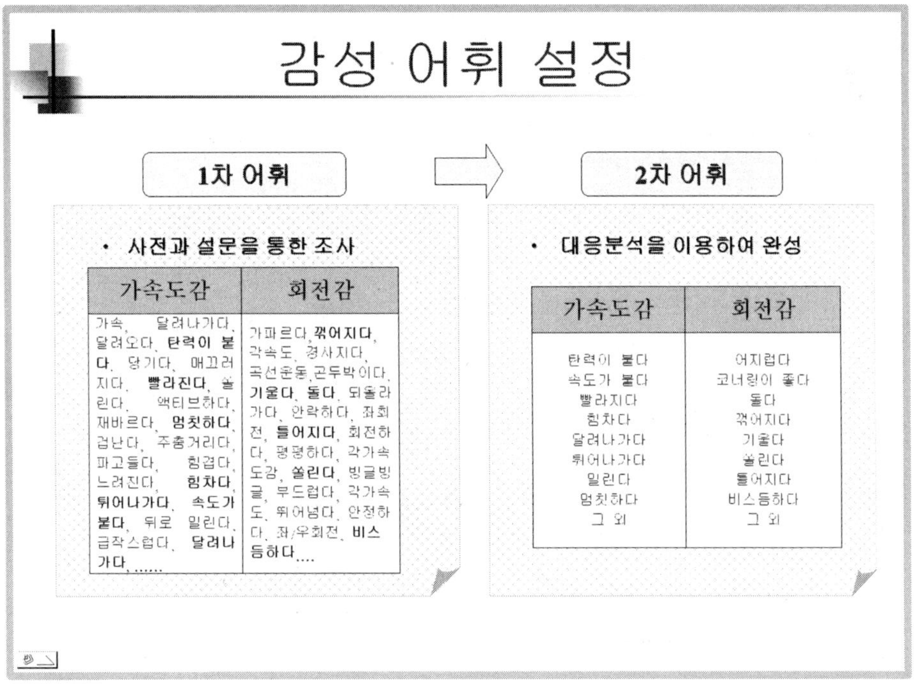

그림 E·15 슬라이드 15

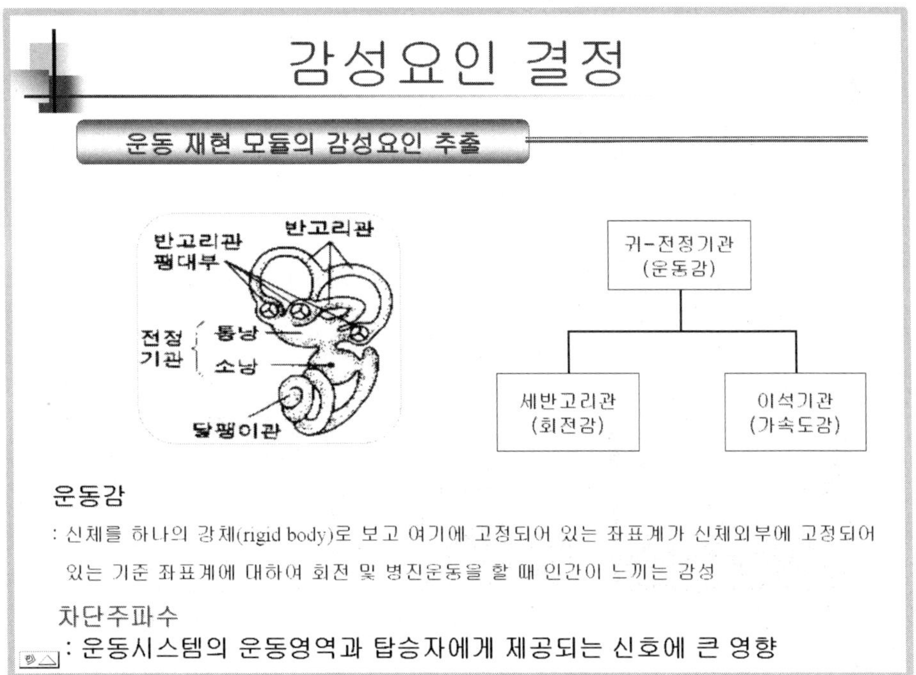

그림 E·16 슬라이드 16

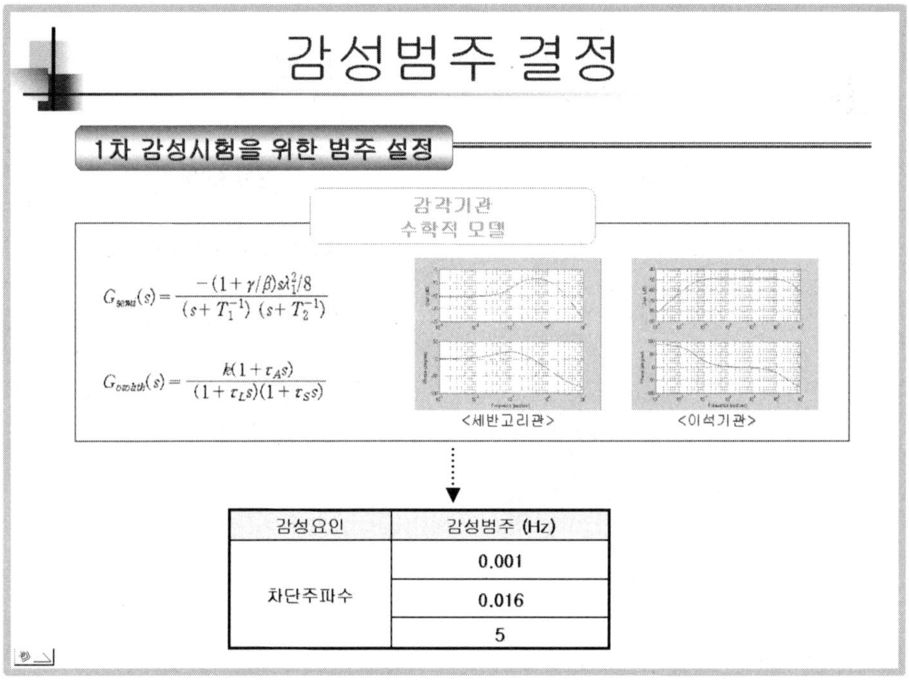

그림 E·17 슬라이드 17

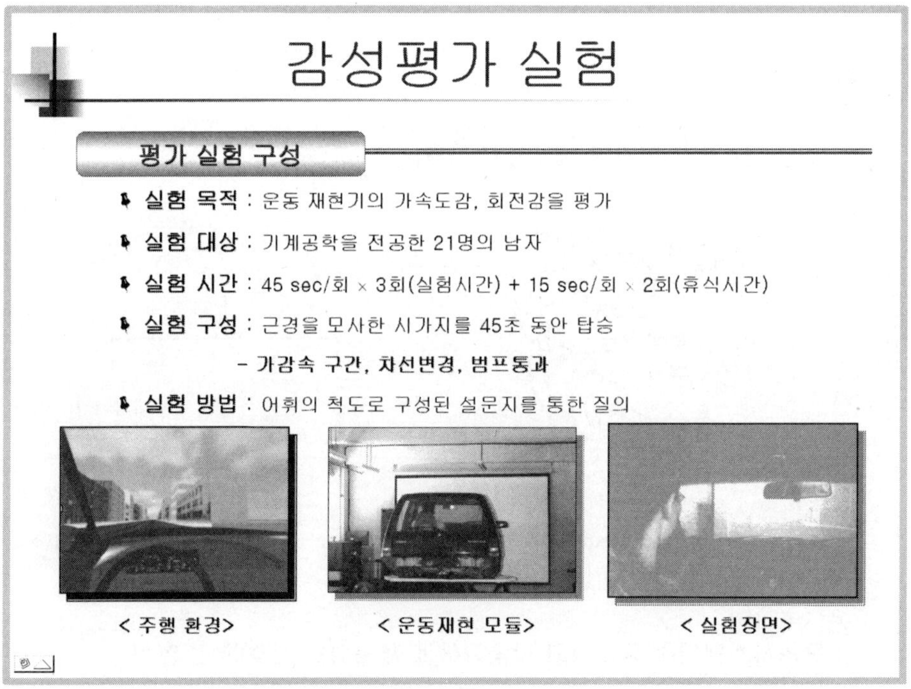

그림 E·18 슬라이드 18

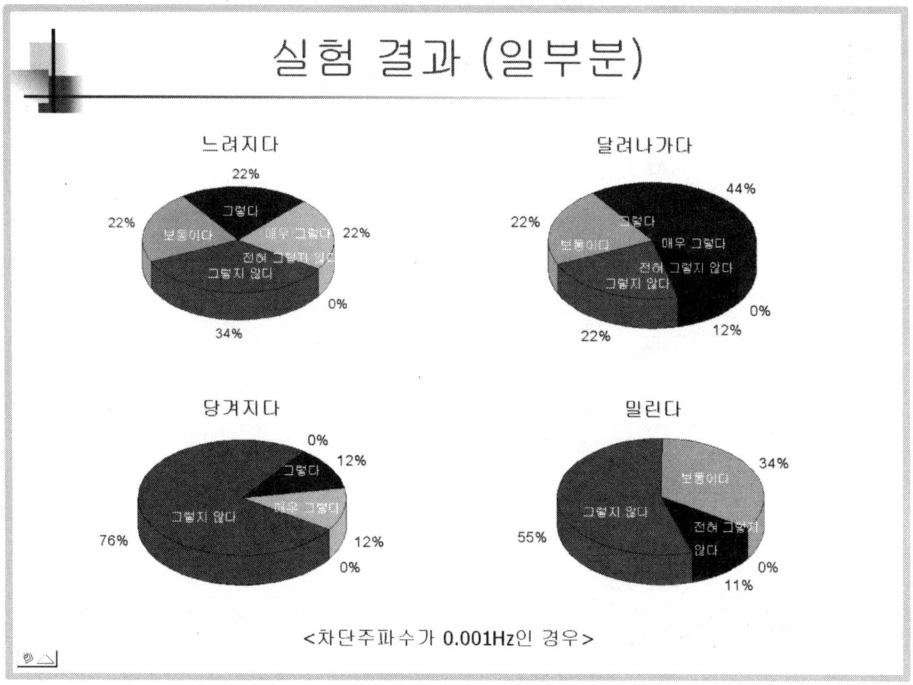

그림 E·19 슬라이드 19

감성평가 결과

분산 분석

유의수준 95%

어휘	Sum of Square	Mean Square	F-value	Pr > F
느려지다	0.22	0.11	0.05	0.94
달려나가다	4.74	2.37	1.63	0.22
당겨지다	3.63	1.82	1.81	0.18
밀린다	0.30	0.15	0.24	0.79
빨라진다	2.67	1.33	0.80	0.46
속도붙다	1.85	0.93	0.64	0.54
주춤하다*	6.74	3.37	3.28	0.06
탄력붙다	3.19	1.59	2.39	0.11
튀어나가다*	6.74	3.37	3.60	0.04
힘차다	2.77	1.39	2.38	0.11

<1차 감성실험 결과>

그림 E·20 슬라이드 20

감성분석 결과

어휘	자유도	편차제곱합	F-값	Pr > F
기울다*	2	8.98	5.11	0.0089
꺾어지다	2	4.69	1.65	0.2000
들어가다	2	2.38	1.36	0.2642
흘리다	2	8.00	3.04	0.0551
비스듬하다	2	3.26	1.97	0.1479
쏠린다*	2	11.46	6.49	0.0028
어지럽다	2	3.25	2.00	0.1443
휘청하다*	2	24.66	8.10	0.0008
느려지다	2	5.17	1.62	0.2061
달려나가다*	2	24.00	10.29	0.0001
당겨지다*	2	16.88	7.36	0.0014
밀린다*	2	8.98	4.59	0.0139
빨라지다*	2	10.66	4.31	0.0178
속도가 붙다*	2	11.80	5.13	0.0088
주춤하다*	2	26.41	10.81	0.0001
탄력이 붙다*	2	18.31	8.08	0.0008
튀어나가다*	2	29.56	10.34	0.0001
힘차다*	2	13.93	4.92	0.0105

Scheffe Grouping	Mean	N	GROUP
A	2.3719	21	1
A	2.1224	21	2
B	1.5034	21	3

차단주파수에 민감한 어휘

기울다, 쏠린다, 휘청하다, 달려나가다, 당겨지다, 밀린다, 빨라지다, 속도가 붙다, 주춤하다, 탄력이 붙다, 튀어나가다, 힘차다

사후분석 결과

0.001과 0.016Hz 사이에는 큰 차이를 보이지 않고, 0.016과 5Hz 사이에는 많은 차이 보임

그림 E·21 슬라이드 21

결론

- 감성 평가용 주행 시뮬레이터 개발
  - 운동해석, 운동재현, 시각재현 등의 각 모듈 개발
- 주행 시뮬레이터를 위한 감성공학적 접근방법 제시
  - 감성어휘 및 감성요인을 이용한 감성공학적 방법
- 주행 시뮬레이터를 이용한 감성평가 실험
  - 차단주파수를 감성요인으로 설정하여 감성공학 실험 실시
- 감성요인(차단주파수)에 민감한 어휘의 추출 및 0.016Hz이하의 저주파수는 운동감에 큰 영향을 미치지 못함
- 향후 운동재현모듈에서의 크기조정계수, 운동해석모듈에서의 스프링계수, 감쇠계수 등의 감성요인에 따른 평가 실시

그림 E·22 슬라이드 22

부록 F 영어 시각자료(슬라이드) 작성예

이 부록의 내용은 외국인 방문객을 위한 한 학과의 소개 자료이다. 발표자가 말할 내용이 슬라이드의 아래에 적혀 있는데 이는 단지 이 책의 독자가 슬라이드와 말할 내용을 보기 쉽게 하기 위함일 뿐이다. 이러한 형식을 이용하여 내용을 적어두고 발표할 때 읽는 것은 청중의 관심을 없애기 때문에 절대로 읽어서는 안 된다.

• **그림 F·1의 발표내용**

Good morning. Welcome to Hankook University.

My name is Wonsuk Bae, and I'm the head of the School of Mechanical Engineering.

It's a great pleasure to have you here and it's a great opportunity to let you know who we are and what we do.

그림 F·1 슬라이드 1

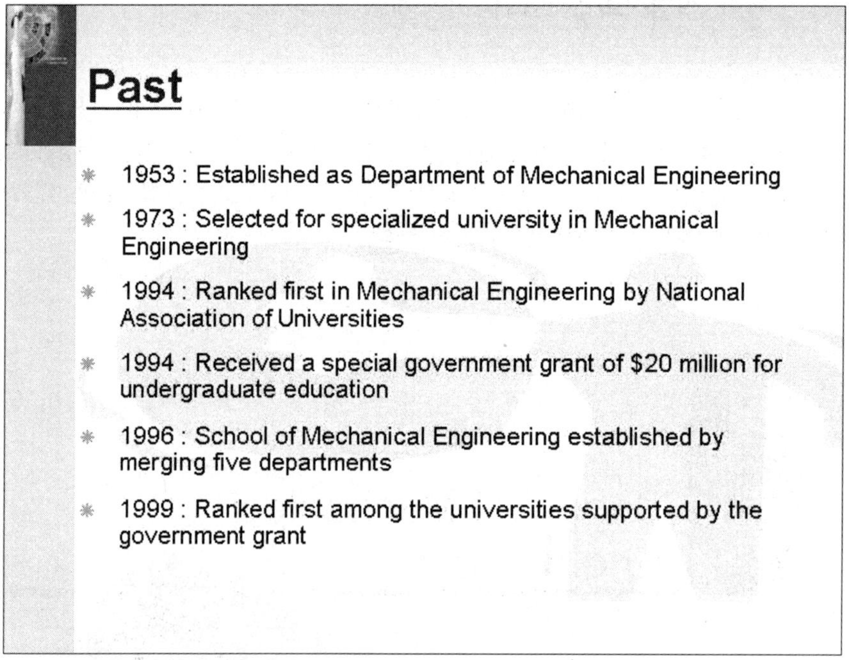

• 그림 F·2의 발표내용

Our program started in 1953 as the Department of Mechanical Engineering.

There have been many important milestones throughout our fifty year history.

One of the recent key milestones was when we received a special government grant of twenty million dollars in 1994. This grant was for undergraduate education. At the end of this program, we were ranked first by the government evaluation.

그림 F·2 슬라이드 2

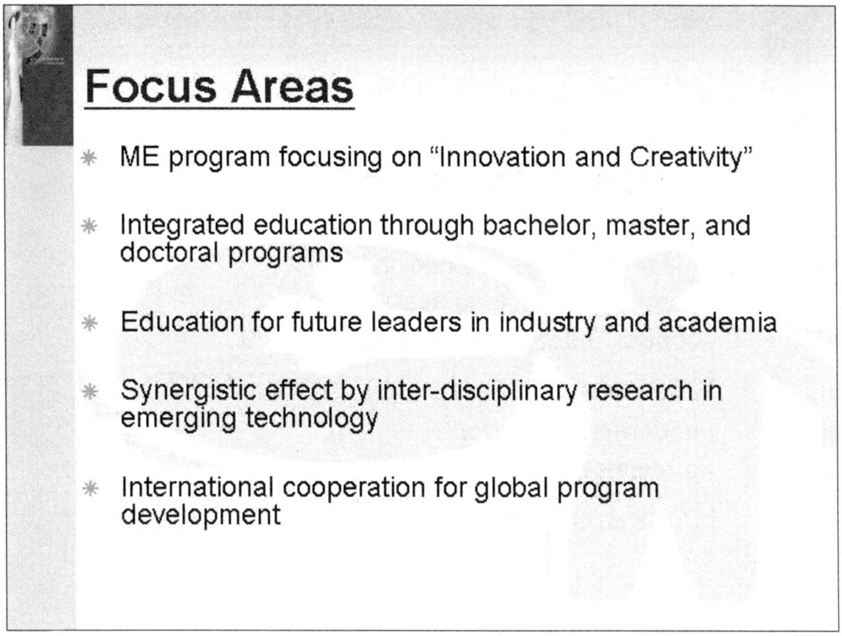

• **그림 F·3의 발표내용**

This slide shows the current focus areas of our program.

As you can see, we are emphasizing Innovation and Creativity. This is because Korean engineers have to create something new and innovative these days.

In addition, we are trying to provide an integrated education program for those who want to obtain advanced degrees.

By focusing on these aims, we are trying to achieve our ultimate goal, which is to educate our students so that they can be leaders in industry and academia.

Regarding the research aspect, we are embracing emerging technologies such as MEMS and IT to create synergistic effect among disciplines.

Finally, we are very much interested in developing international programs for research and education.

그림 F·3 슬라이드 3

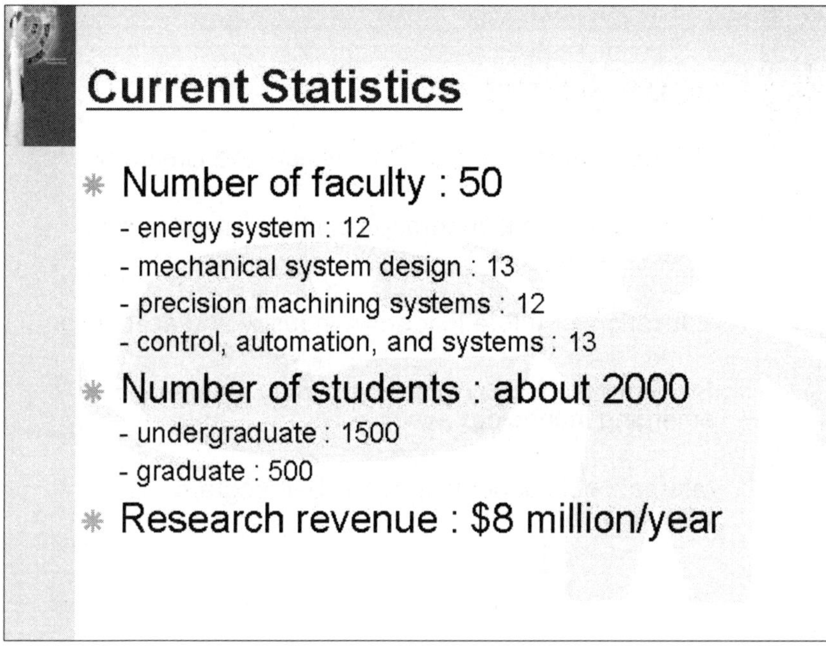

• 그림 F·4의 발표내용

This is an overview of the current statistics.

We have fifty professors who are grouped into four major areas, about fifteen hundred undergraduates, and about five hundred graduate students.

Due to this huge size, we have been the major supplier of mechanical engineers in the south eastern region of Korea.

Our research revenue is about eight million dollars per year which is pretty good by Korean standards.

그림 F·4 슬라이드 4

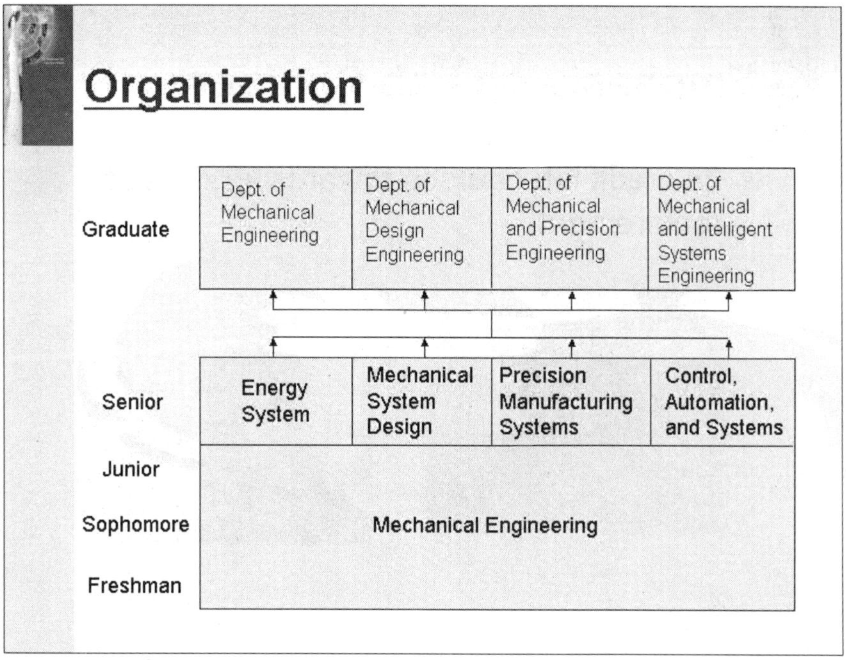

• **그림 F·5의 발표내용**

Since we are so big, we have some difficulty in running the School and advising students. That is why we have four different groups according to research areas.

At the undergraduate level, students are taking standard courses common to everyone. Only in their senior year, they can choose a specific area for their design and thesis project.

At the master's level and above, we are organized into four departments where students can pursue their advanced degrees in their respective areas.

그림 F·5 슬라이드 5

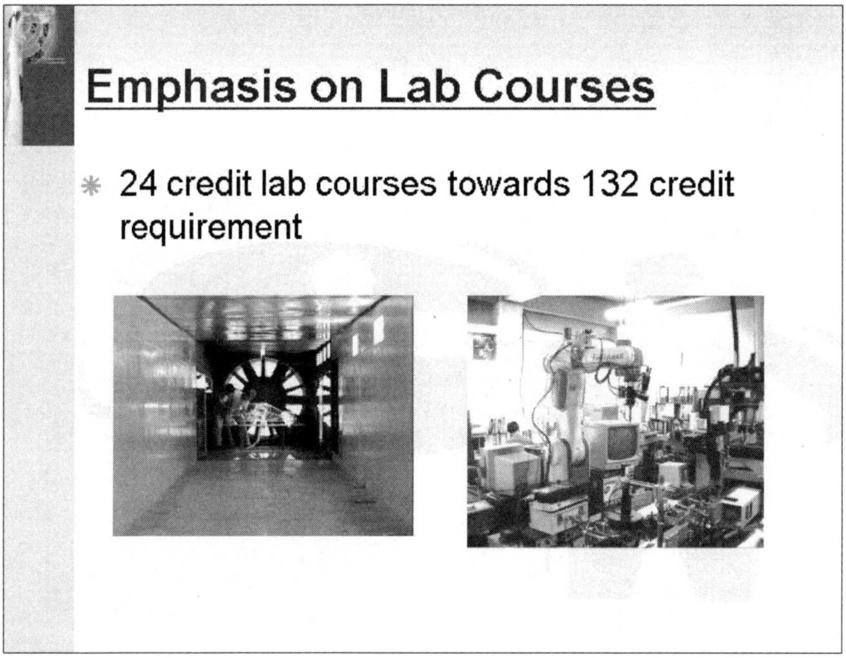

• **그림 F·6의 발표내용**

Our undergraduate curriculum puts a great emphasis on the lab courses. Students are required to take at least 24 credit lab courses towards 132 credit requirement.

These lab courses are strategically placed in the curriculum so that students can obtain hands-on experience about what they learn in the classroom.

그림 F·6 슬라이드 6

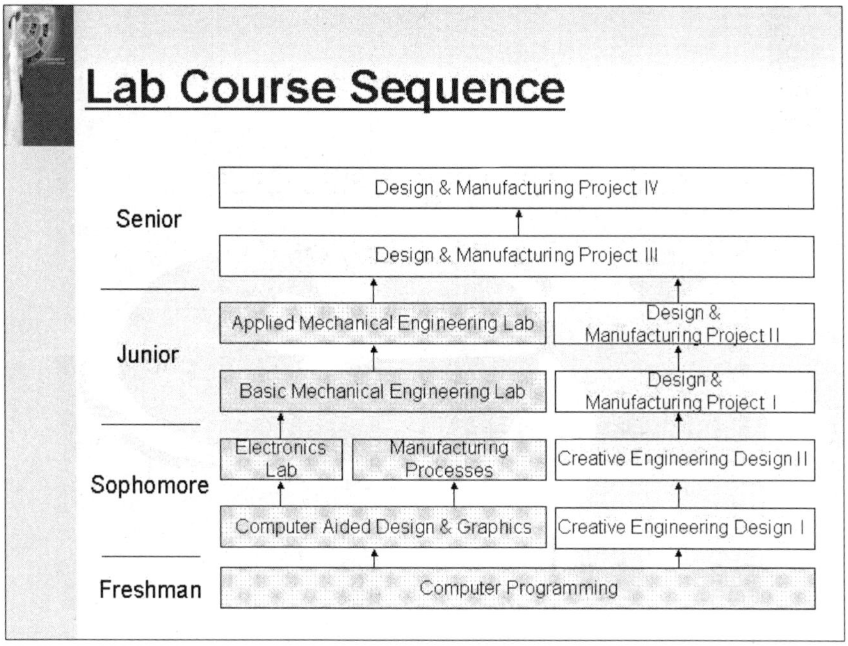

• **그림 F·7의 발표내용**

This slide shows you the sequence for the lab courses starting from the freshman year.

What's more interesting is that we have one design lab course every semester from the sophomore year.

This kind of course is offered every semester with the increasing demand for engineering knowledge.

In the senior year, students are asked to define their own thesis topics and to develop the solution, which results in their own graduation thesis projects.

그림 F·7 슬라이드 7

• **그림 F·8의 발표내용**

These pictures show some of our labs.

The one on the left is our mechatronics lab. The one on the upper right shows our CAD lab, and the one on the bottom is the electronics lab.

We have many visitors from other universities due to our excellent lab courses and equipment.

그림 F·8 슬라이드 8

• **그림 F·9의 발표내용**

These robots are the final products of the senior design projects.

The goal of these robots is to mimic the movement of insects and others organisms.

The one on the left slides on the surface like a pond slider. The one on the right imitates the way a lizard walks.

그림 F·9 슬라이드 9

• 그림 F·10의 발표내용

As I mentioned before, we are trying to develop an international cooperative program for research and education.

These are the institutions with which we interact closely.

그림 F·10 슬라이드 10

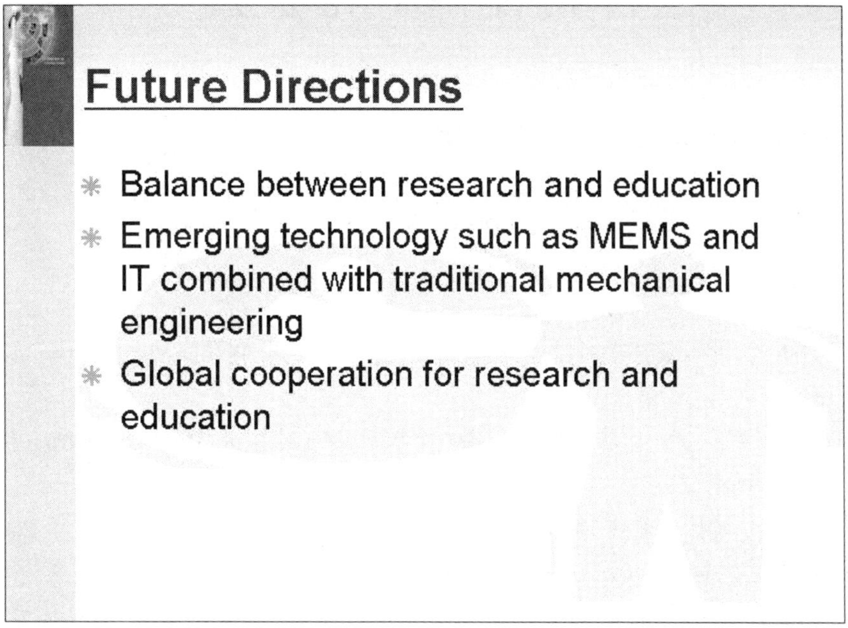

• **그림 F·11의 발표내용**

Finally, this slide summarizes where we are heading from now.

I think we need to maintain a good balance between research and education in order to educate engineers and generate new knowledge in our field.

In addition, we need to combine emerging technology with the conventional mechanical engineering to broaden our research area.

Finally, in order to maintain a strong global competence, we plan on expanding the current international cooperation for research and education.

I believe that we have a very good relationship starting from this visit and hope to find a great mutual benefit. Thank you very much.

그림 F·11 슬라이드 11

부록 G 파워포인트로 시각자료(슬라이드)를 작성하는 방법

• 제 1 절 파워포인트 프로그램의 실행

파워포인트 파일을 작성하기 위해서는 먼저 Microsoft Office PowerPoint 프로그램이 컴퓨터에 설치되어 있어야 한다. 여기서는 2007버전을 사용하는 경우에 대해 설명하기로 한다. 프로그램을 실행하는 절차는 다음과 같다.

1) 컴퓨터 모니터 화면의 아래 칸에 있는 맨 왼쪽의 '시작' 메뉴를 마우스 왼쪽 버튼으로 누른다.
2) 보이는 메뉴 중에서 '프로그램'을 선택한 후, 그곳에서 다시 'Microsoft Office'로 커서를 옮긴다.
3) 나타나는 메뉴 중에서 'Microsoft Office PowerPoint 2007'에 커서를 옮겨 클릭한다.
4) 한 장의 슬라이드에는 그림 G · 1과 같이 "제목을 입력하십시오", "부제목을 입력하십시오"라는 안내 문구를 담은 상하 네모상자로 구성된 화면이 뜬다. 이제 파워포인트 파일을 작성할 준비가 끝났다.

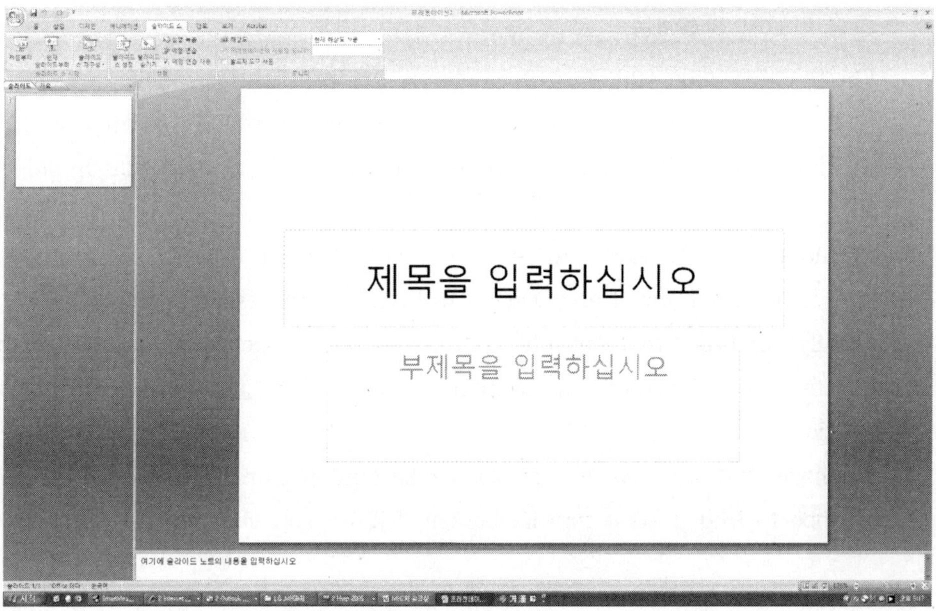

그림 G·1 파워포인트 2007을 실행할 때의 초기 화면

• 제 2 절 기본적인 슬라이드 배경의 선택

화면의 맨 위쪽에 '홈', '삽입', '디자인', '애니메이션', '슬라이드쇼', '검토', '보기', 'Acrobat' 등의 주 메뉴가 있다. 그 중에서 '디자인'을 누르면 파워포인트 배경화면의 여러 디자인을 확인할 수 있다. 자기 취향에 맞는 것을 슬라이드 배경을 선택한 후(그림 G・2), '색상', '글꼴', '효과', '배경스타일', '배경 그래픽 숨기기' 등을 수정할 수 있다. 이를 위해 '디자인' 메뉴에서 오른 쪽 끝에 있는 세부 메뉴를 선택하여 가장 마음에 드는 배경으로 고친다.

그림 G・2의 화면에서 점선으로 나타나는 네모상자 속을 마우스로 한번 클릭하면 네모상자의 테두리가 변한다. 그 한 변에 커서를 놓으면 상하좌우의 네 방향의 화살표가 나타난다. 이를 마우스의 왼쪽 버튼으로 누르면 점선이 실선으로 바뀌는데, 그 왼쪽 버튼을 계속 누르면서 마우스를 끌면 네모상자를 원하는 위치로 옮길 수 있다. 네모상자의 각 변의 중간에는 미세한 네모, 그리고 각 모서리에는 미세한 원이 보인다. 그곳으로 커서를 이동시키면 양방향 화살표가 나타나는데, 그중의 한 방향으로 마우스의 왼쪽 버튼을 누르고 움직이면 네모상자의 크기를 조절할 수 있다. 일반적으로 제목을 입력하는 상부 네모상자 높이는 2~3 cm가 되도록 조절하고, 하부 네모상자의 높이는 그 속에 넣을 내용의 분량에 맞도록 그 크기를 정한다. 슬라이드의 맨 첫 장에는 제목, 발표자의 소속과 이름, 그리고 발표 날짜와 장소 등을 기재한다.

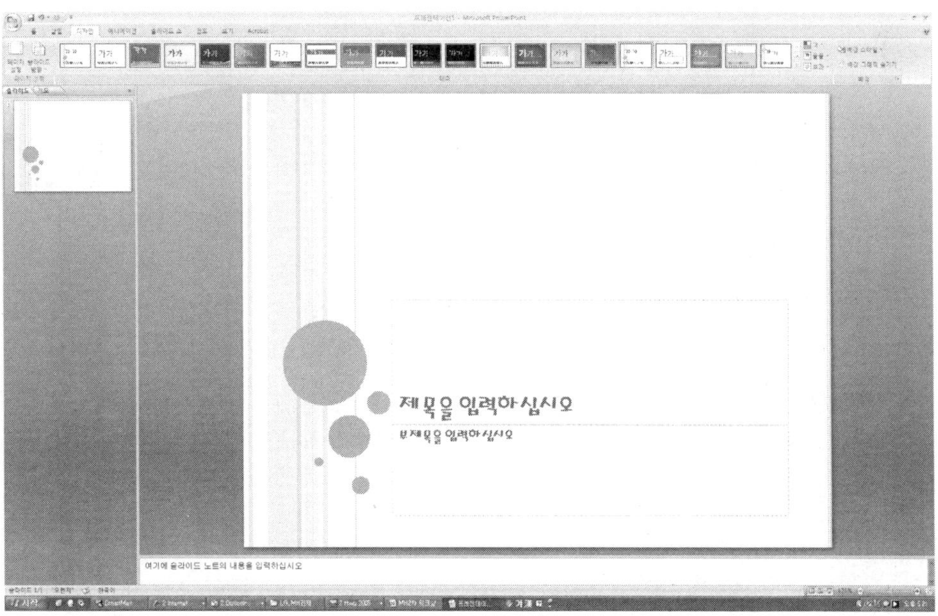

그림 G・2 디자인 메뉴에서 선택한 슬라이드의 배경

• 제 3 절 슬라이드 내용의 작성과 슬라이드 쇼

화면의 위쪽에 있는 '홈' 메뉴에 대해 알아보자. 그 주 메뉴 속에는 '클립보드', '슬라이드', '글꼴', '단락', '그리기', '편집' 등의 세부 메뉴가 있다.

'클립보드' 메뉴에서 '붙여넣기'를 누르면 바로 전에 복사한 내용이 붙여진다. 그림 G · 3은 '붙여쓰기'를 두 번 누른 경우로 "BANKING(49, 14.64, 14.12)" 라는 것이 두 곳에서 나타난다. PowerPoint 2007을 실행하기 전에 복사했던 내용이 '붙여쓰기'를 눌렀을 때 붙여졌기 때문이다. 복사된 내용으로 커서를 움직여 마우스 오른쪽 버튼을 누르면 네방향 화살표(✥)가 나타나면서 그림 G · 3에서와 같이 두 개의 대화상자가 나타난다. 상부 대화상자에 있는 메뉴를 이용하여 글꼴을 고치고, 글자 크기를 조정하며, 박스 속을 원하는 색으로 채우거나 박스 테두리의 색을 지정할 수 있다. 하부 대화상자에서 '잘라내기' 또는 '클립보드' 메뉴에서 '잘라내기'를 누르면 "BANKING (49, 14.64, 14.12)"이 사라진다. 하부 대화상자에서는 선택할 수 있는 메뉴가 더 많이 구비되어 있어 박스 내에 있는 내용을 보다 다양하게 수정할 수 있다.

'슬라이드' 메뉴에서 '새 슬라이드'를 누르면 슬라이드가 한 장씩 추가된다. 슬라이드의 배경이 선택한 것과 다르면 '레이아웃'을 눌러서 나타나는 배경 중에서 원하는 것으로 바꿀 수 있다. 그림 G · 4는 세 장의 슬라이드가 추가된 경우이다. 첫 번째 슬라이드에서는 '잘라내기'를 사용하여 위쪽에 복사한 내용이 지워진 것을 알 수 있다. '슬라이드' 메뉴에서 '삭제' 메뉴를 누르면 선택된 슬라이드를 제거할 수 있다.

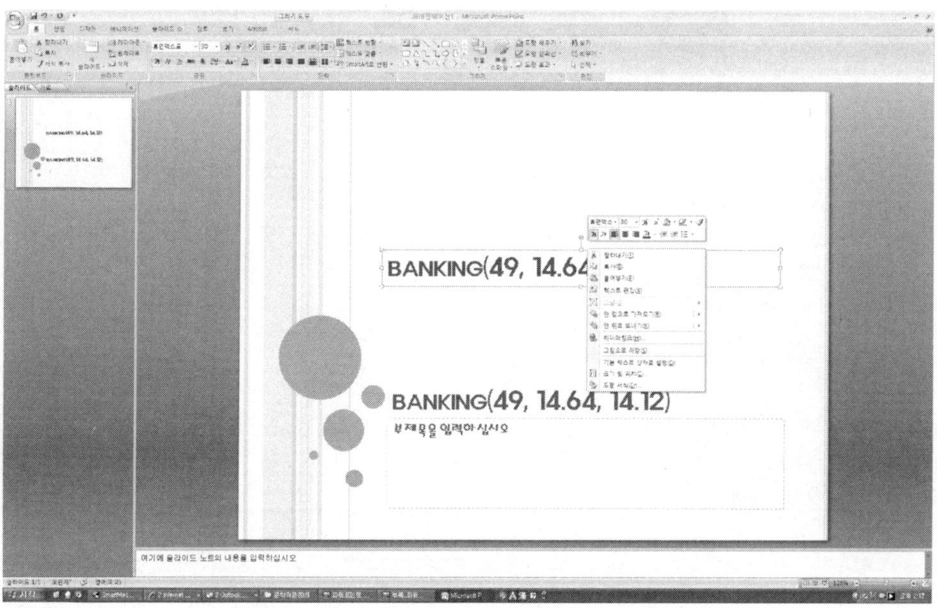

그림 G·3 홈 메뉴 속의 클립보드에서 붙여쓰기를 사용한 경우

그림 G・4의 하부 네모상자의 정중앙에 여섯 가지 도형이 보인다. 각각의 도형을 왼쪽 마우스 버튼으로 클릭하면 '표 삽입', '차트 삽입', 'SmartArt 그래픽 선택', '그림 삽입', '클립 아트', '동영상 삽입' 등을 하기 위한 것임을 확인할 수 있다. '표 삽입'을 선택하면 열과 행의 수를 입력하도록 유도하고, 그 결과에 대해 '확인'을 선택하면 "텍스트를 입력하십시오" 라는 네모상자에 표가 삽입된다. '차트 삽입'을 선택하면 여러 그래프의 형태가 제시된다. 제공되는 그래프로는 세로막대형, 꺾은선형, 원형, 가로 막대형, 영역형, 분산형, 주식형, 표면형, 도넛형, 거품형, 방사형 등이 있다. 각각의 그래프 형태에 대해 여러 그림이 제시되어 그중에서 원하는 것을 클릭하여 사용할 수 있다.

그림 G・5는 '꺾은선형'에서 첫 번째 그림을 선택할 때 나타나는 화면이다. 화면의 왼쪽에는 슬라이드에 들어갈 그래프가 보이며, 오른 쪽에는 그래프를 그리기 위해 필요한 숫자를 입력할 엑셀 파일이 열린다. 엑셀 파일에서 계열 1, 2, 3과 항목 1, 2, 3, 4를 해당하는 내용으로 각각 바꾸면 슬라이드에서도 자동적으로 수정된다. 표 속의 숫자도 맞도록 수정하면 원하는 꺾은선 그래프를 얻을 수 있다. 이와 같이 그래프를 그리는 것은 '홈' 메뉴 옆에 위치한 '삽입' 메뉴 속에서 '일러스트레이션'을 선택한 후, '차트'를 클릭해도 가능하다. 위에서와 같이 입력하면 동일한 그래프를 얻을 수 있다. 참고로 '삽입' 메뉴의 '일러스트레이션'에서도 그림, 클립아트, 사진, 도형, SmartArt, 차트 등을 선택하여 원하는 것들을 텍스트 네모상자 속에 집어넣을 수 있다.

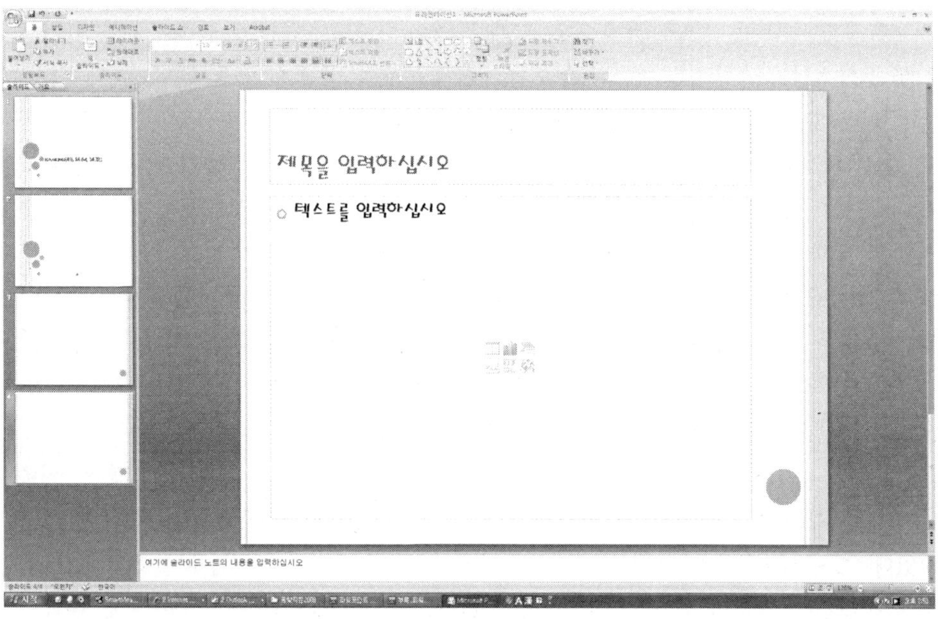

그림 G・4 홈 메뉴 속의 슬라이드를 이용하여 새 슬라이드가 추가된 경우

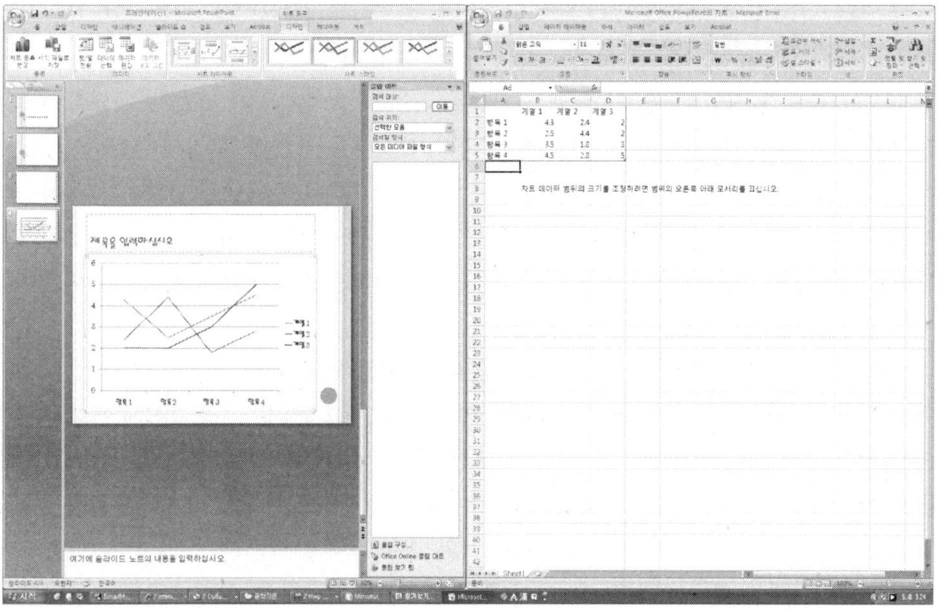

그림 G·5 차트 삽입에서 그래프를 그리기 위한 화면

'홈' 메뉴 속의 '글꼴' 메뉴에서는 네모상자 속에 입력할 글자의 모양과 크기와 색상을 결정한다. 여러 글꼴 중에서 마음에 드는 것을 고를 수 있고, 마우스 오른쪽 버튼으로 눌러서 지정한 일부 글자의 크기를 크게 또는 작게 만들 수도 있고, 글자의 두께를 굵게 하거나 글자를 경사지게 기울일 수도 있으며, 글자 아래에 밑줄을 긋게 할 수도 있다. 글자 '가' 아래 빨간 줄이 있는 메뉴를 누르면 블록으로 지정한 부분의 글자 색상을 선택하여 바꿀 수 있다.

'글꼴' 메뉴의 옆에 위치한 '단락' 메뉴에서는 단락의 형태를 수정하기 위한 도구들이 있다. '글머리 기호 및 번호 매기기', '목록 수준 늘임/줄임', '줄간격', '맞춤', '텍스트 방향', '텍스트 맞춤', 'SmartArt로 변환' 등을 선택하여 글머리 기호를 바꾸고, 들여쓰기 간격을 조정하고, 줄 간격을 조정하고, 텍스트 방향을 가로 또는 세로로 정하고, 문장을 블록 속에 넣어 치장을 할 수 있다. 그림 G · 6은 텍스트 내용을 입력한 슬라이드의 예를 보여준다.

그림 G · 6에서 "파워포인트 작성 요령"이라는 제목은 글꼴 '휴먼매직체'와 폰트 '크기 40'으로 작성한 결과이다. 텍스트 네모상자에 입력한 모두 7줄의 내용은 글꼴 '굴림'과 폰트 '크기 24'를 사용하였다. 글머리 기호는 '속이 빈 원형'으로, 줄간격은 '1줄'로, 맞춤은 '왼쪽'으로, 들여쓰기는 텍스트 앞 '0.76 cm'와 내어쓰기 값이 같도록, 텍스트 방향은 '가로'로 선택하였다. 그림 G · 6의 슬라이드에서 'SmartArt로 변환' 메뉴로 들어가서 그중에서 '세로 블록 목록형'을 클릭하면 텍스트 내용이 그림 G · 7과 같이 SmartArt 그래픽으로 변환된다.

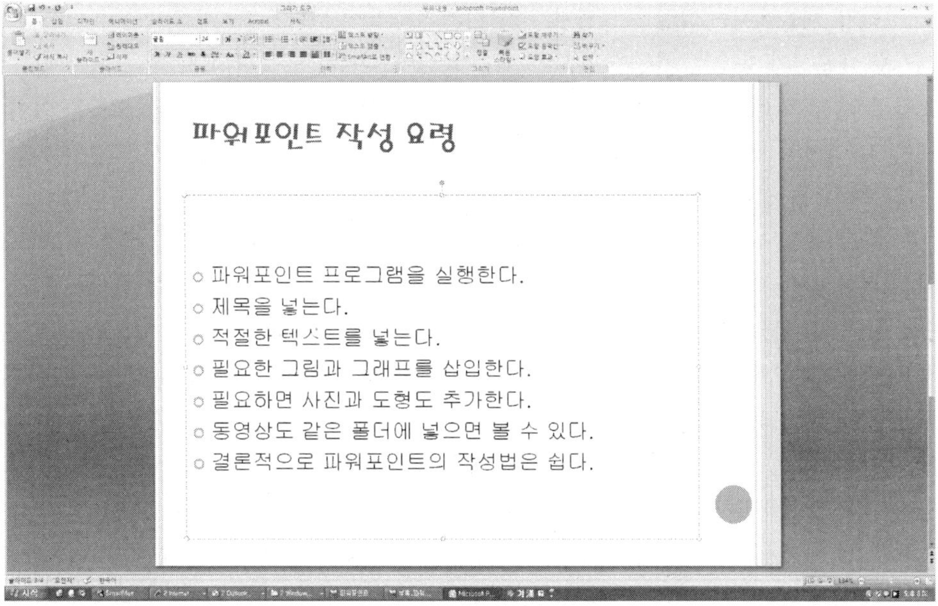

그림 G·6 텍스트 내용을 삽입한 슬라이드의 예

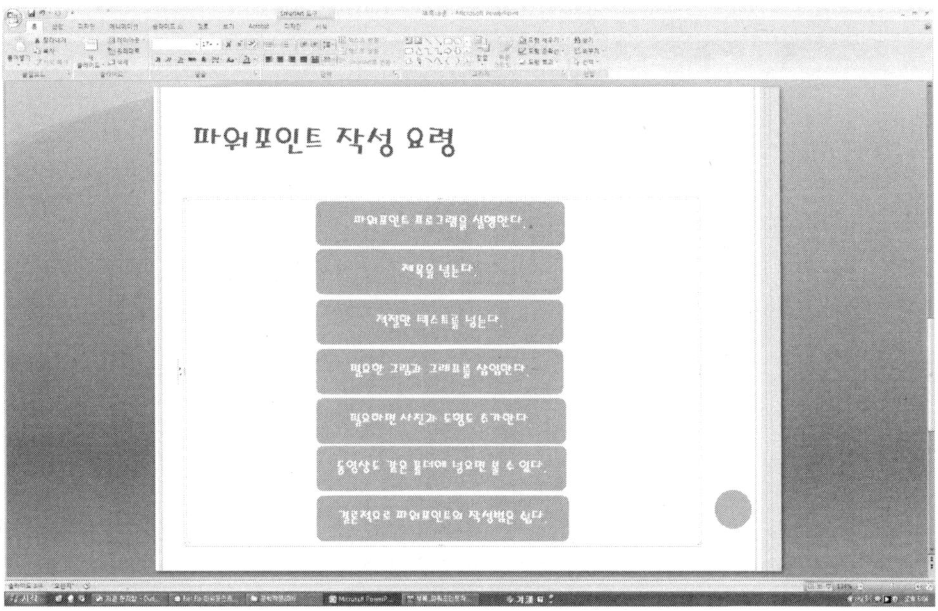

그림 G·7 텍스트 내용이 SmartArt로 변환된 예

'그리기' 메뉴에서는 그림을 그리기 위한 기본 도구들이 있다. 그중에 하나를 클릭한 후에 텍스트 네모상자 속으로 커서를 옮기면 +가 화면에 나타나며, 그리고자 하는 위치에서 커서를 눌러서 그것을 원하는 크기대로 움직이면 그 도형이 그려진다. 도형과 도형을 이어주는 여러 가지의 선이나 화살표도 선택할 수 있기 때문에 이것들을 조합해서 그린 후, 도형 속에 텍스트를 집어넣으면 그림 G · 8과 같은 블록다이어그램도 쉽게 그릴 수 있다.

그림 G · 8의 다이어그램을 그리기 위해서 여러 도형이 삽입되었다. 타원 도형이 1번, 사각 도형이 4번, 화살표 있는 사선이 7번, 화살표 없는 사선이 2번, + 도형이 1번, 그리고 - 도형이 1번 사용되었다. 증폭기에서 미분기로 연결하는 선과 미분기에서 원으로 연결하는 선은 꺾은선이므로, 이를 그리기 위해서 먼저 화살표 없는 사선으로 이은 후에 화살표 있는 사선을 그 뒤에 붙였다. 도형을 그리면 일반적으로 바탕에 주어진 색(이 경우는 주황색)으로 채어지는데, '그리기 도구' 서식에서 '흰 바탕에 검정 테두리와 검정 글씨'를 선택하면 그림과 같은 블록을 얻을 수 있다. 그리고 '텍스트 채우기'에서 '테마 색'으로 검정을 선택하여 제어기, 적분기, 증폭기, 미분기 등을 기입하였다. 그림에서 +와 - 도형의 색상도 '도형 채우기'에서 검정을 선택하였다. 선의 색상도 커서를 그 선에 클릭한 상태에서 색깔을 검정으로 변경하였다.

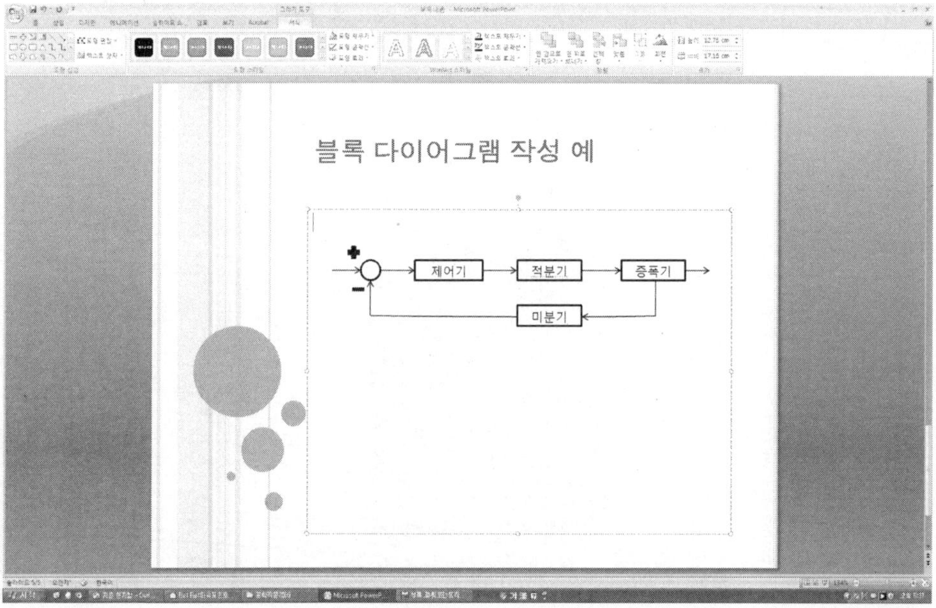

그림 G·8 그리기를 이용하여 블록다이어그램을 도시한 예

주 메뉴 중에서 '삽입', '애니메이션', '슬라이드쇼', '검토', '보기', 'Acrobat '등에 대해 간략하게 알아보기로 하자. 앞에서 이미 설명한 것과 중복되는 부분이 많이 있으므로 그것들은 생략하기로 한다. '삽입' 주 메뉴 속에는 '표', '일러스트레이션', '링크', '텍스트', '미디어 클립' 등과 같은 세부 메뉴가 있다.

'일러스트레이션' 세부 메뉴를 이용하여 그림과 클립아트를 삽입한 경우는 그림 G·9과 같다. '그림' 메뉴를 더블 클릭하면 그림이 있는 폴더를 찾도록 창이 열리는데, 그곳에서 원하는 그림을 찾아 선택하면 텍스트 박스에 선택한 그림이 나타난다. 마우스를 이용하여 그림의 위치와 크기를 조정할 수 있다. 마찬가지로 '클립아트' 메뉴를 더블 클릭하면 화면의 오른 쪽에 클립아트 창이 열리는데, 그곳에서 '검색대상'으로 기계를 입력하여 얻은 것들 중에서 톱니가 맞물려 있는 것을 선택하였다. 그림과 클립아트 아래에 보이는 것처럼 설명을 달아놓았다. 이를 위해서 '일러스트레이션' 세부 메뉴의 오른 쪽 두 번째에 있는 '텍스트' 세부 메뉴에서 텍스트상자를 클릭한 후, 슬라이드로 마우스를 옮겨 클릭하면 그 위치에 텍스트 상자가 뜬다. 그 속에 "그림 삽입 예"라고 기입한 후, 그 텍스트 상자 위에 마우스의 오른 쪽 버튼을 눌러 대화상자가 나올 때 복사를 선택하여, 클립아트 아래에 붙여서 텍스트 내용을 "클립아트 삽입 예"라고 수정하였다.

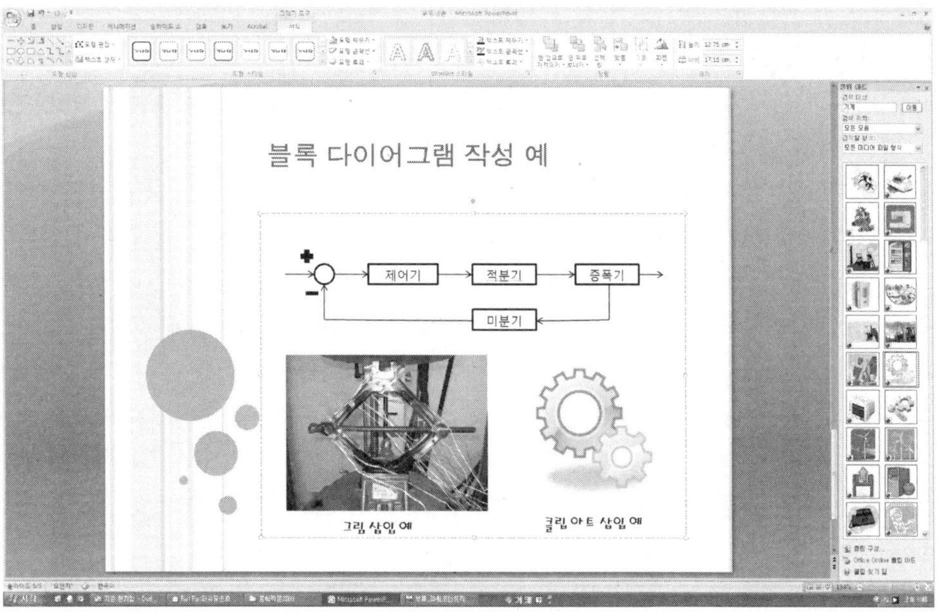

그림 G·9 일러스트레이션을 이용하여 그림과 클립아트를 추가한 예

'삽입' 주 메뉴 속의 '링크' 메뉴는 다른 파워포인트 파일이나 엑셀 파일 등을 삽입할 때 사용한다. '텍스트' 메뉴는 머리글과 바닥글을 추가하거나, 참고로 날짜와 시간을 넣거나, 여러 개체를 삽입할 때 사용한다. '미디어 클립'은 동영상 파일이나 소리를 삽입할 때 사용한다.

'애니메이션' 주 메뉴를 열면 슬라이드를 전환할 때 어떤 방식으로 슬라이드를 보이게 할 것인가를 선택할 수 있다. 점멸하거나, 위 또는 아래에서 펼쳐지거나, 블라인더처럼 옆으로 열리거나, 대각선으로 펼쳐지거나, 축소 또는 확대하는 방식으로 슬라이드를 전환하도록 선정할 수 있다. 각각의 슬라이드에 대해 다른 화면전환 방식을 택하면 각각의 화면이 독특한 방식으로 전환된다.

'슬라이드 쇼' 주 메뉴 속에는 '슬라이드 쇼 시작', '설정', '모니터' 등의 세부 메뉴가 있다. '슬라이드 쇼 시작'에서는 처음 슬라이드부터 또는 현재 슬라이드부터 쇼를 시작할 수 있거나, 슬라이드 쇼 재구성을 선택해서 기존에 작성된 슬라이드의 순서를 바꾸거나 어떤 것은 여러 번 반복할 수 있도록 수정할 수 있다. '설정' 세부 메뉴에서 '예행 연습' 메뉴를 선택하면 발표할 때 시간이 얼마나 걸리는지를 확인할 수 있어 구두 발표 준비에 큰 도움이 된다. '모니터' 세부 메뉴는 사용하고자 하는 모니터의 해상도로 조정하는데 사용한다.

'검토' 주 메뉴 속에는 '언어 교정', '메모', '보호' 등의 세부 메뉴가 있다. '언어 교정' 세부 메뉴를 통해 맞춤법을 검사하거나, 리서치를 이용해 필요한 정보나 그림을 찾거나, 동의어를 얻거나, 한글을 한자로 변환할 수 있다. '메모' 세부 메뉴에서는 메모를 남기거나 그것을 정리할 수 있도록 한다. '보호' 세부 메뉴는 작성된 파워포인트 파일을 사용할 수 있는 권한을 제한하는데 사용된다.

'보기' 주 메뉴 속에는 '프리젠테이션 보기', '표시/숨기기', '확대/축소', '창', '매크로' 등의 세부 메뉴가 있다. '프리젠테이션 보기'에서는 화면을 그림 G・1~G・4와 같이 기본 형태로 전환하거나, 여러 슬라이드를 한꺼번에 보이거나, 인쇄되는 것처럼 보이거나, 슬라이드 쇼를 볼 수 있도록 한다. 특히 '유인물 마스터'를 이용하면 종이 한 면에 인쇄할 슬라이드를 매수와 구성을 지정할 수 있다. '표시/숨기기'는 눈금자와 눈금선을 보이거나 없애는데 사용되는데 이는 그림이나 사진을 슬라이드에 배치할 때 기준을 제공한다. '컬러'는 컬러 슬라이드를 회색조나 흑백조로 변환하거나, 다시 천연색으로 바꾸는데 사용된다. '창'은 새 창을 열거나, 열린 창들을 정렬하거나, 분할줄을 이동할 때 사용한다. '매크로'는 매크로를 지정하거나 편집할 때 사용한다.

• 제 4 절 고급 슬라이드 배경의 작성

슬라이드를 개성 있게 제작하려면 배경화면의 선택이 매우 중요하다. 구두발표에서 전문성을 돋보이기 위해서 제일 중요한 것은 슬라이드의 배경화면이라고 볼 수 있다. 발표할 때 어떤 배경화면을 사용하는지만 보아도 발표하는 사람의 성격을 어느 정도 짐작할 수 있기 때문이다.

슬라이드의 배경은 사람의 외모와 비유된다(그림 G・10). 전체적으로 깔끔하거나 세련된 인상을 줄 수도 있고, 화려하거나 중후한 멋을 풍길 수도 있다. 특히 색상의 조화가 제대로 이루어졌는지, 그림이나 표가 배경과 잘 어울리는지 등이 전체적인 발표의 인상을 좌우할 수 있다. 그림이나 표와 잘 어울리는 배경은 발표자에 대한 좋은 인상을 심어주며, 발표 준비를 철저히 했다는 느낌을 준다. 반면에 배경이 없거나, 있어도 글자, 그림, 표와 잘 어울리지 않는 경우에는 발표의 신뢰도까지 떨어지게 만들 수도 있다.

슬라이드의 배경을 자신의 발표 목적이나 내용에 맞게 효과적으로 만들기 위해서는 '채우기 효과'를 활용할 수 있다. 즉, 그라데이션을 사용하거나 질감, 무늬, 그림, 서식 등을 자유롭게 넣을 수 있다. 이러한 '채우기 효과'는 슬라이드의 배경 화면에 국한되지 않고, 개체(도형, 표, 텍스트 상자 등)의 서식을 수정할 때에 사용할 수 있어 다양한 효과를 낼 수 있다. 원하는 디자인이 파워포인트에서 제공하는 디자인 서식에 없는 경우에는 자신이 직접 그림을 부분적으로 넣거나 도형을 활용하여 배경을 구성할 수 있는데, 이런 경우에는 '슬라이드 마스터'를 이용하는 것이 효과적이다.

그림 G·10 선택한 슬라이드의 배경은 발표자의 성격을 나타냄

찾아보기

ㄱ

ㄴ

ㄷ

ㅁ

ㅂ

ㅈ

Index

이공계가 한다!

글쓰기와 발표하기 3판

초판 발행 | 2003년 08월 05일
2판 5쇄 발행 | 2009년 03월 10일
3판 5쇄 발행 | 2021년 09월 05일

지은이 | 배원병 · 손 권 · 하만영 · 이 석

펴낸이 | 조승식
펴낸곳 | (主)도서출판 북스힐

등 록 | 1998년 7월 28일 제22-457호
주 소 | 서울시 강북구 한천로 153길 17
전 화 | (02) 994-0071
팩 스 | (02) 994-0073

홈페이지 | www.bookshill.com
이메일 | bookshill@bookshill.com

정가 15,000원

ISBN 978-89-5526-713-6